普通高等教育"财会系列"精品教材

# 资 产 评 估

阮　帅　李曦明　主编

**图书在版编目(CIP)数据**

资产评估 / 阮帅，李曦明主编. — 北京 ：中国原子能出版社，2020.10 (2021.9 重印)

ISBN 978-7-5221-0941-1

Ⅰ. ①资… Ⅱ. ①阮… ②李… Ⅲ. ①资产评估 Ⅳ. ①F20

中国版本图书馆 CIP 数据核字(2020)第 192110 号

**资产评估**

| | |
|---|---|
| **出版发行** | 中国原子能出版社(北京市海淀区阜成路 43 号 100048) |
| **责任编辑** | 王 青 刘 佳 |
| **责任印制** | 潘玉玲 |
| **印　　刷** | 三河市南阳印刷有限公司 |
| **发　　行** | 全国新华书店 |
| **开　　本** | 787mm×1092mm 1/16 |
| **印　　张** | 14.5 |
| **字　　数** | 335 千字 |
| **版　　次** | 2020 年 10 月第 1 版 2021 年 9 月第 2 次印刷 |
| **书　　号** | ISBN 978-7-5221-0941-1 |
| **定　　价** | 78.00 元 |

**网址:http://www.aep.com.cn** **E-mail:atomep123@126.com**

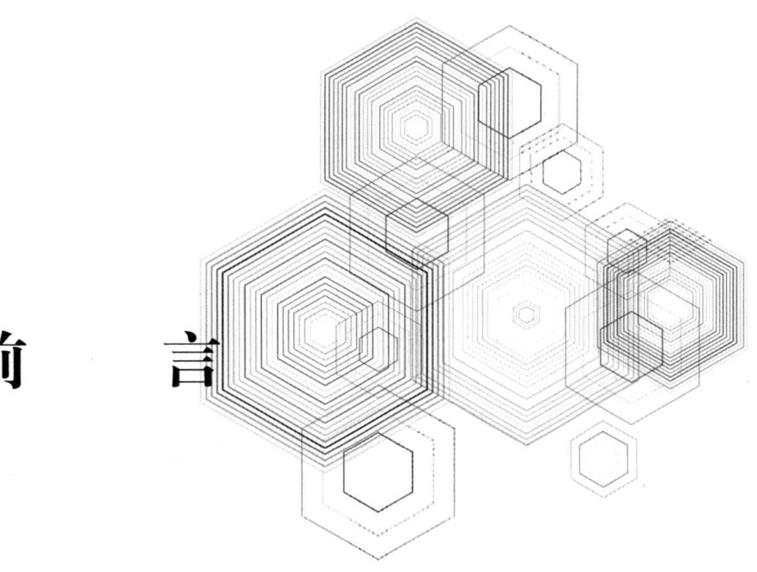

# 前　　言

资产评估是市场经济的必然产物;资产评估机构是市场经济中不可或缺的一种中介行业组织。随着市场经济的进一步发展,以及企业重组交易等行为的频繁发生,我国的资产评估业未来还会有更广阔的发展前景。为了适应资产评估业的发展对资产评估人才的需求,满足学校资产评估课程教学的需要,编写了本教材。

本教材坚持理论与实践相联系的原则,以企业资产的评估为主线,力求全面、系统地阐述资产评估的基本原理和基本方法,重点突出资产评估的实用性和可操作性,努力反映目前资产评估理论研究的成果和我国资产评估的实践经验。全书共分为11章,包括资产评估概述、资产评估基本理论、资产评估技术方法、资产评估程序、流动资产评估、不动产评估、长期投资性资产评估、机器设备评估、无形资产评估、企业价值评估、资产评估报告等内容。

由于时间仓促,加之作者学术水平有限,教材错误和疏漏之处在所难免,恳请业内同行和广大读者批评指正,以便今后不断修改完善。

编　者

# 目　录

# 第一章　资产评估概述

## 学习目标

1. 理解资产评估的概念；
2. 了解资产评估的目的、评估主体；
3. 理解价值类型的内涵及市场价值概念；
4. 理解资产评估假设；
5. 理解资产评估、估值与会计计价的区别。

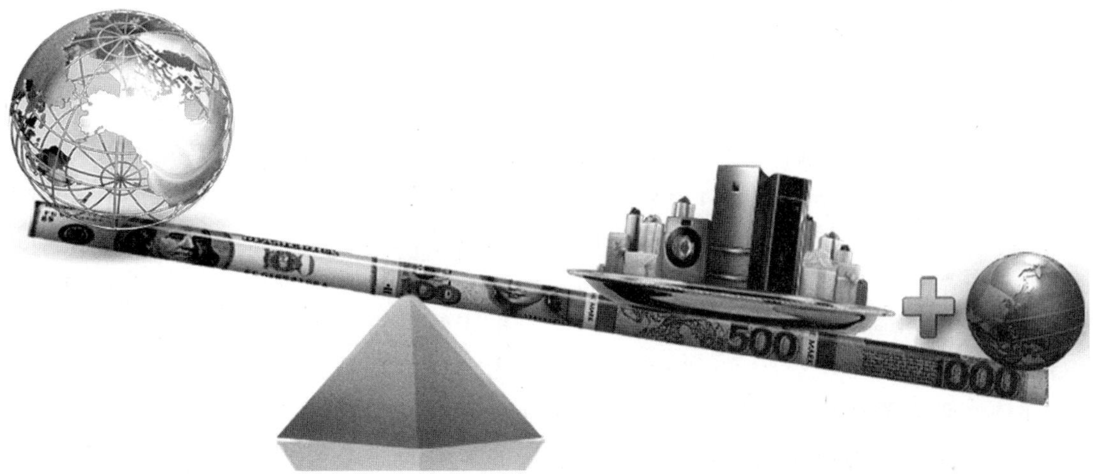

经典案例

风帆股份的重大资产重组

中船重工旗下子公司风帆股份有限公司(以下简称风帆股份),主营业务为蓄电池及配件的研发、制造和销售。2015 年 8 月 31 日,风帆股份发布了一份重大资产重组公告:公司拟向其母公司中船重工集团及其他 8 家企业购买中船重工集团下属的广瀚动力 100%股权、上海推进 100%股权、齐耀重工 100%股权、长海电推 100%股权、长海新能源 30%股权等 18 项资产。交易完成后,风帆股份将整合中船重工的全部动力资产,成为涵盖燃气动力、蒸汽动力、化学动力、全电动力、民用核动力、柴油机动力、热气机动力七大动力板块的全产业链动力平台公司,并于 2016 年 5 月 10 日更名为中国动力。

中联资产评估集团有限公司为此次交易进行了价值评估服务。标的资产的账面价值为 88.7 亿元人民币,评估值为 139.5 亿元人民币,国务院国有资产管理委员会于 2015 年 12 月 25 日对资产评估报告进行了备案。最终,本次资产重组以评估机构出具的评估结果为基础确定最终交易总额为 139.5 亿元人民币。

启发思考:

(1)什么是资产评估?资产评估可以为哪些经济业务服务?

(2)资产评估由什么机构来操作执行?我国资产评估行业管理体制是怎样的?

(3)资产评估与会计计量结果为什么存在不同?为什么以资产评估结果作为交易参考?

# 第一节　资产评估的含义

## 一、资产评估的概念

在现代经济社会中,每一天都发生着大量的并购、融资、设立公司、资产处置、信息披露、损失补偿等各类经济活动。这些经济活动的目的、流程、涉及的利益相关方等千差万别,但是都关乎一个共同的话题,即资产定价。例如,在并购交易中,买卖双方需要对标的公司的股权达成一致的估值;在抵押借款融资中,银行需要对抵押物的价值进行合理评估;上市公司在编制财务报表时,需要对部分资产的公允价值进行合理估计等。可见,资产定价是市场经济行为的核心环节,为资产定价的过程就是资产评估。随着资产交易对象日益多样、交易背景日趋复杂,交易规模日渐庞大,资产评估也越来越成为市场经济中一项不可或缺的专业性中介服务,在提高资产交易效率、降低交易成本等方面发挥着重要作用。

《中华人民共和国资产评估法》(简称《资产评估法》)称资产评估是评估机构及其评估专业人员根据委托对不动产、动产、无形资产、企业价值、资产损失或者其他经济权益进行评定、估算，并出具评估报告的专业服务行为。《资产评估法》要求评估机构及其评估专业人员在开展业务时应当遵守法律、行政法规和评估准则，遵循独立、客观、公正的原则。

上述法律界定包含以下含义。

(1)“资产”是广义概念，不同于会计准则中对资产的定义。在资产评估业务中，“资产”既包括有形资产，也包括无形资产，还包括其他经济权益；既包括单项资产，也包括整体资产(例如企业)。

(2)资产评估业务既包括价值评估，也包括损失评估。

(3)资产评估由评估专业人员操作，是一项专业化的行为。

(4)资产评估是服务行为，评估结论仅为委托方的相关经济业务提供价值参考，并没有强制执行的法律效力。

(5)资产评估执业者必须遵守相关法律、法规和评估准则，不能随意进行。

(6)资产评估机构及其评估专业人员应当是与交易双方没有关联关系的独立第三方。

## 二、资产评估目的

资产评估服务起源于为拟进行交易的物品进行公平定价。随着商品经济的不断发展，经济活动的多样化和复杂性程度越来越高，资产评估也从服务于交易渗透到融资、税收、诉讼、会计计价等诸多领域。从资产评估服务领域的视角，评估目的可分为以下几类。

### (一)与交易有关的评估

为资产交易提供价值参考仍是资产评估最主要的服务领域。资产交易行为主要包括以下几类。

(1)企业并购、增发、拆分、重组、上市等股权交易或整体资产交易。

(2)不动产、机器设备、技术等单项资产的转让或出资入股。

(3)企业清算、资产清理等涉及的资产处置交易。

### (二)与借款有关的评估

企业向金融机构借款或公开发行债券时，通常需要以资产作为抵押物，因此涉及对抵押资产的价值评估。融资租赁本质上也属于企业的借款行为。在大型资产(例如飞机)的融资租赁业务中，资产残值是确定租金的重要考虑因素之一，它也影响到租赁方式、租赁期限、甚至承租人经营计划等多个方面，因此需要对资产残值进行合理评估。

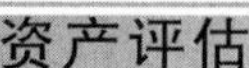


### （三）与纳税有关的评估

资产纳税是指资产所有者或占有者依据国家相关税法，就其所有或占有的资产按资产价值量缴纳税金，包括企业所得税、赠与税、遗产税、资产税（如房产税、土地使用税）等。此时涉及对标的资产的价值（即税基）评估。

### （四）与诉讼或仲裁有关的评估

在资产诉讼案件中，法院、仲裁机构或相关当事方可能委托评估机构对案件所涉及资产的价值进行评估，评估结果可作为法院判决的依据或参考。涉及资产诉讼或仲裁的情形主要包括以下几种。

（1）因婚姻、公司、合伙关系解散导致的财产纠纷。

（2）因毁约导致的财产纠纷。

（3）因侵权而导致的赔偿诉

### （五）与损失补偿有关的评估

企业、个人因公共利益需要而进行厂房、住宅、办公楼等搬迁，一般可获得政府的补偿，此时将涉及对搬迁损失的评估。

### （六）以财务报告为目的的评估

公允价值是会计计量的重要模式之一。全球主要会计准则（包括我国的会计准则）都要求企业的部分资产必须或者选择性使用公允价值模式进行价值计量，以便为投资人提供相关资产的价值信息。公允价值首选活跃市场的直接报价，但是在缺少活跃市场价格信息的情况下，就需要使用评估技术来确定资产的公允价值。除此之外，资产减值测试、合并对价分摊等会计业务中也大量涉及对企业资产价值的评估。

在我国，以上评估业务又可分为法定评估和自愿评估两大类。根据《中华人民共和国资产评估法》，涉及国有资产或者公共利益等事项，法律、行政法规规定需要评估的，称为法定评估。除法定评估之外的评估业务都属于自愿评估。

## 三、资产评估对象

资产评估对象的内涵包含两个层次，一是以其物理或技术特征定义的资产，二是交易中所涉及的法律概念上的资产权利。资产交易的本质是资产法律权利的转移，一项交易中的资产价值一方面取决于资产的盈利能力，另一方面取决于资产买方凭借所交易权利而能够分得的利益份额。

资产的法律权利有时并不是单一的，而是由多种权利组成的“权利束”。例如，《中华人民共和国商标法》规定，商标专用权包括使用权、禁止权、转让权、许可使用权和续展权。《中华人民共和国著作权法》规定，著作权权利包括发表权、署名权、修改权

等 17 项。被交易的资产权利不同，资产价值也不相同。权利越完整，权利的排他性越强，其权利分得的利益份额越大，从而权利的价值越大。例如，不动产所有权价值高于租赁权价值；专利技术的排他许可使用权价值大于普通许可使用权价值等。

因此，评估人员必须从资产交易所涉及的资产及其所交易权利的视角来认知评估对象，明确评估业务所涉及的资产范围和资产的权利束边界，分析该权利束能够为其持有者带来的预期经济利益，并以此为基础评估资产价值。

资产评估对象所涉及的资产范围一般包括动产、不动产、整体企业等。由于各国资产评估实践发展的历史起源和特征不同，因此各资产评估准则中涉及的评估对象范围也不尽相同。

## 四、资产评估主体

资产评估主体是指从事评估业务的专业人员和评估机构。

### （一）资产评估专业人员

评估专业人员包括评估人员和其他具有评估专业知识及实践经验的评估从业人员。评估人员是指通过评估人员资格考试的评估专业人员。国家根据经济社会发展的需要确定评估人员专业类别。有关全国性评估行业协会按照国家规定组织实施评估人员资格全国统一考试。

由中国资产评估协会管理的注册资产评估人员及其他评估从业人员是评估行业中最大的群体。他们按照中国资产评估人员协会发布的“资产评估准则”体系和其他相关法律、法规开展评估业务。本书所介绍的资产评估理论、方法与操作，也主要基于这一准则体系。

### （二）资产评估机构

本书所指的资产评估机构，是指按照财政部 2017 年颁布的《资产评估行业财政监督管理办法》中规定的，依法设立、取得资产评估执业资质的机构。资产评估机构从事资产评估业务，应当遵守资产评估准则，履行资产评估程序，并建立健全质量控制制度和内部管理制度。按照《中华人民共和国资产评估法》的要求，资产评估机构可以采用合伙形式设立，也可以采用公司形式设立。合伙形式的资产评估机构应当有两名以上评估师，其合伙人三分之二以上应当是具有三年以上从业经历且最近三年内未受过停止从业处罚的评估师。公司形式的资产评估机构则必须有八名以上评估师和两名以上股东，其中三分之二以上的股东应当是具有三年以上从业经历且最近三年内未受过停止从业处罚的评估师。

在我国，对资产评估机构实行备案管理。财政部门是资产评估行业的监督管理部门，负责制定资产评估机构的监督管理制度，省级财政部门负责本地区资产评估机构的备案管理。资产评估机构应当加入中国资产评估协会，成为中国资产评估协会团体会员。中国资产评估协会负责全国资产评估行业的自律性管理。

需要说明的是，在现实的社会经济活动中，一些非资产评估机构也提供了大量的企业估值咨询。例如，一些会计师事务所提供大量以财务报告为目的的资产估值服务；证券公司(投资银行)在企业并购等业务的财务咨询中，也提供估值服务。不过，这些中介机构不属于本书所指的资产评估主体，其提供的估值服务也不受资产评估准则的约束。

## 第二节　价 值 类 型

### 一、价格、成本与价值

价格、成本和价值是资产评估中经常使用的术语，是三个既有联系又有明显区别的概念。价格是资产及其权益成交所涉及的实际金额；成本是购建资产所花费的代价；而价值则反映了交易各方对资产及其权益所能带来的未来经济利益的预期。

#### (一)价格

价格是一个与市场、交易相关联的概念。买方询价、卖方报价，双方议价，都是价格形成的过程。一旦交易完成，价格就成为历史事实。在现实市场当中，资产的价格不仅取决于交易双方对资产内在价值的判断，也取决于双方的议价能力、交易的限制条件(例如必须在规定时间内处置资产)、替代品的价格、购买数量、购买力等众多因素。

资产价格还受到交易空间(表现为不同地域市场、不同层级市场等)的影响。比如资产的国内市场价格与国际市场价格、批发市场价格与零售市场价格、一级市场价格与二级市场价格通常都存在差异。

#### (二)成本

为了正确理解资产评估中资产的“成本”概念，以及资产“成本”与资产“价格”的关系，我们首先来认识企业的会计成本与经济成本、会计利润与经济利润这几个概念。

**1. 会计成本**

会计成本是指企业在要素市场上获取生产要素的实际支出，例如研发成本、采购成本、生产制造成本、行政管理成本、市场营销成本等。会计成本在利润表中反映在营业成本、销售费用、管理费用等会计科目中。

**2. 会计利润**

会计利润也称为账面利润，从企业层面来看，会计利润等于企业营业收入与会计成本的差额，即

会计利润＝营业收入－会计成本

注意，企业会计利润并不一定等于行业的正常利润或平均利润。拥有独特竞争优势的企业将获得超额利润，即会计利润大于行业正常利润。如果企业经营不善，会计利润将小于行业正常利润，甚至为负。因此，会计利润在一定程度上体现了企业的竞争力。

**3. 经济成本**

经济成本是指企业在资本市场和要素市场上获取所需全部要素的支出总和，既包括会计成本，也包括投入资本应获得的正常报酬，也称为“正常利润”。因此，经济成本可表示为

经济成本＝会计成本＋正常利润

**4. 经济利润**

经济利润是营业收入与经济成本的差额，即

经济利润＝营业收入－经济成本
＝(会计利润＋会计成本)－(会计成本＋正常利润)
＝会计利润－正常利润

换句话说，经济利润是指会计利润中超过正常利润的部分。

(1)经济利润＞0，表明投入资本获得超额利润，即投资人获得超过其要求的必要收益率。

(2)经济利润＝0，表明投入资本获得正常利润，即投资人正好获得其要求的必要收益率。

(3)经济利润＜0，表明投入资本未获得正常利润，即投资人未获得其要求的必要收益率。

经济利润反映投入资本获得超额投资收益的水平。在充分竞争的市场中，企业可以通过技术创新或商业模式创新，在一段时间内获得经济利润(即超额利润)，但是由于创新可能被其他企业模仿或其他企业有新的技术进步，超额利润将迅速被稀释。理论上说，在充分竞争的动态均衡状态下，企业在短期内可能获得超额利润，但长期看只能获得正常利润。

理解资产或商品层面成本与价格之间的关系，可以借鉴企业层面“会计成本”与“经济成本”的概念。当我们观察一宗商品交易时，容易将“成本”理解为卖方为提供标的商品所付出的以货币计量的代价，即“会计成本”；将“价格”理解为买方获得标的商品所付出的以货币计量的代价。从单件商品而言，商品的“会计成本”是其“价格”的组成部分，“价格”应当对“会计成本”进行补偿。然而，如果观察整个供应链，我们发现“价格”和“会计成本”不过是一件事情的两个方面。如图 1-1 所示，棉花价格对棉农意味着收入，对纺织厂意味着成本；布匹价格对纺织厂意味着收入，对成衣厂意味着成本；成衣价格对成衣厂意味着收入，对消费者则意味着成本。从整个供应链视角看，在充分竞争的均衡市场中，由于厂商一般按照“产品会计成本＋正常利润”的原则制定商品

价格，因此价格对于卖方意味着经济成本，对于买方则意味着会计成本。

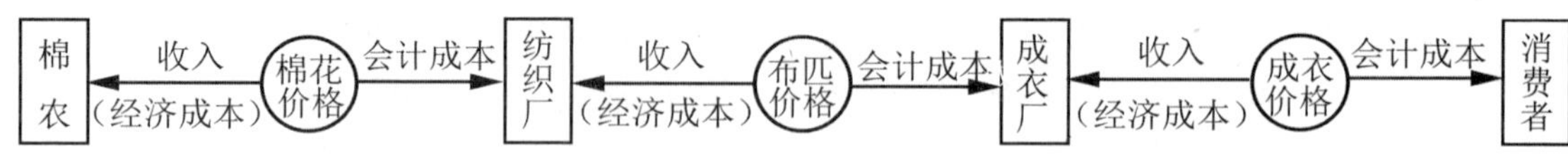


图 1-1　制衣供应链中的成本与价格

### （三）价值

与价格和成本不同，价值不是历史事实，而是用货币度量的、交易各方对资产稀缺性或收益能力的预期和估计。市场交易是价值的发现机制。卖方和买方对资产价值的初始预期可能不同，但通过不断沟通和谈判，双方的价值预期逐渐趋于一致。交易完成后，价值通过价格呈现出来。在市场交易过程中，评估人员帮助交易双方在交易之前对资产价值进行专业分析，为交易各方提供资产价值参考，从而提高价值发现的效率。

资产的价值并不是唯一的。在交易时点、市场条件等不同的情况下，资产的价值并不相同。即使在交易时点、市场条件等相同的情况下，不同市场主体（如资产卖方、战略投资人、财务投资人、特殊动机投资人等）对同一资产的价值也会有不同的估计。评估人员必须考虑市场条件、交易目的、交易者等相关背景信息，才能为交易双方提供有用的意见。单纯的数字无法表达出资产的价值内涵，只有明确定义并区分价值类型，才能避免给交易双方带来误导。

### （四）价值类型

价值类型是指对资产评估结果价值属性的定义及其表达方式。关于资产价值类型的分类，各国评估准则有着不同的规定和定义。我国《资产评估价值类型指导意见》将资产价值类型分为市场价值和市场价值以外的价值类型。

## 二、市场价值

市场价值的定义在各国评估准则中的表述虽不尽相同，但相关内涵却十分接近。在我国《资产评估价值类型指导意见》中，市场价值是指自愿买方和自愿卖方在各自理性行事且未受任何强迫的情况下，评估对象在评估基准日进行正常公平交易的价值估计数额。理解市场价值，应把握以下要点。

（1）估计数额。估计数额表明市场价值既不是事先确定的价格，也不是实际成交的价格，而是对将要交易的某项资产价值在评估基准日的合理预期。它既是卖方最有可能获得的价格，也是买方最有可能支付的价格。

（2）特定时点。评估市场价值必须确定评估基准日这个特定时点。市场或市场条件随时在发生变化，资产价值也会随之变化。因此，市场价值的估计数额只反映在评估基准日当天，而不是其他时点市场条件下的评估结果。

（3）自愿买方与自愿卖方。自愿买方和自愿卖方并不是实际交易中的真实买方和卖

方，而是具有典型市场代表性的、假想的买方和卖方。自愿买方/卖方的典型性表现在：有购买/出售意愿，但没有特殊的动机或考虑因素；既不是特别急于购买/出售，也不是被强迫购买/出售。

(4)正常的公平交易。公平交易是指市场价值定义假设双方没有利益关联，各自独立行事。母、子公司之间的交易、出租人与承租人之间的交易等，都属于关联交易，不符合市场价值定义的前提条件。正常交易是指市场价值定义假设交易过程是正常的。这要求资产必须以恰当的方式在评估基准日之前进行展示，并有足够的展示期，以便吸引足够的潜在买方，并通过正常营销达成交易。

(5)理性行事。市场价值定义假设交易各方均为理性人，会充分了解资产的特性、当前用途、潜在用途以及市场状况，并根据这些信息努力争取对自己最有利的价格。明显偏低/偏高于同类资产的市场价格，或明显偏低/偏高于标的资产过去的公允成交价格，都可能不是理性行事的结果。

通过以上分析可以看出，评估市场价值，需要模拟(或假设)具有典型市场代表性的买方和卖方(自愿、公平、理性)，在理想的公开市场环境中进行交易的情形，并不受资产业务真实当事方自身实际因素的影响。

## 三、市场价值以外的价值类型

不满足市场价值定义条件的其他价值类型，统称为市场价值之外的价值类型。《资产评估价值类型指导意见》中列举了几种市场价值以外的价值类型，并指出了这些价值类型适用的情形，如表 1-1 所示。

**表 1-1　市场价值以外的价值类型**

| 名称 | 定义 | 适用情形 |
| --- | --- | --- |
| 投资价值 | 评估对象对于具有明确投资目标的特定投资者或者某一类投资者所具有的价值估计数额，亦称特定投资者价值 | 评估业务针对的是特定投资者或者某一类投资者，并在评估业务执行过程中要充分考虑并使用仅适用于特定投资者或者某一类投资者的特定评估资料和经济技术参数 |
| 在用价值 | 将评估对象作为企业、资产组的组成部分或者要素资产按其正在使用方式和程度及其对所属企业、资产组的贡献的价值估计数额 | 评估对象是企业或者整体资产中的要素资产，在评估业务执行过程中只考虑该要素资产正在使用的方式和对整体资产的贡献程度，没有考虑该资产作为独立资产所具有的效用及在公开市场上交易等对评估结论的影响 |
| 清算价值 | 评估对象处于被迫出售、快速变现等非正常市场条件下的价值估计数额 | 评估对象面临被迫出售、快速变现或者具有潜在被迫出售、快速变现等情形 |
| 残余价值 | 机器设备、房屋建筑物或者其他有形资产等的拆零变现价值估计数额 | 评估对象无法使用或者不宜整体使用，应当考虑评估对象的拆零变现后可回收的价值 |

除了以上列举的四类市场价值以外的价值类型及其适用情形，《资产评估价值类

型指导意见》还提到了其他几类常见的评估目的，例如，以抵(质)押为目的的评估、以税收为目的的评估、以保险为目的的评估及以财务报告为目的的评估等。评估人员可根据这些业务适用的相关法律、行政法规或合同的要求选择评估结论的价值类型；相关法律、行政法规或合同没有规定的，可以根据实际情况选择市场价值或者市场价值以外的价值类型作为评估结论的价值类型。

因此，在一项评估业务中，评估人员需要根据具体的评估目的和市场条件，选择并定义适当的价值类型。根据不同的评估价值类型，选择适当的评估方法和评估参数，从而得出公允、合理、内涵清晰的评估结论。

需要指出的是，价值类型并不存在一个合理而另一个不合理，或一个比另一个更合理的问题。在满足各自价值定义成立条件的前提下，它们都代表了合理或公允的评估结果，只是合理性成立的条件以及指向的不同。市场价值是在满足公开市场假设的前提下，相对于整体市场而言的合理或公允价值，市场价值以外的价值则是在不完全满足市场价值定义成立条件、但满足各自定义成立条件的前提下，相对于个别市场主体合理或公允的价值。在评估报告中清楚地说明资产价值类型，有利于评估业务委托方正确地使用评估报告，也有利于评估人员规避评估风险。

## 第三节　价值前提与评估假设

### 一、价值前提

价值类型的定义均给出了满足该定义的前提条件，称为价值前提。国际评估准则将价值前提(premise of value)定义为资产的使用状况(assumed use)，并列举了几种常见的价值前提：最高最佳使用(highest and best use)，在用续用(current use)，有序清算(orderly liquidation)和强制出售(forced sale)。

最高最佳使用是指能够使资产产生最大价值的使用方式。由于不动产通常有多种可选择的使用方式，所以该前提通常应用于不动产市场价值的评估。最高最佳使用应当在技术、经济上可行且法律上允许。这种使用方式与当前用途可能一致(当前用途即是最佳用途)，也可能与当前用途不同。如果与当前用途不同，则需要考虑转换用途的成本对资产价值的影响。

在用续用是指按照资产当前的方式继续使用。在用续用方式可能与最高最佳使用方式一致，也可能不一致。

有序清算是指允许卖方有合理的时间寻找买方，然后将资产按其正在使用的方式清算出售的情形。

强制出售是指卖方在没有合理的时间寻找买家，或者无法对买家进行合理尽职调查的情况下出售资产的情形。强制出售前提下的资产价值不同于有序清算的情形。

可见，资产在不同价值前提下，其价值并不相同。评估人员必须描述价值前提，在此基础上定义价值类型，才能为客户提供内涵清晰的价值评估结论。

## 二、评估假设

评估假设与价值前提有时不易区分。价值前提是定义价值类型的条件，反映了评估结论的价值内涵，或者是对资产价值“质”方面的设定。评估假设是指在价值评估的过程中，评估人员对资产本身以及资产交易所处的环境进行的推断或说明。如果评估假设改变，评估结果也会随之改变。

之所以需要做出评估假设，主要出于以下儿方面的原因。

(1)一些事项对评估结论有重大影响，但评估人员无法预测，或超出评估人员的专业知识范围，或评估受限，评估人员只能对这些事项做出假设。

(2)当需要评估与现实情况不相符的情形下的资产价值时，评估人员需要做出假设。

(3)由于未来具有不确定性，评估人员必须对某些参数(如增长率、资本成本、资本性支出等)进行假设，才能形成评估结论。

国际上不同的评估准则体系对评估假设的定义名称和定义内涵不尽相同。本书以全球影响力较大的美国评估准则和国际评估准则为例进行介绍，同时介绍在我国评估实践中如何进行评估假设。

### (一)美国评估准则(USPAP)中关于评估假设的规范

美国评估准则将评估假设分为三类：特别假设、非真实性条件和其他假设。

特别假设(extraordinary assumption)，是指针对超出评估人员知识能力范围的事项，或评估受限情形做出的假设。在资产价值评估中，一些事项或信息对评估结论至关重要。例如，企业所得税税率与企业价值密切相关。如果未来税率改变，企业价值的评估值也将相应改变。由于评估人员无法验证相关信息的真实性(无法验证未来税率不会改变)，所以，评估人员必须对这一类事项或情形做出假设(假设未来税率不会改变)。通过特别假设，评估人员将不确定的或评估受限的事项设定为事实。关于被评估资产的法律状态、经济特征、物理特征、外部市场条件等做出的假设，都可归为特别假设。需要说明的是，尽管这些假设未经证实或由于评估受限等原因无法证实，但它们都是以评估基准日的事实为基础做出的合理性推断，反映了所假设事项未来最有可能的情形。

非真实性条件(hypothetical condition)强调的是，在评估基准日，资产的状态或外部条件等的实际状况与评估中假定的数据和信息不符。与特别假设不同的是，评估人员在给出非真实性条件时，清楚地知道数据信息与实际不符。例如，客户想了解一项在建工程在完工情况下的当前价值。此时，“完工”就是一个非真实性条件(因为在评估基准日该工程尚未完工，而且评估人员清楚地知道其尚未完工)。

除了特别假设和非真实性条件之外，USPAP 还提到了其他的假设，例如在折现现金流量法(discounted cash flow，DCF)中，需要对增长率、折现率、融资条件、资本化率等参数进行假设。这些假设实际上是评估人员根据宏观经济状况、行业竞争状况、市场需求趋势、公司经营状况及发展战略等对评估参数做出的估计，体现了评估人员的专业能力。

### (二)国际评估准则(IVS)和 RICS 红皮书中关于评估假设的规范

国际评估准则和英国皇家特许测量师学会(Royal Institution of Chartered Surveyors，RICS)发布的红皮书都将评估假设分为一般假设和特殊假设。

一般假设是指无需经过特别调查或证实，具备合理性、可以被接受的情形(例如，如果委托方无法提供租赁合同，评估师可“假设”评估结论是在有效租赁合同情形下的价值)，或者是与评估情形相一致的假设(例如，假设资产单独交易不随企业整体转让。而实际交易的情形确实如此)，还可以是由于评估受限或超过评估师执业能力范围，评估师假设为真的情形(例如，评估师无法勘测建筑物的所有细节，在履行应有的勘察而未发现明显损坏的情况下，评估师可“假设”建筑物处于良好的运行状态)。由此可见，IVS 和红皮书中的“假设”内涵接近于 USPAP 中定义的“特别假设”。

特殊假设是指需要评估的情形与评估基准日的实际情况不符，或与典型市场参与者的决策不同。例如，需要评估拟建建筑物的价值，而评估基准日该建筑实际已经完成；需要评估特定合约的价值，而评估基准日该合约尚未完成；需要评估金融工具的价值，但使用的到期收益率曲线与典型的市场参与者不同。特殊假设的内涵接近于 USPAP 中的“非真实性条件”。

### (三)我国评估实践中的评估假设

我国的资产评估报告准则明确将评估假设列为评估报告必须披露的事项。然而，准则对评估假设并未做出明确的定义和分类。不过，在长期的评估实践中，评估假设的表述形成了约定俗成的模式。以企业价值评估为例，评估报告通常从以下两个方面描述评估假设。

(1)常规事项假设。这类假设通常与资产经营的外部环境或条件有关，例如对国家宏观环境、宏观经济参数(如利率、汇率、税率、通货膨胀率等)、自然条件、政治环境、企业会计政策、企业管理团队的稳定性、资产产权的真实性等做出的假设。评估人员对这类假设的表述，在不同评估报告中基本相同。

(2)特定事项假设。这类假设与具体的评估业务相关，不同业务的特定事项假设是不同的，例如假设新建工厂能够按时完工、假设企业能够如期获得生产资质、假设某新产品能够如期研发成功等。如果按照 USPAP 对评估假设的分类和定义，这两类假设都属于 USPAP 中的“特别假设”或 IVS 与红皮书的“一般假设”。

# 第四节　资产评估、估值与会计计价

## 一、资产评估与估值

资产评估和资产估值在字面意义上并没有本质区别，但在我国的经济社会中却代表了两个相关、又不相同的行业领域。下面以企业价值为例来讲述两者的异同。

企业价值评估与企业估值的相同之处表现在以下两个方面。

(1)都是基于企业未来的盈利能力和风险，对企业价值进行估算的行为。

(2)采用的方法基本相同，例如折现现金流量法、相对估价法等，特殊情况下可以采用成本法(也称为资产基础法)。

二者的不同之处表现在以下几个方面。

(1)遵循的法律、准则不同。企业价值评估业务的操作，必须遵循《中华人民共和国资产评估法》和资产评估准则，按照法律和准则规定的程序来进行，并按照法律和准则的要求出具资产评估报告。估值业务则不受《中华人民共和国资产评估法》和资产评估准则的约束。

(2)业务操作者不同。企业价值评估由资产评估机构(资产评估公司或资产评估事务所)及隶属于评估机构的评估专业人员进行操作。资产评估机构和资产评估专业人员都纳入中国资产评估协会统一管理。企业估值业务既可以由资产评估机构操作，也可以由券商、会计师事务所等其他中介机构进行操作。券商、会计师事务所等机构不受中国资产评估协会的管理。

(3)业务范围不同。根据《资产评估法》的要求，法定评估业务必须由资产评估机构及隶属于评估机构的评估人员来操作，券商等其他中介机构不能从事法定评估业务。

## 二、资产评估与会计计价

### (一)区别

仍以企业价值为例。资产评估与会计计价都可为投资人提供企业价值的信息，作为其投资决策的参考，但却是两种不同的计价体系。

**1. 价值内涵不同**

企业价值评估是基于对企业未来盈利能力和风险的预测，做出对企业当前价值的估算；会计计价是基于企业过去交易做出的对企业当前价值的记录。

**2. 资产范围不同**

企业价值评估的范围涉及企业的全部资源，包括可辨认的有形资源、无形资源，

以及不可辨认的无形资源(如管理制度，人力资源，企业文化等)，会计计价仅涉及能够进入资产负债表的资产。根据我国的会计准则，资产是指由企业过去经营交易或各项事项形成的，由企业拥有或控制的，预期会给企业带来经济利益的资源。一项资产只有在满足以下两个条件时，才可进入资产负债表：一是与该资源有关的经济利益很可能流入企业；二是该资源的成本或者价值能够可靠地计量。根据会计准则的定义，许多对企业盈利能力有重要贡献的资源无法进入资产负债表(例如自创的技术等)。可见，评估对象的范围远大于会计计价对象的范围。

**3. 计价目的不同**

会计计价的目的在于反映企业的经营业绩及企业规模的变化，为投资人、债权人、企业管理层等利益相关者的决策提供基础数据。这就要求会计计价必须具有可比性、可靠性(即可观察性)。于是，会计计价主要依照历史成本原则，将取得资产时实际发生的成本作为资产的入账价值。企业价值评估的目的在于为企业股权交易提供价值参考，而投资是为了获得未来的利益，所以评估必然基于企业的未来盈利能力。可见，由于计价目的的不同，企业价值评估和会计计价采用了不同的路径：会计师注重成本，而评估人员注重未来盈利能力和风险。

**4. 价值类型不同**

会计师主要按照历史成本原则计价，随着近年来各国的会计准则均不同程度地使用了公允价值计量模式，出现了公允价值、现值、可变现净值、重置成本等多种价值类型；在资产评估业务中，评估人员需要根据特定评估目的、市场条件和评估对象使用状况来选择恰当的价值类型，包括市场价值、投资价值、在用价值、清算价值等。在不同的价值类型定义下，

资产的价值是不同的。

**5. 计价方法不同**

会计计价按照会计制度和会计准则的要求，对企业资产的价值进行“核算”。与评估相比，会计核算客观性较强，主观经验判断和估计的成分较少；资产评估采用市场法、收益法、成本法等路径对资产价值进行“估算”，虽然有成熟的方法体系，但许多评估参数的确定需要预测或主观判断。

**(二)联系**

(1)资产评估中所依据的资料许多都来源于会计信息。例如，对企业未来收入、成本、资产、负债等的预测，都需要基于对企业会计数据的分析。

(2)会计信息披露需要运用资产评估的方法和技术。随着市场对会计信息相关性的要求越来越高，公允价值的应用日益广泛。我国的会计准则规定，在条件具备的情况下，投资性房地产、金融工具、非货币性资产交换、企业合并等可以采用公允价值模式计量。公允价值计量首选资产的活跃市场报价，当无法直接取得资产的活跃市场报价时，就需要使用评估技术进行分析和估算。

## 思 考 题

1. 资产评估与会计计价有何区别和联系？

2. 如何理解价值、价格与成本之间的关系？

3. 经济成本与会计成本的关系是什么？

4. 经济利润与会计利润的关系是什么？

5. 如何理解市场价值的含义？

6. 什么是最高最佳使用原则？该原则一般用于什么评估情形？

7. 价值前提与评估假设有何区别？资产评估业务为什么需要评估假设？

8. 资产评估的目的、假设、价值类型之间有何内在联系？

9. 同一项资产在不同情况下评估值往往不同，出现这一现象的原因可能有哪些？

10. 企业并购评估中，目标企业处于持续经营状态，可适用的价值类型有哪些？为什么？

# 第二章　资产评估基本理论

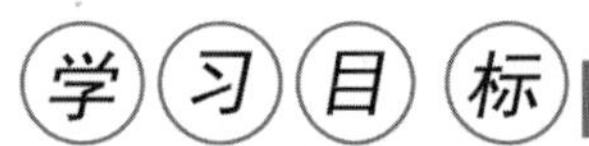


1. 掌握资产评估的一般目的和特定目的，资产评估基本假设，资产评估价值类型、市场价值和市场价值以外的价值；

2. 理解和掌握资产评估的一般目的、特定目的，资产评估假设，资产评估价值类型、市场价值和市场价值以外的价值等的含义；

3. 掌握资产评估特定目的的分类和作用，资产评估基本假设的内容和作用，资产评估价值类型的制约因素，资产评估工作原则和经济技术原则。

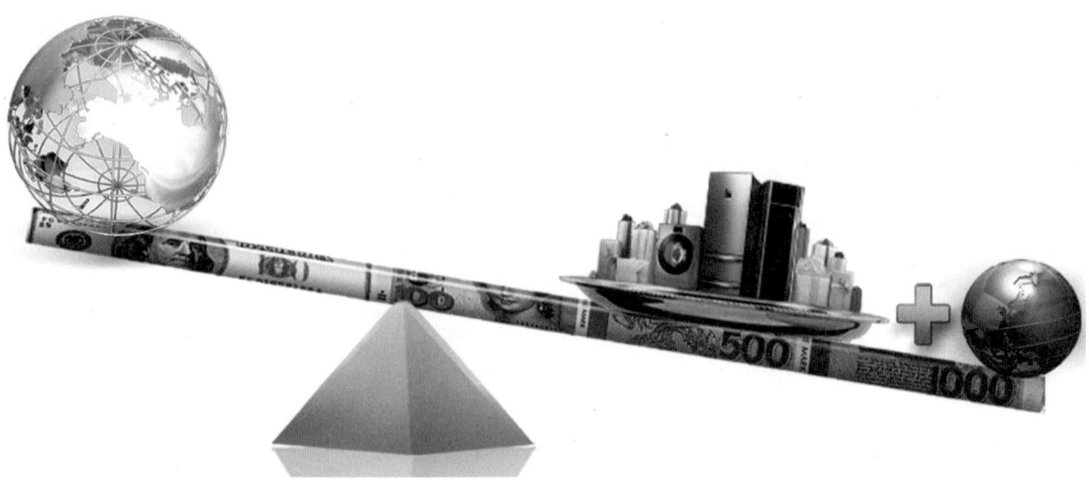

# 第一节　资产评估目的

简单地讲，资产评估目的可以被理解为资产评估所要实现的目标。任何一项资产评估的进行都是有原因的，同时也都有所要实现的目的。从资产评估的基本功能来看，资产评估有其一般目标；从资产评估所涉及的具体资产业务来看，资产评估又有其具体目标，因此，资产评估目的可以分为一般目的和特定目的。

## 一、资产评估的一般目的

资产评估的一般目的是根据资产业务的总体需要，从资产评估的基本功能出发评估资产在某一时点的客观合理价值。资产评估的一般目的是资产评估的基本目标。

资产评估作为一种专业人士对特定时点及特定条件约束下资产价值的估计和判断的社会中介活动，它一经产生就被赋予了为委托人以及资产交易当事人提供合理的资产价值专业意见的功能。不论是资产评估的委托人，或是与资产交易有关的当事人，他们所需要的是评估者对资产在一定时间及一定条件约束下资产价值的判断。资产评估的基本功能是为满足各类权益主体的多种资产业务需要服务而具有的估价功能。如果不考虑具体的资产业务需要，从资产评估的基本功能分析，资产评估活动的基本目标就是评估出资产的客观合理价值。

客观合理价值是指评估师基于对资产和市场客观事实的把握，通过职业分析和判断，估测出的资产在某一时点的价值。客观合理价值是一种估计值，是专业人士通过职业判断和估算得出的结果，而不是市场中已经实现的价值或价格，它通常表现为多种类型。

资产评估中的客观合理价值又称为公允价值。公允价值是会计、资产评估等行业广泛使用的专业术语，但是会计中对公允价值的理解和资产评估中对公允价值的理解并不十分相同。

会计中的公允价值是指熟悉市场情况的买卖双方在公平交易的条件下和自愿的情况下所确定的价格，或无关联的双方在公平交易的条件下一项资产可以被买卖或者一项负债可以被清偿的成交价格。在公允价值计量下，资产和负债按照在公平交易中，熟悉市场情况的交易双方自愿进行资产交换或者债务清偿的金额计量。

资产评估中的公允价值是一个广义的、相对抽象的价值概念，它是对评估对象在各种条件下与评估条件相匹配的合理的评估价值的抽象。资产评估中的公允价值是泛指相对于当事人各方的地位、资产的状况及资产面临的市场条件的合理的评估价值。它是评估人员根据被评估资产自身的条件及其所面临的市场条件，对被评估资产客观价值的合理估计值。资产评估中的公允价值的一个显著特点，是它与相关当事人的地位、资产的状况及资产所面临的市场条件相吻合，且不损害各当事人的合法权益。

## 二、资产评估的特定目的

资产评估特定目的是指根据具体资产业务的需要评估资产在某一时点的客观合理价值。资产评估特定目的是资产评估的具体目标。资产评估特定目的下估测出的评估价值也应该是客观合理的价值，这种客观合理的价值服务于各权益主体具体的资产业务需要。

资产评估作为一种资产价值判断活动，总是为满足特定资产业务的需要服务的。资产业务是引起资产评估的经济行为。资产业务既是资产评估的起因，又对资产评估的结果有着各种不同的要求。引起资产评估的资产业务对评估结果用途的具体要求实际上就是资产评估的特定目的。

资产评估的特定目的是各种不同的资产业务对评估结果用途的具体要求，每一项具体的资产业务都会有一个资产评估的特定目的。根据资产评估实践中所涉及的资产业务的类型不同，资产评估的特定目的可以如下这样进行归类。

### （一）资产转让业务

资产转让是指资产所有者对部分资产进行调剂处理等经济行为。资产转让的形式包括资产出售、资产置换、资产赠与等。

### （二）企业股权变动业务

企业股权变动是指涉及企业整体或部分股权（或产权）变动的经济行为。企业股权变动主要包括企业出售、企业兼并、企业改制、企业上市、企业租赁经营、企业债务重组、企业股权投资、中外企业合资经营等。

### （三）企业清算业务

企业清算是指企业按章程规定解散以及由于破产或其他原因宣布终止经营后，对企业的财产、债权、债务进行全面清查，并进行收取债权、清偿债务和分配剩余财产的经济活动。企业清算主要包括破产清算、终止清算和结业清算。

### （四）融资担保业务

担保是指资产占有单位，以本企业的资产为其他单位的经济行为担保，并承担连带责任的行为。担保通常包括抵押、质押、保证等。

### （五）财产保险业务

财产保险是指投保人根据合同约定，向保险人交付保险费，保险人按保险合同的约定对所承保的财产及其有关利益因自然灾害或意外事故造成的损失承担赔偿责任的

保险。评估中的财产保险业务通常指财产损失保险，即以物质形态的财产及其相关利益作为保险标的。

### （六）财产纳税业务

财产税是指以纳税人所有或属其支配的财产为课税对象的一类税收。资产评估中的财产纳税业务主要指房产税。房产税是政府以房产作为课税对象向产权所有人征收的一种财产税。

### （七）法律诉讼业务

法律诉讼是指法院主持下按照法定程序审理案件的过程。资产评估中的法律诉讼业务主要是为法律诉讼过程中所涉及的财产价值提供估价服务的资产业务。

### （八）财务报告业务

财务报告一般是指反映企业财务状况和经营成果的书面文件，包括资产负债表、利润表、现金流量表、所有者权益变动表、附表及会计报表附注和财务情况说明书。资产评估中的财务报告业务主要是为投资性房地产和资产减值测试提供估价服务的资产业务。

### （九）其他业务

其他业务是指除上述资产业务以外，资产评估提供估价服务的业务，如评估咨询业务、工商登记业务、企业价值管理业务等。

## 三、资产评估特定目的的作用

资产评估特定目的既是某项具体资产评估活动的起点，又是资产评估活动所要达到的具体目标。资产评估特定目的贯穿资产评估的全过程，影响着评估人员对评估对象和评估范围界定，制约着资产价值类型选择。

### （一）资产评估特定目的是界定评估对象和评估范围的基础

资产评估对象指的是资产评估的标的物，即评估的是什么资产。资产评估的范围指的是评估对象的具体内容，即评估哪些资产以及资产的具体构成。资产评估所涉及的资产及其范围必须根据特定资产业务的需要确定。企业的经营活动使其经常发生各种资产业务，为具体的资产业务提供估价服务就形成了资产评估的特定目的。明确资产的特定目的，就可以清晰地划定出被评估的对象是什么，以及评估对象的内容及构成。例如，以房地产抵押为评估目的的资产评估，其对象为某一特定的房地产，其评估范围包括土地和房屋，但不包括房屋的精装修部分；如果以房地产买卖为目的的资产评估，其评估范围就应该包括房屋的精装修部分。

因此，资产评估中，应该根据资产评估的特定目的，确定评估的对象和范围，并在资产评估业务约定书和资产评估报告书中明确载明。

### （二）资产评估特定目的对于资产评估的价值类型选择具有约束作用

资产评估价值类型是根据价值属性的不同对资产评估结果进行的分类。不同的资产业务决定了资产评估的不同目的，不同的资产评估目的对资产评估结果的价值属性提出了不同的要求。在不同时期、地点及市场条件下，同一资产业务对资产评估结果的价值类型的要求也会有差别。这表明引起资产评估的资产业务对评估结果的价值类型要求不是抽象的和绝对的。每一类资产业务在不同时间、地点和市场环境中的发生，对资产评估结果的价值类型要求不是一成不变的。这就是说，资产业务本身的属性因时间、地点及市场环境的变化而确定，所以把资产业务的属性绝对化，或是把资产业务与评估结果的价值类型关系固定化都是不可取的。资产评估结果的价值类型与评估的特定目的相匹配、相适应，指的是在具体评估操作过程中，评估结果价值类型要与已经确定了的时间和地点、市场条件下的资产业务相匹配、相适应。任何事先划定的资产业务类型与评估结果的价值类型相匹配的固定关系或模型都可能偏离或违背客观存在的具体业务对评估结果价值类型的内在要求。资产的业务类型是影响甚至是决定评估结果价值类型的一个重要的因素，但它不是决定资产评估结果价值类型的唯一因素。评估的时间及地点、评估时的市场条件、资产业务各当事人的状况以及资产自身的状态等，都可能对资产评估结果的价值类型起影响作用。

# 第二节　资产评估假设

资产评估是按照一定的目的在模拟的市场条件下对资产价值作出客观合理的估计，评估过程和结果受市场条件、资产自身条件等因素的影响。为了使资产评估顺利进行，必须要借助于一些评估假设。

## 一、资产评估假设的含义

简单地说，假设是对客观事物的假定说明。由于认识主体有限能力与认识客体无限变化之间的矛盾，人们不得不依据已掌握的数据资料对某一事物的某些特征或全部事实作出合乎逻辑的推断。这种依据有限事实，对于所研究的事物作出合乎逻辑的假定说明就叫假设。假设必须依据充分的事实，运用已有的科学知识，通过推理而形成。当然，无论如何严密的假设都带有主观推测的成分。但是，只要假设合乎逻辑、合乎情理，它对科学研究是有重大意义的。资产评估与其他学科一样，其理论体系和方法体系的确立也是建立在一系列假设基础之上的。

资产评估假设是指为了使资产评估能够顺利进行以及使评估结果客观合理而设立

的假定前提条件。由于受各种主客观因素的影响，评估人员对资产评估活动中面临的资产、市场等方面的了解和认识存在不够充分的情况，为了得出符合资产业务要求的评估结论，必须要设定一些假设或前提条件，这就形成了资产评估假设。从资产评估活动来看，资产评估是在模拟的市场条件下进行的价值判断，评估结果并不是评估对象真正进入市场交易体现出的价格，而是在交易之前估计出来的可能实现的交易价格，资产是否正处于交易之中、资产在什么样的市场条件下进行交易、资产在交易时的使用状况如何等情况都会对评估价值产生影响。因此，必须依据现实条件设定一系列的假设前提，将评估活动限定在设定的假设前提之内，才能使评估工作顺利进行，评估结果客观合理。

## 二、资产评估的基本假设

资产评估假设涉及资产评估过程的多个方面，从对资产交易、市场条件、资产使用状况的把握到确定资产评估具体参数，都需要设定资产评估假设。而资产交易情况假设、市场条件假设、资产使用状态假设和资产使用效率假设是资产评估的基本假设。

### （一）资产交易情况假设

资产评估是一种模拟市场的价值判断活动，根据资产评估涉及的各类不同资产业务的需要，资产评估时，评估人员往往从资产交易情况的角度，设定资产交易假设或资产非交易假设。

#### 1. 交易假设

交易假设是以被评估资产已经处在交易过程中作为资产评估的假定前提，交易假设是资产评估中最常用的假设。众所周知，服务于产权变动目的的资产评估其实是在资产实施交易之前进行的一项专业服务活动，而资产评估的最终结果又属于资产的交换价值范畴而不是交易价格本身。另外，服务于非产权变动目的的资产评估的评估对象根本就不进入市场。但是这些都不影响评估人员利用交易假设将评估对象置于市场交易当中，模拟市场进行价值判断。只有将评估对象置于市场交易之中，评估人员才有可能对资产的交换价值进行合理的专业判断。

#### 2. 非交易假设

非交易假设是以被评估资产不进行交易或者没有处在交易之中作为资产评估的假定前提。非交易假设是在特殊的资产评估业务中设置的假设，该假设条件下资产评估结果的使用范围受到一定的限制，主要适用于非产权变动类资产业务特殊价值的评估，如资产损害赔偿价值评估等。

### （二）市场条件假设

资产评估市场条件假设是在交易假设的基础上，进一步限定评估对象在何种市场

条件下进行交易的假设。现实的市场情况多种多样，但从理论上通常将市场分为两类：一类是公开市场，另一类是非公开市场。与市场类型相对应的资产评估市场条件假设也分为公开市场假设和非公开市场假设。

**1. 公开市场假设**

公开市场假设是以被评估资产在公开市场条件下进行交易作为资产评估的假定前提。公开市场是指充分发达和完善的市场条件，即一个有众多自愿的买者和卖者的竞争性市场，在这个市场上，买者和卖者的地位是平等的，彼此都有获取足够市场信息的机会和时间，买卖双方的交易行为都是在自愿的、理智的，而非强制或不受限制的条件下进行的。事实上，现实中的市场条件未必真能达到上述公开市场的完善程度。公开市场假设就是假定那种较为完善的公开市场存在，评估对象将要在这样一种公开市场中进行交易。当然公开市场假设也是基于市场客观存在的现实，即以资产在市场上可以公开买卖这样一种客观事实为基础。由于公开市场假设假定市场是一个充分竞争的市场，资产在公开市场上实现的交换价值隐含着市场对该资产在当时条件下有效使用的社会认同。在资产评估中，公开市场的范围可以是地区性市场、全国性市场和国际性市场。

**2. 非公开市场假设**

非公开市场假设是以被评估资产在非公开市场条件下进行交易作为资产评估的假定前提。非公开市场是指不满足公开市场条件的其他市场。非公开市场主要有以下几种情况：一是交易主体的数量有限；二是交易时间受限；三是交易主体之间的关系特殊。与之相对应，非公开市场假设又具体分为有限交易主体假设、清算假设、关联交易假设等。

(1)有限交易主体假设。有限交易主体假设是以市场中的交易主体数量有限作为资产评估的假定前提。交易主体数量有限的市场并不是一个充分活跃的市场，而是一个有着局限性的市场。造成这种情况的原因可能有许多，其中包括垄断买方或卖方的存在、交易对象应用范围过窄导致交易主体数量有限，以及信息不畅造成的市场狭小等。在有限交易主体假设前提下，市场可能会出现买方或卖方市场，市场交易价格可能会偏离正常市场价格。

(2)清算假设。清算假设是以被评估资产在非公开市场条件下快速变现作为资产评估的假定前提。清算假设首先是基于评估对象面临交易时间受限的事实或可能性，再根据相应数据资料推定评估对象处于快速变现的状态。交易时间受限可能是由于评估对象处于被迫出售状态或其他非被迫但必须在短时间内变现的原因造成的。由于快速变现假设假定被评估资产处于快速变现条件之下，被评估资产的评估值通常要低于在公开市场假设前提下同样资产的评估值。因此，在快速变现假设前提下的资产评估结果的适用范围是有限的。

(3)关联交易假设。关联交易假设是以交易主体之间关系特殊作为资产评估的假定前提。在关联交易假设前提下，参与交易的市场主体存在着某种利害关系，这样的市

场并不是一个充分竞争的市场，而是一个有着局限性的市场。在关联交易主体假设前提下，市场价格或价值可能会偏离正常市场价格或价值。

### （三）资产使用状态假设

资产评估对象的基本特征是能够给拥有者或控制者带来未来经济利益，资产给拥有者或控制者带来经济利益的多少取决于资产的使用方式以及资产的使用时间长短。从资产的使用状态的角度来看，资产评估假设可以分为持续使用假设和非持续使用假设。

#### 1. 持续使用假设

持续使用假设是以被评估资产正处于使用状态，并且还将继续使用下去作为资产评估的假定前提。作为评估对象的资产总体上都是持续使用或持续经营的。因为，从资产定义的角度看，资产是能够给拥有者或控制者带来未来经济利益的资源，能够持续使用或经营是成为资产的起码条件。持续使用假设是对资产在特定市场条件下的资产状况的一种设定。根据资产持续使用的具体情况不同，持续使用假设又可分为以下几种：

(1)在用续用假设。在用续用假设是以评估对象按现行使用的地点和用途继续使用作为资产评估的假定前提。

(2)转用续用假设。转用续用假设是以评估对象在原来使用地点改变用途继续使用作为资产评估的假定前提。

(3)移地续用假设。移地续用假设是以评估对象改变使用地点继续使用作为资产评估的假定前提。

(4)移地转用续用假设。移地转用续用假设是以评估对象改变使用地点和用途继续使用作为资产评估的假定前提。

在资产评估持续使用假设中，还可以从资产使用时间的角度，将假设分为持续永续使用假设和持续非永续使用假设。

#### 2. 非持续使用假设

非持续使用假设是以被评估资产不能继续使用下去作为资产评估的假定前提。在非持续使用假设中具体有两种情况，一是资产正处于使用状态，但是不能够继续使用下去；二是资产在评估时已经停止了使用。非持续使用假设是资产使用状况假设中特殊的假设前提，该假设前提的设定要以资产客观的事实为基础。设定非持续使用假设的依据主要有：根据法律法规和政府有关政策某类资产限期停止使用；根据评估师的职业判断某项资产的经济寿命已经到期；根据法律、合同等规定企业破产清算、结业清算。非持续使用假设条件下，资产评估结果的使用范围受到一定的限制。

### （四）资产使用效率假设

资产在寿命期限内能否得到最佳使用，也直接影响其能够给其拥有者或控制者带

来经济利益的多少。从资产使用效率的角度来看，资产评估假设可分为最佳使用假设和非最佳使用假设。

**1. 最佳使用假设**

最佳使用假设是以被评估资产能够获得最大经济利益的使用方式作为资产评估的假定前提。资产的最佳使用应该理解为在法律允许的条件下，技术可能、经济合理，能给其权利人带来最大经济利益的使用。最佳使用假设是资产评估的重要假设，资产价值通常是以资产最佳使用为前提进行评估。

**2. 非最佳使用假设**

非最佳使用假设是以被评估资产不能够获得最大经济利益的使用方式作为资产评估的假定前提。非最佳使用假设也是资产评估中特殊的假定前提，它的使用范围受到一定的限制，一般适用于资产正按某种用途和方式使用，但资产并不是最佳使用方式，而资产业务要求评估该资产在用续用价值的情况。

## 三、资产评估假设的作用

评估假设对具体资产业务中的市场状况、资产交易和使用状况进行了合理的设定，使资产评估活动在特定的框架内有序开展，它不仅是资产评估工作顺利进行的基础条件，也是评估结果客观合理的重要前提，对资产评估价值类型具有重要影响。

### （一）评估假设是资产评估工作顺利进行的基础条件

如果说资产评估的特定目的是资产评估的起点，并规定着资产评估结果的具体用途'资产评估假设则是构筑了资产评估得以顺利进行的基础和条件。评估假设对资产评估基础和条件的构筑，是通过假设将被评估资产置于一个相对固定的市场环境中，以及将被评估资产设定到某一种状态下。这样，评估人员就可以根据资产评估假设所限定的市场条件及评估对象的用途和使用方式，评定估算出符合资产评估特定目的的评估结果。如果评估对象面临的市场条件不确定，被评估对象的用途和使用方式不确定，资产评估就无法进行。如果在未明确评估对象所面临的市场条件及评估对象的用途和使用方式的情况下进行了资产评估，这样的评估不可能得出真实地反映评估对象符合其评估目的的评估结果来。从这个意义上讲，资产评估假设是资产评估得以顺利进行的基础条件，在资产评估中具有重要作用。

### （二）评估假设是资产评估价值类型的重要影响因素

资产评估价值类型体现出资产评估结果具有不同价值属性。资产评估结果的价值类型，首先是资产评估特定目的的基本要求，不同的资产评估特定目的决定了资产评估结果的不同性质、特征及表现形式。资产评估特定目的对价值类型的决定和制约，必须借助于资产评估的假设前提实现。资产评估假设不但对评估对象交易的前提条

件、使用方式和使用状态等具有约束和限定作用，而且通过对评估对象交易的前提条件、使用方式和使用状态等的约束和限定影响着评估结果的价值类型。例如，资产评估中的市场价值总是与资产评估的公开市场假设联系在一起的，公开市场假设是评估资产市场价值的最重要的市场条件前提；资产评估中的非公开市场价值总是与资产评估的非公开市场假设联系在一起。当然，资产评估结果的价值属性及其表现形式是多种多样的，有的价值类型与多个资产评估假设相联系。因此，在许多情况下还需要评估人员根据评估假设前提及其他条件综合判断评估结果的价值类型。从某种意义上讲，资产评估特定目的对评估结果的价值类型的约束作用是通过资产评估前提假设具体体现出来的。

### （三）评估假设是资产评估结果客观合理的重要前提

资产评估结果是评估人员根据特定的资产评估目的，将评估对象设置于特定市场条件、特定使用方式和使用状态下估算出来的价值。评估人员基于客观事实，对评估对象特定市场条件、特定使用方式和使用状态的设定，不仅使评估工作顺利进行，也使评估结果与特定的市场条件、资产特定使用方式和使用状态相对应’评估假设是评估结果客观合理的前提。更重要的是，使评估报告的使用者知晓，其所使用的评估结论是在特定的资产评估假设前提条件下得出的专业性估价意见，评估报告结论的使用范围应与评估假设设定的市场条件、资产使用方式和使用状态相吻合，而不能随意地使用资产评估结论。

## 第三节　资产评估价值类型

资产评估价值是根据资产评估中特定的资产业务需要，由专业人士在充分考虑各种价值影响因素的基础上，分析、估算出的评估对象较为客观合理的价值。不同的资产业务决定了评估结果具有不同的价值属性，据此可将资产评估结果划分成不同的类型，这样可以使资产评估报告的使用者在合理的范围内使用评估结论。

### 一、资产评估价值属性与价值类型

资产评估价值类型是由资产评估结果的价值属性决定的。根据价值属性，资产评估价值可以划分为不同的类型，价值属性是划归价值类型的基础。

### （一）资产评估价值属性的含义

属性一般是指事物本身所固有的性质，是物质必然的、基本的、不可分离的特性。属性又是事物某个方面质的表现，一定质的事物常表现出多种属性。事物的属性有特有属性和共有属性之分。

资产评估价值属性是指资产评估结果本身所固有的性质和内涵，是一种评估价值区别于其他评估价值的基本标志。资产评估价值属性主要由引起资产评估的资产业务的性质所决定，并受市场条件、资产的类型及资产使用方式等因素的影响。每一特定的资产业务所引起的资产评估结果都有其特有属性，即一种评估价值与其他评估价值有质的区别，例如转让价值、投资价值、抵押价值、课税价值等的性质和内涵是不同的。同时，资产评估价值又有共有属性，主要表现在所有的评估价值都是对资产价值的估计值，从本质上看，都属于使用价值范畴，不同性质和内涵的评估价值可以按照一定的标准划归成同一个类别。

### （二）资产评估价值类型的内涵

资产评估价值类型是指按照一定的标准对资产评估结果价值属性进行的归类。不同的价值类型从不同的角度反映资产的评估价值及其特征。不同属性的价值类型所代表的资产评估价值不仅在性质上存在差别，在数量上往往也存在差异。

资产评估价值类型是由资产评估结果的价值属性决定的。资产评估价值的特有属性决定了一种评估价值与其他评估价值的不同特性，例如转让价值、投资价值、兼并价值、租赁价值、抵押价值、保险价值、课税价值、拍卖价值、清算价值等都有不同的性质和内涵；资产评估价值的共有属性决定了一种评估价值与其他评估价值具有相同或相近的特征，如上述评估价值中大多数都具有持续使用价值和非市场价值的特征，这样就可以将具有相同或相近价值特征的评估结果划归为同一种价值类型。由此可看出，资产评估价值共有属性是资产评估价值类型的基础。由于资产评估价值属性主要由引起资产评估的资产业务的性质所决定，并受市场条件、资产的类型及资产使用方式等因素的影响。因此，资产评估的特定目的、评估对象的功能和状态、评估时的市场条件也是决定和影响资产评估价值类型的主要因素。

资产评估价值类型与资产评估价值属性的划分标准有关。从不同的角度，资产评估的价值属性可以划分为不同价值类型。如从会计计量的角度看，资产评估价值类型可分为重置成本、收益现值、现行市价、可变现净值、清算价值等。从评估假设的角度看，资产评估价值类型可以有继续使用价值、公开市场价值和清算价值等。而从评估目的、市场条件以及评估对象使用状态对评估结果的制约和影响角度看，资产评估价值类型可分为市场价值和市场价值以外的价值。

## 二、市场价值与市场价值以外的价值

从对资产评估价值类型的划分来看，最具现实意义的是从评估目的、市场条件以及评估对象使用状态对评估结果的制约和影响角度，将资产评估价值类型划分为市场价值和市场价值以外的价值。这种对市场价值和市场价值以外的价值划分，不仅可为评估人员科学合理地进行资产评估提供指引，也能使资产评估报告使用者正确理解并恰当使用资产评估结果。

## （一）市场价值

### 1. 市场价值的含义

市场价值具有多重含义。政治经济学认为，市场价值从质的规定性看，指生产部门所耗费的社会必要劳动时间形成的商品的社会价值；从量的规定性看，一般是一个部门所生产的商品的平均价值，或是在这个部门平均条件下生产的、构成该部门的产品很大数量的那种商品的个别价值。现实中，人们把市场价值理解为经过市场形成的价值的统称，或者是指利用市场价格衡量各种货物或服务的价值的总称。也有人将市场价值定义为商品在交易市场上的价格，是买卖双方竞价后产生的双方都能接受的价格。

从资产评估的角度来看，市场价值是针对特定条件或在特定领域使用的有限制条件的价值概念。资产评估价值类型指导意见中将市场价值定义为市场价值是自愿买方和自愿卖方在各自理性行事且未受任何强迫的情况下，评估对象在评估基准日进行正常公平交易的价值估计数额。

根据评估准则对市场价值的定义，资产评估中的市场价值可以理解为：市场价值是指资产在评估基准日公开市场上最佳使用条件下进行正常公平交易所能实现的交换价值的估计值。

资产评估中的市场价值具体可以从以下两个方面理解：

(1)市场价值是一个专业术语，具有特定的含义。资产评估中的市场价值与通常意义上的市场价值在含义上是不同的，首先它是一个估计值，而不是资产在市场上已经实现的价值；此外，市场价值是资产在公开市场条件下形成的价值，是资产最佳使用条件下的价值，是资产正常公平价值下的价值，是一个时点的价值。资产评估人员以及资产评估相关当事人，在从事资产评估工作以及使用资产评估报告的过程中，应把市场价值作为一个专业术语或专有名词加以理解。

(2)市场价值是一种资产评估价值类型。由于市场价值是一种面对市场参与者的公允价值，具有较为广泛的合理性指向区间，它不仅仅是一种价值定义，同时也代表了一种价值类型，它是市场参与者整体认同的价值。市场价值作为一种价值类型，它与市场价值以外的其他价值类型具有不同的价值属性和内涵。

### 2. 市场价值的基本条件

根据市场价值的定义，市场价值具有以下要件：

第一，自愿买方。这是指具有购买动机，但并没有被强迫进行购买的一方当事人。该购买者会根据现行市场的真实状况和现行市场的期望值进行购买，不会特别急于购买，也不会在任何价格条件下都决定购买，即不会付出比市场价格更高的价格。

第二，自愿卖方。这是指既不准备以任何价格急于出售或被强迫出售，也不会因期望获得被现行市场视为不合理的价格而继续持有资产的一方当事人。自愿卖方期望在进行必要的市场营销之后，根据市场条件以公开市场所能达到的最高价格出售资产。

第三，评估基准日。这是指市场价值是某一特定日期的时点价值，仅反映了评估基准日的真实市场情况和条件，而不是评估基准日以前或以后的市场情况和条件。

第四，以货币单位表示。市场价值是在公平的市场交易中，以货币形式表示的为资产所支付的价格，通常表示为当地货币。

第五，公平交易。这是指在没有特定或特殊关系的当事人之间的交易，即假设在互无关系且独立行事的当事人之间的交易。

第六，资产在市场上有足够的展示时间。这是指资产应当以最恰当的方式在市场上予以展示，不同资产的具体展示时间应根据资产特点和市场条件而有所不同，但该展示时间应当使该资产能够引起足够数量的潜在购买者的注意。

第七，当事人双方各自精明、谨慎行事。这是指自愿买方和自愿卖方都合理地知道资产的性质和特点、实际用途、潜在用途以及评估基准日的市场状况，并假定当事人都根据上述知识为自身利益而决策，谨慎行事以争取在交易中为自己获得最优的价格。

### （二）市场价值以外的价值

#### 1. 市场价值以外的价值的含义

市场价值以外的价值也称非市场价值，它是一个与资产评估市场价值相对应的概念。市场价值以外的价值并不是一种具体的价值属性，而是与市场价值类型相对应的一种价值类型。市场价值以外的价值泛指所有不符合市场价值定义条件的其他价值的统称。虽然资产评估市场价值可以理解为是一种具体的价值属性，但是，市场价值以外的价值应该是具有不同价值属性的资产评估价值的集合。

市场价值以外的价值中的“市场价值以外”并不是否定评估结论与市场的联系，而是强调该类价值是那些不满足、不具备资产评估中市场价值定义条件的价值。所以说，市场价值以外的价值是一个相对于市场价值的专有名词和专业术语。凡不符合市场价值定义条件的资产价值都属于市场价值以外的价值。

从评估目的、市场条件以及评估对象使用状态对评估结果的制约和影响角度，可将资产评估价值类型分为市场价值和市场价值以外的价值，这里更强调的是市场状况对资产评估价值的影响。从市场交换的实际情况来看，有些交易是在较为充分竞争的市场中进行的，交易价格是整个市场竞争的结果；还有一些交换是在关联方之间以及个别市场主体之间进行的，交易结果和交易价格与整体市场关系并不十分紧密。在资产评估中设立市场价值以外的价值来反映个别市场主体之间的交易行为及其交易价值是客观的。

#### 2. 市场价值以外的价值类型中的具体价值

由于市场价值以外的价值是具有不同价值属性的资产评估价值的集合，在市场价值以外的价值类型中包含了许多具有共有价值属性的具体价值。这主要包括在用价值、投资价值、持续经营价值、残余价值、剩余价值、清算价值、课税价值、保险价

值和抵押价值等。

(1)在用价值。在用价值是指作为企业组成部分的特定资产对其所属企业能够带来的价值，而并不考虑该资产的最佳用途或资产变现所能实现的价值量。在用价值是特定资产在特定用途下对特定使用者的价值，是以该特定资产未来预计可实现的现金流量，以及处置该资产可实现的变现值的折现值表示。

(2)投资价值。投资价值是指资产对于具有明确投资目标和特定投资偏好的特定投资者或某一类投资者所具有的价值，例如，企业并购中的被评估企业对于特定收购方的收购价值。资产的投资价值可能正好等于资产的市场价值，也可能高于或低于资产的市场价值。资产的投资价值与投资性资产价值是两个不同的概念。投资性资产价值是指特定主体以投资获利为目的而持有的资产在公开市场上按其最佳用途实现的市场价值。

(3)持续经营价值。持续经营价值是指被评估企业按照评估基准日时的用途、经营方式、管理模式等继续经营下去所能实现的预期收益(现金流量)的折现值。企业的持续经营价值是一个整体的价值概念，是相对于被评估企业自身既定的经营方向、经营方式、管理模式等所能产生的现金流量和获利能力的整体价值。由于企业的各个组成部分对企业的整体价值都有相应的贡献，企业持续经营价值可以按企业各个组成部分资产的相应贡献被分配给企业的各个组成部分资产，即构成企业各局部资产的在用价值。但所有这些组成部分本身的价值并不构成市场价值，而构成企业持续经营的各要素资产的在用价值之和也就是企业的持续经营价值。企业的持续经营价值本身并不是市场价值，但其数量可能正好等于企业的市场价值，也可能高于或低于企业的市场价值。

(4)残余价值(scrap value)。残余价值是指假设在未进行特别修理或改进的情况下，将资产中所包含的各组成部分进行变卖处置的价值。残余价值不是继续使用时的价值，且不包括土地价值在内。残余价值中可能还须考虑总的处置成本或净处置成本，在后一种情况下可能等同于可变现净值。

(5)剩余价值(residual value)。剩余价值是指假设在未进行特别修理或改进的情况下，将资产中所包含的各组成部分进行变卖处置的价值。剩余价值不是继续使用时的价值，且不包括土地价值在内。剩余价值中可能还须考虑总的处置成本或净处置成本，在后一种情况下可能等同于可变现净值。

(6)清算价值。清算价值是指在销售时间过短，达不到市场价值定义所要求的市场营销时间要求的情况下，变卖资产所能合理收到的价值数额。在某些国家，强制变卖价值还可能涉及非自愿买方和非自愿卖方，或买方在购买时知晓卖方处于不利处境的情况。

(7)课税价值。课税价值是指在税法等相关法律法规对课税对象税基价值的规定和要求不满足市场价值定义条件的前提下，课税对象相对于税法等相关法律法规的有关规定和要求所具有的价值估计数额。

(8)保险价值。保险价值是指在财产保险等相关法律法规和保险契约等对保险标的

物评估价值的有关规定和要求不满足市场价值定义条件的前提下，保险标的物相对于财产保险等相关法律法规和保险契约等的有关规定和要求所具有的价值估计数额。

(9)抵押价值。抵押价值是指在担保法等相关法律法规及金融监管机关对抵押物评估价值的有关规定和要求不满足市场价值定义条件的前提下，抵押物相对于担保法等相关法律法规及金融机关的有关规定所具有的价值估计数额。

## 三、资产评估价值类型的制约因素

资产评估价值类型是资产评估结果价值属性的表现形式，而资产评估价值属性是资产评估的特定目的所要求的，并受到评估对象的状况以及市场条件的影响。因此，从根本上说，资产评估价值类型的制约因素应该包括资产评估的特定目的、评估对象的状况和评估时所面临的市场条件。

### (一)资产评估的特定目的

资产评估的特定目的是制约资产评估价值类型的主要因素。从根本上讲，资产评估价值类型是资产评估的特定目的决定的，而资产评估特定目的是为特定的资产业务服务的，因此不同的资产业务对资产评估价值类型提出了不同的要求。资产评估的特定目的不但决定着资产评估结果的具体用途，而且会直接或间接地在宏观层面上影响资产评估的过程及其运作条件，包括对评估对象的使用方式和使用状态的约束，以及对资产评估市场条件的限定。相同的资产在不同的评估特定目的下，由于资产评估价值类型的不同可能会有不同的评估结果，以产权变动特别是资产交易为评估目的的资产评估业务，通常选择市场价值为评估的价值类型；以非产权变动为目的的资产评估可能选择市场价值，也可能选择市场价值以外的价值作为资产评估的价值类型。由于价值类型的不同，资产评估方法也可能不同，导致评估结果也不尽相同。

### (二)评估对象自身的状况

评估对象的状况是制约资产评估价值类型的重要因素。评估对象自身的功能、使用方式和利用状态是影响资产评估价值的内在因素。不同功能的资产会有不同的评估结果，同一资产由于使用方式和使用状态不同也会有不同的评估结果。例如，有的资产单个使用可以得到最佳的效用，而有的资产作为一组资产的一部分使用方可有更大的效用。这就是说，对于不同类型的资产，其单独使用或作为局部资产使用将直接影响其效用的发挥，当然也就直接影响其评估值和价值类型。因此，估价人员必须熟悉各种类型使用方式对其效用的影响，以及不同使用方式对其效用水平发挥的影响程度。作为评估对象，它的使用方式与使用空间首先是由资产评估的特定目的和评估范围规范的。资产评估的特定目的不仅是资产评估的起点，还规定着资产评估结果的具体用途，同时也在宏观上规范了被评估资产的使用空间。资产评估的特定目的对被评估资产的使用方式，尤其是使用空间的规范，具体是通过资产评估的基本前提假设体

现出来的。

### （三）资产评估的市场条件

资产评估时所面临的市场条件及交易条件是资产评估的外部环境，是影响资产评估价值类型的重要因素。在不同的市场条件下或交易环境中，即使相同的资产也会有不同的评估结果和价值类型。在公开市场上，买者和卖者的地位是平等的，彼此都有获取足够市场信息的机会和时间，买卖双方的交易行为都是在自愿的、理智的而非强制的条件下进行的。在这种条件下，资产的交换价值受市场机制的制约并由市场行情决定，而不是由个别交易决定。资产在公开市场上实现的交换价值隐含着市场对该资产在当时条件下有效使用的社会认同。公开市场条件是评估资产市场价值的基础。如果不具备公卄市场条件，资产评估的价值类型只能是市场价值以外的价值。例如，如果资产是在某种外在的压力下出售或变现，资产在市场上不会有充分的展示时间，也不会有充分的市场竞争，市场表现为非公开的市场。在这种市场条件下，被评估资产的价值类型显然不是市场价值，其评估结果通常要低于在公开市场假设前提下同样资产的评估价值。

# 第四节　资产评估原则

资产评估原则是评估机构和评估人员从事资产评估活动，进行资产评估操作应遵循的准则。资产评估原则包括资产评估工作原则和资产评估经济技术原则两个方面。

## 一、资产评估的工作原则

资产评估工作的性质决定了资产评估机构及其资产评估师在执业过程中应坚持独立性、客观性、公正性和科学性等工作原则。

### （一）独立性原则

独立性原则是指评估机构和评估人员应独立地开展评估工作，不受委托人或外界的意图及压力的影响。独立性原则包含两层含义：一是评估机构本身应该是一个独立的、不依附于他人的社会中介组织，在利益及利害关系上与资产业务各方当事人没有任何联系。二是评估机构及其评估人员在执业过程中应始终坚持独立的第三方地位。

### （二）客观性原则

客观性原则是指评估机构和评估人员应以客观事实为基础，实事求是地开展资产评估工作。资产评估机构及其评估人员在评估工作中必须以实际材料为基础，以确凿的事实和事物发展的内在规律为依据，以实事求是为指针，以求实的态度得出评估结

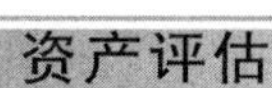


果，而不能以自己的好恶或其他情感进行评估。

### （三）公正性原则

公正性原则是指评估机构和评估人员应公平正直、没有任何偏向地开展资产评估工作。资产评估行为服务于资产业务的需要，而不是服务于资产业务当事人的任何一方的需要。资产评估人员必须站在独立的“第三方”立场开展评估业务，资产评估结果是评估人员认真调查研究，通过合乎逻辑的分析推理得出的、具有公正性的评估结论。

### （四）科学性原则

科学性原则是指资产评估机构和评估人员应遵循科学的评估标准，以科学的态度制定评估方案，并采用科学的评估方法进行资产评估。在整个评估工作中必须把主观评价与客观测算、静态分析与动态分析、定性分析与定量分析有机结合起来，使评估工作做到科学合理，真实可信。

## 二、资产评估的经济技术原则

资产评估的经济技术原则是指在资产评估执业过程中的一些技术规范和业务准则。它们为评估人员在执业过程中在专业判断上提供技术依据和保证。从本质上讲，资产评估中的经济技术原则，是对市场定价过程中适用的经济学原理和相关法则的抽象和概括。资产评估中的经济技术原则主要包括以下几个。

### （一）预期收益原则

预期收益原则是指根据资产未来可预测的收益多少来估测资产现实的价值。资产之所以有价值是因为它能为其拥有者或控制者带来未来经济利益。资产价值的高低主要取决于它能为其所有者或控制者带来的预期收益量的多少。预期收益原则是评估人员判断资产价值的一个最基本的依据。

### （二）供求原则

供求原则是指依据市场上资产的供求关系状况，分析、判断资产的价值。在其他条件不变的前提下，商品的价格随着需求的增长而上升，随着供给的增加而下降。尽管商品价格随供求变化并不总是以固定比例变化，但变化的方向总带有规律性。供求规律对商品价格形成的作用，是确定资产评估价值的重要依据。

### （三）贡献原则

贡献原则是指估测某一资产的价值，应根据构成该资产的各个要素的价值大小，以及各要素对资产整体的贡献程度进行。贡献原则反映的是资产整体价值与要素价值的关系。若资产是由多个要素构成，对该资产进行评估时，应分析各个要素对整体资

产的贡献大小，或者是缺少某项要素资产时，整体资产的损失大小，通过要素资产的状况来判断资产整体价值。

### （四）替代原则

替代原则是指某一资产的价值可以通过对同一市场上同质的资产交易价格的比较和修正进行估测。作为一种市场规律，在同一市场上，具有相同使用价值和质量的商品，应有大致相同的价格。如果具有相同使用价值和质量的商品具有不同的价格，买者会选择价格较低者；作为卖者，如果可以将商品卖到更高的价格水平上，他将会在较高的价位上出售商品；通过价值规律的自发调节，同质的资产会有基本相同的价格。

### （五）评估时点原则

评估时点原则是指资产评估以某一具体的公立日期作为评估结果对应的时间点。资产评估结果对应的日期称为评估基准日。由于市场是变化的，资产的价值会随着市场条件的变化而不断改变。为了使资产评估得以操作，同时又能保证资产评估结果可以被市场检验，在资产评估时，必须假定市场条件固定在某一时点，这一时点就是评估基准日。资产评估值就是评估基准日的资产价值。

## 思　考　题

1. 如何理解资产评估的一般目的和特定目的？
2. 资产评估特定目的有哪些作用？
3. 资产评估基本假设包括哪些内容？
4. 资产评估假设有哪些作用？
5. 如何理解市场价值和市场价值以外的价值？
6. 资产评估价值类型的制约因素有哪些？
7. 资产评估的工作原则有哪些？
8. 如何理解资产评估的经济技术原则？

# 第三章　资产评估技术方法

1. 掌握资产评估的成本法、市场法、收益法的基本原理、技术方法和主要参数内容；
2. 熟悉成本法、市场法、收益法评估的前提条件和基本程序；
3. 了解成本法、市场法、收益法的适用范围和优缺点。

资产评估技术方法是实现资产评定估算价值的技术手段。资产评估技术方法是在工程技术学、统计学、会计学等学科技术方法的基础上，结合资产评估自身的特点，形成的一整套技术方法体系。该技术方法体系由多种资产评估具体方法组合而成，按基本原理和技术路线的不同，可以将其归纳为三种最基本的技术方法，即成本法、市场法和收益法。

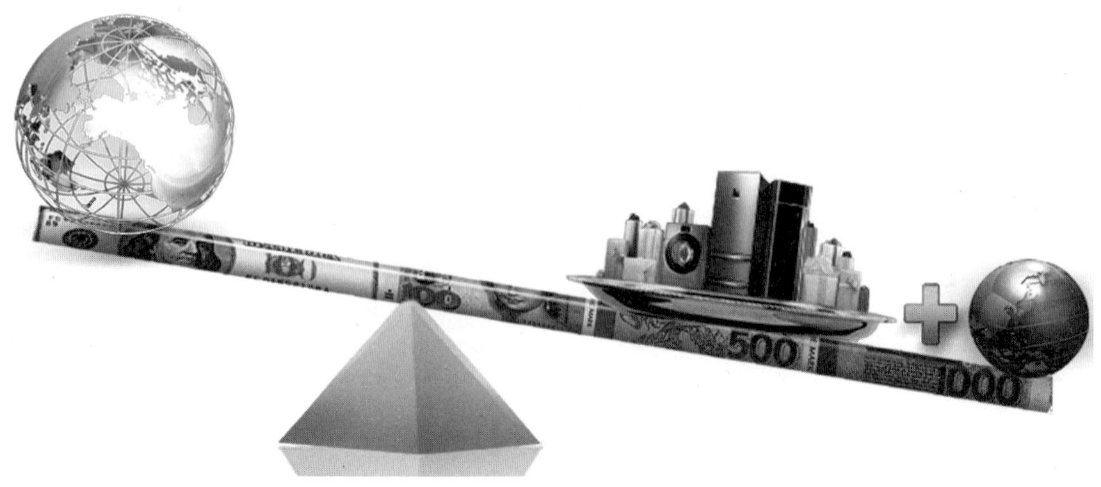

# 第一节　成　本　法

## 一、成本法定义及其前提条件

### （一）基本定义

成本法又称重置成本法，它是从待评估资产在评估基准日的复原重置成本或更新重置成本中扣减其各项价值损耗来确定资产价值的方法。重置成本的基本公式为

现行市价（评估价值）＝重置成本－有形损耗－无形损耗＝重置成本－有形损耗－功能性贬值－经济性贬值

### （二）前提条件

第一，被评估资产处于继续使用状态或被假定处于继续使用状态，被评估资产的实体特征、内部结构及其功能必须与假设的重置全新资产具有可比性。

第二，被评估资产应当具备可利用的历史资料。成本法的应用是建立在历史资料基础上的，许多信息资料、指标需要通过历史资料获得。同时，现时资产与历史资料具有相同性或可比性。

第三，被评估资产必须是可以再生的或可以复制的。不能再生或复制的被评估资产，从理论上和现实上都不能进行重新生产，其价值无法通过重置成本来进行反映，比如土地、矿藏，不能采用重置成本法。

第四，被评估资产必须是随着时间的推移具有贬值特性的资产。比如，古董、文物等虽然可能具有可复制的特点，并且被评估资产与复制品在实体特征、功能效用等方面具有可比性，但随着时间的推移，其价值不降反升，因而不能采用重置成本法对其价值进行评估。

### （三）适用范围

重置成本法比较充分地反映了资产在购买与建造过程中的必要花费，也体现了资产的有形损耗和无形贬值，因此，对于以资产重置、补偿为目的的资产评估业务都是适用的，是资产评估中最基本的方法之一。以下情形普遍运用重置成本法评估资产的价值：一是通货膨胀造成被评估资产的现行市价比历史成本大幅度提高；二是社会技术进步因素导致被评估资产，尤其是生产设备等固定资产出现较大的无形损耗；三是因对现有资产进行技术更新或改造，使被评估资产的使用效益大幅度提高；四是因被评估资产的使用年限的估计偏大或偏小，而使被评估资产计提的折旧同资产的自然损耗不相吻合；五是被评估企业财务管理混乱，造成被评估资产的账面历史成本失实。

## 二、基本程序和基本参数

### （一）基本程序

资产评估专业人员运用成本法对被评估资产进行评估时，应当遵循以下程序：第一，确定待评估资产的范围，并估算重置成本或重建成本；第二，确定待评估资产已使用年限、尚可使用年限和总使用年限；第三，确定有形和无形损耗；第四，计算得出初步评估结果。基本程序如图 3-1 所示。

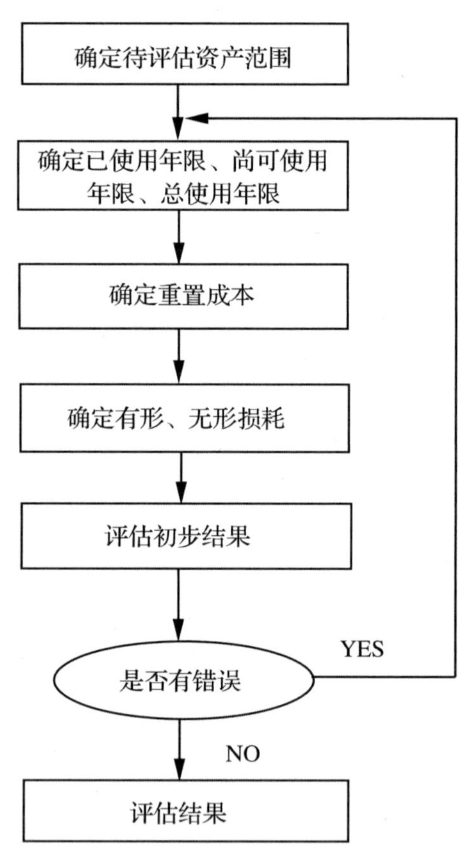


图 3-1　重置成本法的评估基本程序

### （二）基本参数

一项资源随着时间的变化，会产生自然形态的损耗、功能的落后或衰退、利用的充分程度降低等情况，从而导致其价值的降低。进行资产评估时，必须充分考虑这些使资产价值下降的因素对价值产生的不利影响，并从重置成本中予以扣减。这些损耗的价值分为三类：有形损耗（又称实体性贬值）、功能性贬值和经济性贬值。所以，成

本法涉及四个基本要素：资产的重置成本、有形损耗、功能性贬值、经济性贬值。

**1. 资产的重置成本**

资产的重置成本又分为复原重置成本和更新重置成本两类。①复原重置成本是指在评估基准日，用与估价对象相同的生产材料、生产及设计标准、工艺质量，重新生产与估价对象相同的全新资产即复制品的成本。②更新重置成本是指在评估基准日，运用现代生产材料、生产及设计标准、工艺质量，重新生产一项与估价对象具有同等功能、效用的全新资产的成本。

成本估价结果是接近复原重置成本还是接近更新重置成本，受成本估价方法的影响。总概括性的成本估价方法倾向于更新重置成本；注重估价对象的不同特征的详细成本估价方法(适用于特殊用途资产)倾向于复原重置成本。更新重置成本通常小于复原重置成本，这是因为后者包括过时的设计及生产工艺、原材料的附加成本。在没有出现同类资产的生产材料、技术标准、生产工艺及资产功能的明显变化时，一般评估复原重置成本，此时也几乎不存在更新重置成本。

**2. 资产有形损耗**

资产的有形损耗即实体性陈旧贬值，是由于资产使用磨损和自然损耗造成的贬值。由于评估对象一般都不是全新状态的资产，因此大多存在实体贬值。实体贬值通常依据新旧程度，即表体及内部构件、部件的损耗程度来确定。应该注意的是，由于固定资产在具体使用过程中，受到维护保养的好坏、运用时间的长短以及负荷量的大小等因素的影响，实际的磨损程度和速度不一定与法定的折旧率和折旧年限一致。因此，在进行资产评估时，不能照搬会计账面上的资产净值作为评估值，也不能照搬会计账面上的累计折旧额作为实体性贬值，而应通过实地勘察，检测固定资产的实际磨损程度来确定实体性贬值。

**3. 资产功能性贬值**

资产功能性贬值是指由于技术相对落后而造成的资产价值贬值。由于效能更高的同类资产被广泛使用，原有资产显得生产效率差、精度低下、劳动投入大、产品成本高、市场竞争力不强，从而使企业投入相对增加、产出相对下降，这就是被评估资产相对于更新资产的功能性贬值。估算功能性贬值可采用两种方法：一种方法是将复原重置成本与更新重置成本相比较，复原重置成本大于更新重置成本的差额，即为一次性投资功能性贬值；另一种方法是用老技术资产的生产成本与新技术资产的生产成本相比较，如比较能源、原材料、人工消耗等的大小，从而估算由于老技术的运营成本比新技术增加的支出部分，即营运性贬值，以此来确定功能性贬值。

**4. 资产经济性贬值**

资产经济性贬值是指由于外界经济环境变化而引起的资产价值贬值，如市场变化导致工厂开工不足或产品价格下降等经济因素使企业收益下降而带来的资产贬值：在西方国家的评估理论与实务中，经济性贬值是作为重置成本法评估的基本扣除项目的，但只是在采用加和法计算资产资本化现值时才将其作为调整项目，实际上与重置

成本并没有直接的联系。因此，我国在采用重置成本法进行单项资产评估时，一般不考虑资产的经济性贬值。

## 三、具体技术方法

### （一）重置成本的评估技术方法

重置成本的评估技术方法一般包括重置核算法、价格指数法、功能价值类比法、统计分析法。

**1. 重置核算法**

重置核算法利用成本核算的原理，根据重新取得资产所需的费用项目，逐项计算然后累加得到资产的重置成本。重置核算法是将资产的总成本分为直接成本和间接成本来估算重置成本的方法。直接成本是指直接构成资产生产成本支出的部分，如房屋建筑物的基础、墙体、屋面等建设成本项目，机器设备的购买价、安装调试费、运杂费等成本项目。直接成本应当按评估基准日的现时成本逐项加总。间接成本是指为建造、购买资产而发生的管理费、总体设计制图费等支出项目。间接成本一般按照人工成本的一定比例、直接成本的一定比例或单位工作量的间接成本价格等方法进行估算。其计算公式为

间接成本＝人工成本总×成本分配总率

成本分配率＝间接成本＋人工成本总额

或

间接成本＝直接成本×间接成本相对于直接成本的比率

或

间接成本＝工作量(单位为工时或工日)×单位工作量的间接成本

资产的重置成本应包括开发者的合理收益：①重置成本是在现行市场条件下重新购建一项全新资产所支付的全部货币总额，应该包括资产开发者或建造者的合理收益。②资产评估旨在了解被评估资产模拟条件下的交易价格，一般情况下，价格都应该含有开发者或建造者的合理收益部分。资产重置成本中的收益部分的确定，应以现行行业或社会平均资产收益水平为依据。

【例 3-1】 重置购建设备一台，现行市场价格每台 300 000 元，运杂费 3000 元，直接安装成本 900 元，其中原材料 300 元，人工成本 600 元。根据以往的统计分析，安装成本中的间接成本与直接成本的比率一般为 50%。继续利用条件下该机器设备重置成本为：

直接成本＝300 000＋3000＋900＝303 900 (元)

其中：买价 300 000 元；运杂费 3000 元；安装成本 900 元(其中，原材料 300 元，人工成本 600 元)。

间接成本(安装成本)＝900×50%＝450 (元)

重置成本合计=303 900+450=304 350(元)

**2. 价格指数法**

价格指数法是利用与资产有关的价格变动指数，将被评估资产的历史成本(账面价值)调整为重置成本的一种方法。这里的账面价值应当能够代表资产购建时的市场价值，或者其代表的价值类型与评估的价值类型一致。计算公式为

重置成本=资产的账面价值×价格指数

或　　重置成本=资产的账面价值×(1+价格变动指数)

式中：价格指数可以是定基价格指数或环比价格指数。定基价格指数是评估基准日的价格指数与资产购建时点的价格指数之比，即

定基价格指数=(评估基准日价格指数÷资产购建时的价格指数)×100%

环比价格变动指数可考虑按下式求得：

$x=(1+a_1)(1+a_2)(1+a_3)\cdots(1+a_n)\times100\%$

式中：$x$ 为环比价格指数；$a_n$ 为第 $n$ 年环比价格变动指数，$n=1, 2, 3, \cdots, n$。

【例 3-2】 某待评估资产购建于 2018 年 9 月，账面原值为 1 000 000 元，现评估其 2019 年 9 月 2 日的价值购建时该资产的定基价格指数为 120%，评估基准日该类资产的定基价格指数为 150%，则

重置成本=1 000 000×(150%÷120%)×100%=1 250 000(元)

价格指数法建立在不同时期的某一种或某类甚至全部资产的物价变动水平上，价格指数法估算的重置成本，仅考虑了价格变动因素，因而确定的是复原重置成本；而重置核算法建立在现行价格水平与购建成本费用核算的基础上，既考虑了价格因素，也考虑了生产技术进步和劳动生产率的变化因素，因而可以估算复原重置成本和更新重置成本。

**3. 功能价值类比法**

功能价值类比法是指利用某些资产的功能(生产能力)的变化与其价格或重置成本的变化呈某种指数关系或线性关系，通过参照物的价格或重置成本，以及功能价值关系估测评估对象价格或重置成本的技术方法。当资产的功能变化与其价格或重置成本的变化呈线性关系时，我们称之为生产能力比例法；而非线性关系条件下的功能价值法，我们称之为规模经济指数法，或者规模经济效益指数法。

(1)生产能力比例法。生产能力比例法是寻找一个与被评估资产相同或相似的资产作为参照物，根据参照资产的重置成本及参照物与被评估资产生产能力的比例，估算被评估资产的重置成本。计算公式为

$$\text{待评估资产的重置成本}=\text{待评估资产的生产能力}\times\left(\frac{\text{参照物的重置成本}}{\text{参照物的生产能力}}\right)=\text{参照物的重置成本}\times\left(\frac{\text{待评估资产的生产能力}}{\text{参照物的生产能力}}\right)$$

【例 3-3】 某厂生产线的重置成本为 350 000 元，年产量为 80 000 台。现知待评估资产年产量为 60000 台。假定该仪器生产线的生产能力和价格呈线性关系，则待评估

资产的重置成本为：待评估资产重置成本＝60 000÷80 000×350 000＝262 500（元）

应用这种方法估算重置成本时，首先应分析资产成本与生产能力之间是否存在这种线性关系，如不存在线性关系，这种方法就不可以采用。

(2)规模经济效益指数法。实践证明，许多资产的成本与其生产能力之间不是简单的线性关系，资产生产能力和成本之间虽然呈同方向变化，但不是等比例变化，这是规模经济效益作用的结果。规模经济效益指数法假定资产的生产能力与其重置成本之间呈非线性关系，其关系可用下列公式表示：

$$\frac{\text{被评估资产的重置成本}}{\text{参照物资产的重置成本}}=\left(\frac{\text{被评估资产的产量}}{\text{参照物资产的产量}}\right)^x$$

$$\text{被评估资产的重置成本}=\text{参照物资产的重置成本}\times\left(\frac{\text{被评估资产的产量}}{\text{参照物资产的产量}}\right)^x$$

式中：x 被称为规模经济效益指数，通常是一个经验数据。在美国，这个经验数据一般为0.4～1.2，在加工工业一般为0.7，在房地产行业一般为0.9。当规模经济效益指数为1时，该方法就变成了生产能力比例法。我国到目前为止尚未有统一的经验数据，评估过程中要谨慎使用这种方法。公式中的参照物一般可选择同类资产中的标准资产。

**4. 统计分析法**

使用成本法对整体资产及某一相同类型资产进行评估时，为简化评估业务，节省评估时间，可以采用统计分析法确定某类资产的重置成本。这种方法运用的步骤是：

(1)在核实资产数量的基础上，把全部资产按照适当标准划分为若干类别，如机器设备按有关规定划分为专用设备、通用设备、运输设备、仪器、仪表等，房屋建筑物按结构划分为钢结构、钢筋混凝土结构等。

(2)在各类资产中，抽样选择适量具有代表性的资产，应用重置核算法、价格指数法、生产能力比例法或规模经济效益指数法等方法估算其重置成本。

(3)依据分类抽样估算资产的重置成本额与账面历史成本计算出分类资产的调整系数。其计算公式为

$$K=\frac{R'}{R}$$

式中：$K$ 为资产重置成本与历史成本的调整系数；$R'$为某类抽样资产的重置成本；$R$为某类抽样资产的历史成本。

(4)根据调整系数 $K$ 估算被评估资产的重置成本，计算公式为

$$\text{被评估资产重置成本}=\sum\text{某类资产账面历史成本}\times K$$

【例 3-4】 评估某企业某类通用设备，经抽样选择具有代表性的设备10台，估算其重置成本之和为80万元，而该10台具有代表性的通用设备历史成本之和为40万元，该类通用设备账面历史成本之和为500万元，则

$$K=80\div40=2$$

该类通用设备重置成本＝500×2＝1 000（万元）

在运用上述四种方法进行资产的重置成本评估时，应根据具体的评估对象和可以

收集到的资料确定采用的评估方法，应用时必须注意分析方法运用的前提条件，否则将得出错误结论。

### （二）实体性贬值的评估技术方法

资产的实体性贬值的决定因素有使用时间、使用率、资产本身的质量和维修保养程度等。已使用时间越长，资产的有形损耗越大，剩余的价值就越低。使用率（即开工率）越高，资产在过去年限中的使用越充分，该情况下其有形损耗也就越大。有些资产闲置时的有形损耗可能更大，这是例外。资产本身的质量越好，在相同的使用时间和使用强度下，有形损耗越小。资产在日常使用过程中保养越好，其有形损耗越小，但是注意把这种日常维修保养与技术改造区分开来。实体性贬值的评估包括观察法、使用年限法、修复费用法三种技术方法。

#### 1. 观察法

观察法也叫成新率法，它是指由具有专业知识和丰富经验的工程技术人员对被评估资产的实体各主要部位进行现场勘查，并综合分析资产的设计、制造、使用、磨损、维护、修理、大修理、改造情况和物理寿命等因素，将评估对象与其全新状态相比较，考察由于使用磨损和自然损耗对资产的功能、使用效率带来的影响，判断被评估资产的成新率，从而估算实体性贬值。其计算公式为

资产实体性贬值＝重置成本×实体性贬值率

或

资产实体性贬值＝重置成本×（1－实体性成新率）

观察法是一种综合判断方法，即将多种复杂因素对资产实体性贬值的混合影响简单定量化，因而这种方法适用面广。在实际应用中，对于简单的单项资产，可以采用总体观察法，直接确定其成新率；对于复杂的资产，则可以将其分解为若干部分，分别对各个部分进行观察，通过专家打分的方式确定不同部分的成新率，再根据各部分的重要性及价值比重进行加权平均，最后求出总体的成新率。

【例 3-5】 有一大型设备，该设备由三个部分组成。经分析确定，三部分占总成本的比重分别为 20％、30％、50％。在评估中，评估专业人员与有关专家一道对该设备进行观察，分别对各部分进行了技术鉴定和磨损估计，确定三部分的实体损耗率分别为 20％、30％和 25％，试求该设备的实体性贬值率和实体性成新率。

实体性贬值率＝20％×20％＋30％×30％＋50％×25％＝25.5％

实体性成新率＝1－25.5％＝74.5％

#### 2. 使用年限法

使用年限法是利用被评估资产的实际使用年限与其总使用年限的比值来判断其实体贬值率（程度），进而估测资产的实体性贬值。对于某些特定固定资产，如大型稀有机器设备、飞机、船舶等也可采用工作量、工作时间、里程等方法估算；对一些资产则可视其状态估算有形损耗，如原材料、在产品和产成品等。

使用年限法通用的计算公式为

$$资产实体性贬值=\frac{重置成本-预计残值}{总使用年限}\times 实际已使用年限$$

式中：预计残值是指被评估资产在清理报废时净收回的金额。在资产评估中，通常只考虑数额较大的残值，如残值数额较小可以忽略不计。总使用年限指的是资产的物理寿命，即资产从使用到报废为止经历的时间，公式可以表达为实际已使用年限与尚可使用年限之和。

需要区分名义已使用年限与实际已使用年限的差异。名义已使用年限是指资产从购进使用到评估时的年限，可以通过会计记录、资产登记簿、登记卡片查询确定。实际已使用年限是指资产在使用中实际损耗的年限。实际已使用年限与名义已使用年限的差异，可以通过资产利用率来调整。资产利用率的计算公式为

$$资产利用率=\frac{截至评估日资产累计实际利用时间}{截至评估日资产累计法定利用时间}\times 100\%$$

当资产利用率>1时，表示资产超负荷运转，资产实际已使用年限比名义已使用年限要长；当资产利用率=1时，表示资产满负荷运转，资产实际已使用年限等于名义已使用年限；当资产利用率<1时，表示开工不足，资产实际已使用年限小于名义已使用年限。

**3. 修复费用法**

修复费用法是利用恢复资产功能所支出的费用金额来直接估算资产实体性贬值的一种方法。所谓的修复费用包括资产主要零部件的更换或者修复、改造、停工损失等费用支出。如果资产可以通过修复恢复到全新状态，可以认为资产的实体损耗等于其修复费用。

### （三）功能性贬值评估技术方法

资产功能性贬值是由于技术相对落后造成的贬值。估算功能性贬值，主要根据资产的效用、生产加工能力、工耗、物耗、能耗水平等方面的差异造成的成本增加或效益降低，相应确定功能性贬值额。功能性贬值的估算可以按下列步骤进行：

(1)对比被评估资产的年运营成本与功能相同但性能更好的新资产的年运营成本的差异。

(2)计算二者的差异，确定净超额运营成本。由于企业支付的运营成本是在税前扣除的，企业支付的超额运营成本会引致税前利润额下降，所得税税额降低，使得企业负担的运营成本低于其实际支付额。因此，净超额运营成本是超额运营成本扣除其抵减的所得税以后的余额。

(3)估计被评估资产的剩余寿命(尚可使用年限)。

(4)以适当的折现率将被评估资产在剩余寿命内每年的超额运营成本折现，这些折现值之和就是被评估资产功能性损耗(贬值)。其计算公式为

$$被评估资产功能性贬值额=\sum\frac{C_{1i}-C_{2i}}{(1+r)^i}(1-T)$$

式中：$C_{1i}$为第$i$年被评估资产的年运营成本；$C_{2i}$为第$i$年新资产的年运营成本；$(C_{1i}-C_{2i})$为第$i$年被评估资产的超额运营成本；$T$为适用的所得税税率；$r$为折现率。

在实际评估工作中也有功能性溢价的情况，即当评估对象功能明显优于参照资产功能时，评估对象就可能存在功能性溢价。

【例3-6】 某机器设备系技术先进的设备，比原有的陈旧设备生产效率高，可节约工资费用，有关资料及功能性贬值的计算结果见表3-1。

**表3-1　某设备的技术资料**

| 项目 | 技术先进设备 | 技术陈旧设备 |
|---|---|---|
| 月产量(件) | 8000 | 8000 |
| 单件工资(元) | 4 | 6 |
| 月工资成本(元) | 32 000 | 48 000 |
| 月差异额 | | 48 000－32 000＝16 000（元） |
| 年工资成本超支额 | | 16 000×12＝192 000（元） |
| 减：所得税费用（税率25%，元） | | 48 000 |
| 扣除所得税后年净超额运营成本(元) | | 144 000 |
| 资产剩余使用年限(年) | | 5 |
| 假定折现率为10%，5年年金折现系数 | | 3.7908 |
| 功能性贬值额(元) | | 545 875.2 |

### (四)经济性贬值的评估技术方法

资产的经济性贬值是由于外部经济和外部环境变化而引起的，主要表现为：一是运营中的资产利用率下降；二是资产闲置，并由此引起资产的运营收益减少。资产经济性贬值可根据生产能力的变化加以确定，经济性贬值额的计算可以采用直接法和间接法。

#### 1. 直接法

直接法可以按下列步骤进行：①计算出被评估资产由于生产能力下降而减少的年收益。②扣除所得税的影响，计算减少的年收益。③将每年减少的年净收益在剩余寿命期内进行折现，折现值之和则为经济性贬值额。经济性贬值的计算公式可以表示为

$$经济性贬值额=资产年收益损失额\times(1-所得税税率)\times(P/A,r,n)$$

式中：$(P/A,r,n)$为年金现值系数。

【例 3-7】 由于市场需求等情况的变化，某企业一条生产线预计在其未来 3 年寿命期中每年减产 20 000 件，每件产品的利润为 800 元，假设折现率为 10%，所得税税率为 25%，试求该生产线的经济性贬值额。

经济性贬值额＝(20 000×0.08)×(1－25%)×$(P/A, 10\%, 3)$

＝1200×2.4869＝2 984.28 (万元)

**2. 间接法**

间接法可按下列步骤进行：①计算经济性贬值率；②经济性贬值率与被评估资产重置成本的乘积即为经济性贬值。

$$经济性贬值率=\left[1-\left(\frac{资产预计可被利用的生产能力}{资产原设计生产能力}\right)\right]^x\times100\%$$

经济性贬值＝经济性贬值率×被评估资产的重置成本

式中：$x$ 为功能价值指数，实践中多采用经验数据，数值一般介于 0.6～0.7 之间。

【例 3-8】 某企业待估生产线设计生产能力为年产 800 套产品，因市场需求结构变化，在未来可使用年限内，每年产量估计要减少 140 套左右，根据上述条件，该生产线的经济性贬值大约在以下水平上，有

经济性贬值率＝$[1-(660\div800)^{0.6}]\times100\%=11\%$

## 四、成本法的优缺点

### (一)成本法的优点

(1)评估前后资产不改变其原来的用途；

(2)评估对象可以重置再建；

(3)评估对象随着时间的推移，具有损耗和贬值属性。

因此，成本法具有一定的科学性和可行性，对于一些存在无形损耗、贬值或贬值不大的资产评估，操作简便。对一些没有收益的单项资产及市场上很难找到交易参照物的评估对象，如社会公用设施，成本法更为适用。

### (二)成本法的缺点

(1)用成本法对整体资产进行评估时需要将企业分解为单项资产逐项评估，然后汇总，比较费时；

(2)各类贬值因素较抽象，难以准确量化；

(3)商誉等无形资产无法单独用成本法进行评估，需要用其他方法结合评估。

# 第二节　市　场　法

## 一、市场法的定义与前提条件

### （一）市场法的定义

市场法又称现行市价法，它是指利用市场上同样或类似资产的近期交易价格，经过直接比较或类比分析以估测资产价值的各种评估技术方法的总称。市场法是根据替代原则，采用比较和类比的思路及其方法判断资产价值的评估技术方法，因为任何一个正常的投资者在购置某项资产时，他所愿意支付的价格都不会高于市场上具有相同效用的替代品的现行市价。运用市场法要求充分利用类似资产成交价格信息，并以此为基础判断和估测被评估资产的价值。运用已被市场检验的结论来评估被评估对象，更容易被评估资产业务各当事人接受。因此，市场法是资产评估中最直接、最具说服力的评估方法之一。

### （二）市场法的前提条件

通过市场法进行资产评估需要满足以下两个最基本的前提条件：

（1）要有一个活跃的公开市场；

（2）公开市场上要有可比的资产及其交易活动。

资产及其交易的可比性，是指选择的可比资产及其交易活动在近期公开市场上已经发生，且与被评估资产及资产业务相同或相似。其具体体现在以下几个方面：

（1）参照物与评估对象在功能上具有可比性，包括用途、性能上相同或相似；

（2）参照物与评估对象面临的市场条件具有可比性，包括市场供求关系、竞争状况和交易条件等；

（3）参照物成交时间与评估基准日间隔时间不能过长，应在一个适度的时间范围内，同时，时间对资产价值的影响是可以调整的。

## 二、影响市场法的主要因素

影响市场法的主要因素包括资产功能、市场供求、交易条件、资产的实体特征和质量、成新率等。

### （一）资产功能

资产功能是资产使用价值的主体，是影响资产价值的重要因素之一。在资产评估中强调资产的使用价值或功能，并不是从纯粹抽象意义上去讲，而是从资产的功能并结合社会需求，从资产实际发挥效用的角度来考虑。就是说，在社会需要的前提下，资产的功能越强，其价值越高，反之亦然。

### （二）市场供求

资产的市场均衡价格是在供求变动中形成的，因而评估主要是考虑参照物成交时与评估时的市场条件及供求关系的变化情况。一般而言，供不应求时，价格会上升；供过于求时，价格会下降。评估专业人员应对由市场条件差异而引致的资产价值变化给予足够的关注。

### （三）交易条件

交易条件主要包括交易批量、交易动机、交易时间等。交易批量不同，交易动机及不同时间交易的资产的交易价格都会有差别。

### （四）资产的实体特征和质量

资产的实体特征主要是指资产的外观、结构、役龄和规格型号。资产的质量主要是指资产本身的功能、性能精度、建造或制造工艺水平，也包括由此产生的商品品牌和市场影响力。对资产实体特征及质量的鉴定有时比较复杂，需由有关专业机构或专家进行。

### （五）成新率

由于被评估资产通常并不是全新资产，故其新旧程度、可被再用程度也成了评估该资产价值的重要标准之一。

除了上述因素之外，同类资产的现行市价、所处的时间和地域以及通货膨胀等因素也对被评估资产的价值有重要影响。

## 三、基本程序与技术方法

### （一）基本程序

市场法评估资产大致包括选择参照物、选择比较因素、量化差异处理、调整已经量化的对比指标差异、确定评估结果等基本程序。

#### 1. 选择参照物

对参照物的选择主要考虑两方面关键因素：一是参照物的可比性。可比性包括功

能、市场条件及成交时间等。因为运用市场法评估资产价值，被评估资产的评估值高低在很大程度上取决于参照物成交价格水平，而参照物成交价又不仅仅是参照物功能自身的市场体现，它还受买卖双方交易地位、交易动机、交易时限等因素的影响。二是参照物的数量问题。不论参照物与评估对象如何相似，通常参照物应选择三个以上，以避免某个参照物在个别交易中因特殊因素和偶然因素对成交价及评估值造成影响。

**2. 选择比较因素**

虽然影响资产价值的基本因素大致相同，如资产性质、市场条件等，但具体到每一种资产时，影响资产价值的因素又各有侧重。如影响房地产价值的主要是地理位置因素，而影响机器设备的主要是设备的技术水平。因而，要针对不同种类资产价值形成的特点，选择影响较大的关键因素作为对比指标，在参照物与评估对象之间进行比较。

**3. 量化差异处理**

根据前面所选定的对比指标，在参照物及评估对象之间进行比较，并对两者的差异进行量化。运用市场法的一个重要环节就是将参照物与评估对象对比指标之间的上述差异数量化和货币化，例如资产功能指标，尽管参照物与评估对象功能相同或相似，但在生产能力、产品质量，以及资产运营过程中的能耗、料耗和工耗等方面都可能有不同程度的差异。

**4. 调整已经量化的对比指标差异**

市场法以参照物的成交价格作为评定、估算评估对象价值的基础。在这个基础上，对已经量化的参照物与评估对象的对比指标差异进行调增或调减，就可以得到以每个参照物为基础的评估对象的初步评估结果。初步评估结果与所选择的参照物个数密切相关

**5. 确定评估结果**

由于运用市场法通常应选择三个以上参照物，相应地，运用市场法评估的初步结果也在三个以上。根据资产评估的一般要求，正式的评估结果只能是一个。这就需要评估专业人员对若干评估初步结果进行综合分析，以确定最终的评估值。当然，如果参照物与评估对象可比性都很好，评估过程中没有明显的遗漏或疏忽，一般可考虑采用算术平均法或加权平均法确定最终结果。

### （二）具体技术方法

市场法评估的具体技术方法包括直接比较法和类比调整法。

**1. 直接比较法**

直接比较法是指利用参照物的交易价格，将评估对象的特征与参照物的同一特征直接进行比较，在参照物的交易价格的基础上进行修正从而得到评估对象价值的方法。其基本计算公式为

$$评估对象价值=\frac{参照物成交价格}{参照物特征}\times评估对象特征$$

或

$$评估对象价值=参照物成交价格+(评估对象特征-参照物特征)$$

直接比较法简单、直观、简洁，但是难以找到完全相同的参照物。直接比较法主要包括现行市价法、市价折扣法、功能价值类比法等。

(1)现行市价法。当评估对象本身具有现行市场价格或与评估对象基本相同的参照物具有现行市场价格的时候，可以直接利用评估对象或参照物在评估基准日的现行市场价格作为评估对象的评估价值。在运用现行市价法时要注意，评估对象或参照物在评估基准日的现行市场价格应与评估对象的价值内涵相同。

(2)市价折扣法。市价折扣法是以参照物成交价格为基础，根据评估专业人员的经验或有关部门的规定，同时考虑到评估对象在销售条件、销售时限或销售数量等方面的因素，设定一个价格折扣率来估算评估对象价值的方法。用公式表达如下：

$$资产评估价值=参照物成交价格\times(1-价格折扣率)$$

【例 3-9】 在评估基准日与其完全相同资产的正常变现价为 180 万元，评估师经综合分析，认为折扣率应为 30％。

资产评估价值＝180×(1－30％)＝126 (万元)

运用市价折扣法时应当注意：①参照资产必须是与被评估资产完全相同的资产；②如果市场分割使参照资产有几个不同的价格，则必须根据资产市场供求状况和资产取得时的市场实际价格，并结合国家有关政策，准确确定参照资产的市场标准价格；③要分析被评估资产有无非正常损耗，如果有，还应该根据非正常损耗情况酌情扣减。

(3)功能价值类比法。资产评估的功能价值类比法是以参照物的成交价格为基础，考虑参照物与评估对象之间的功能差异进行调整来估算评估对象价值的方法。功能价值类比法根据资产的功能与其价值之间的关系可分为线性关系和指数关系两种情况：

①生产能力比例法。资产价值与其功能呈线性关系的情况，通常被称作生产能力比例法。资产评估价值计算公式为

$$资产评估价值=参照物成交价格\times\frac{评估对象生产能力}{参照物生产能力}$$

【例 3-10】 被评估资产生产能力为 160t，参照资产的年生产能力为 100t，评估基准日参照资产的市场价格为 50 万元，由此确定被评估资产的价值为

资产评估价值＝50×160÷100＝80 (万元)

②规模经济效益指数法。资产价值与其功能呈指数关系的情况，通常被称作规模经济效益指数法，资产评估价值计算公式为

$$资产评估价值=参照物成交价格\times\left(\frac{评估对象生产能力}{参照物生产能力}\right)^{x}$$

【例 3-11】 被评估资产生产能力为 160t，参照资产的年生产能力为 200t，评估基准日参照资产的市场价格为 40 万元，该类资产功能价值指数为 0.8，计算该被评估资

产价值：

资产评估价值＝40×（160＋200）$^{0.8}$＝33.46（万元）

**2. 类比调整法**

类比调整法是市场法中最基本的评估方法，它是指一项被评估资产，在公开市场上找不到与之完全相同的参照物资产，但在市场上能找到相类似的资产，以此作为参照物，依其成交价做必要的调整后，确定被评估资产的价格。该法通过对比分析调整参照物与评估对象之间的差异，在参照物成交价格的基础上调整估算评估对象的价值。类比调整法具有适用性强、应用广泛的特点。但该法对信息资料的数量和质量要求较高，而且要求评估专业人员有较丰富的评估经验、市场阅历和评估技巧。

(1)应用类比调整法评估资产价值时参照物的主要差异调整因素

①时间因素。时间因素是指参照物成交时间与评估基准日时间差异对价格的影响，一般而言，选择参照物时要求参照物为近期成交或标示出的价格。

②地区因素。地区因素是指资产所在地区或地段条件对资产(尤其是房地产)价格的影响因素。

③功能因素。功能因素是指资产实体功能过剩或不足对价格的影响。

(2)类比调整主要采用市场售价类比法

市场售价类比法是以参照物的成交价格为基础，考虑参照物与评估对象在功能、市场条件和销售时间等方面的差异，通过对比分析和量化差异，调整估算出评估对象的价值。其基本数学表达式为

资产评估价值＝参照物售价＋功能差异值＋时间差异值＋…＋交易情况差异值

或

资产评估价值＝参照物售价×功能差异修正系数×…×时间差异修正系数

【例 3-12】 某商业用房，面积为 600m$^2$，现因企业联营需要进行评估，评估基准日为 2019 年 10 月 31 日。评估专业人员在房地产交易市场上找到三个成交时间与评估基准日接近的商业用房交易案例被评估商业用房与参照物商业用房结构相似、新旧程度相近，当时房产价格的月上涨率为 4%。被评估商业用房所在区域的综合评分为 100，三个参照物所在区域条件均比被评估商业用房所在区域好，综合评分分别为 107、110 和 108。

其他具体情况见表 3-2。

**表 3-2 市场售价类比法比较因素表**

| 参照物 | A | B | C |
|---|---|---|---|
| 交易单价(元/m$^2$) | 5000 | 5960 | 5918 |
| 成交日期 | 2014.6 | 2014.9 | 2014.1 |
| 区域条件 | 比被评估资产好 | 比被评估资产好 | 比被评估资产好 |
| 交易情况 | 正常 | 高于市价 4% | 正常 |

修正系数计算表见表3-3。

表3-3 修正系数计算表

| 参照物 | A | B | C |
|---|---|---|---|
| 交易单价(元/$m^2$) | 5000 | 5960 | 5918 |
| 时间因素修正 | 117/100 | 104/100 | 100/100 |
| 区域因素修正 | 100/107 | 100/110 | 100/108 |
| 交易情况修正 | 100/100 | 100/104 | 100/100 |
| 修正后的价格(元/$m^2$) | 5467 | 5418 | 5480 |

被评估资产单价=(5467+5418+5480)÷3=5 455(元)

被评估资产总价=5 455×600=3 273 000(元)

**3. 成本市价法**

成本市价法是以评估对象的现行合理成本为基础，利用参照物的成本市价比率来估算评估对象的价值的方法。其计算公式为

资产评估价值=评估对象现行合理成本×(参照物成交价格÷参照物现行合理成本)

上述评估方法作为市场法中的具体方法，使用时必须满足两个最基本的前提条件：

(1)利用参照物进行评估，且参照物与评估对象必须相同或相似，即具有可比性；

(2)参照物的交易时间与评估基准日间隔不能过长。

当然上述评估方法也可作为成本法中的具体方法，但使用前提可能会与市场法有所区别。

## 四、市场法的优缺点

### (一)市场法的优点

(1)市场法是国际公认的资产评估三大基本方法之一，适用面广，凡是在现行市场上有交易的，包括整体资产和无形资产、一些流动资产及很多单项资产均可采用；

(2)市场法充分考虑了现时市场的变化因素，符合实际情况；

(3)评估方法直观简单，又能比较准确地反映被评估资产的现时价值，评估结果容易被交易双方接受。

### (二)市场法的缺点

(1)运用市场法评估资产价值必须具备一个公平、活跃的交易市场，这使得该方法的运用受到一定的限制；

(2)不适用于专用设备、机器，大部分无形资产，以及受到地区、环境等因素严格限制的一些资产的评估；

(3)确定比较项目的差异难度较大，在很多情况下难以用数学公式进行量化，往往要靠评估专业人员的经验判断，从而影响评估结果的准确性。

# 第三节　收　益　法

## 一、收益法的定义与前提条件

### (一)收益法的定义

收益法是将被评估资产在未来剩余经济寿命期限内所能获取的收益，按评估基准日进行折现转换为评估资产价值的一种资产评估方法。该方法采用了资本评估中将利求本的思路，即采用资本化和折现的途径及其方法来判断和估算资产价值。该思路认为，理智的投资者在购置或投资某一资产时，所愿意支付或投资的货币数额不会高于所购置或投资的资产在未来能给其带来的回报，即收益额。根据评估对象的预期收益来评估其价值，容易为资产评估业务各方所接受。所以，从理论上讲，收益法是资产评估中较为科学合理的评估方法之一。

我国《国有资产评估管理办法实施细则》第十八条规定：收益法是指“将被评估资产剩余寿命周期(或每年)的预期收益，用适当的折现率折现，累计得出评估基准日的现值，以此估算资产价值的评估方法”。

### (二)收益法的前提条件

收益法涉及被评估资产的预期收益、折现率或资本化率、被评估资产取得预期收益的持续时间等三个基本要素。与此相对应，收益法的三个前提条件是：

(1)被评估资产的未来预期收益可以预测并可以用货币衡量；

(2)资产拥有者获得预期收益所承担的风险也可以预测并可用货币衡量；

(3)被评估资产预期获利年限可以预测。

## 二、收益法的基本程序与主要参数

### (一)收益法的基本程序

(1)收集并验证与评估对象未来预期收益有关的数据资料，包括经营前景、财务状况、市场形势以及经营风险等；

(2)分析、测算被评估对象未来预期收益；

(3)确定折现率或资本化率；

(4)分析、测算被评估资产产生预期收益持续的时间；

(5)用折现率或资本化率将评估对象未来预期收益折算成现值；

(6)分析确定评估结果。

**(二)收益法的主要参数**

运用收益法进行资产评估涉及许多经济技术参数，其中最主要的参数有三个，它们是收益额、折现率和收益期限。

**1. 收益额**

收益额是使用收益法评估资产价值的基本参数之一。在资产评估中，资产的收益额是指根据投资回报的原理，在正常情况下所有权人所能得到的所得额。资产评估中的收益额有两个比较明确的特点：①收益额是资产的未来预期收益额，而不是资产的历史收益额或现实收益额；②用于资产评估的收益额通常是资产的客观收益，而不一定是资产的实际收益。

**2. 折现率**

折现率是一种期望投资报酬率，是指在投资风险一定的情况下，投资者对投资所期望的最低报酬折现率由无风险报酬率和风险报酬率组成无风险报酬率一般可以参照同期国库券利率；风险报酬率是指超过无风险报酬率之上的部分投资报酬率。在资产评估中，因资产的行业分布、种类、市场条件等不同，其折现率亦不相同。

确定折现率常用的方法有市场比较法、资本资产定价模型法及加权平均资本成本法。

(1)市场比较法。市场比较法可以通过对市场上相似资产投资收益的调查和比较得到有关数据，如在资产交易市场上调查，得到三个与待评估机器设备同类的资产交易事例，经分析它们的投资收益回报率分别为11%、12%、13.6%，则取其平均数12.2%作为被评估资产的折现率。

(2)资本资产定价模型法。资本资产定价模型法是通过一项资本投资的回报率与投资于整个资本市场的回报率的比较，来衡量该投资的风险补偿。当然应该明确的是，该模型确定的折现率是资产的权益成本，而非资本成本。资本资产定价模型法中折现率的确定公式为

资产期望报酬率＝无风险报酬率＋(资产平均回报率－无风险报酬率)×$\beta$

式中：资产期望报酬率即我们所要求的折现率；$\beta$ 是一种风险指数，用来衡量个别股票或股票基金相对于整个股市的价格波动情况。

(3)加权平均资本成本法。加权平均资本成本法既考虑权益资本成本，也考虑债务资本成本，同时也要考虑债务利息可以抵减所得税的问题。加权平均资本成本计算公式如下：

加权平均资本成本＝权益成本×权益比例＋债务成本×(1－所得税税率)×债务百分比

式中：加权平均资本成本即我们所要求的折现率。

【例 3-13】 某公司的目标资本结构是 60%的负债、40%的权益，债务成本是 8%，权益成本是 12%，所得税税率是 25%，则加权平均资本成本为

$$8\%\times60\%\times(1-25\%)+12\%\times40\%=8.4\%$$

**3. 收益期限**

收益期限是指资产的获利能力持续的时间，通常以年为时间单位。它由评估专业人员根据被评估资产的自身效能及相关条件，以及有关法律、法规、契约、合同等加以测定。

为了便于介绍各种具体的收益计算方法，我们用 $V$ 表示所估算的收益价格，$A_i$ 表示第 $i$ 年的资产净现金流，在各年净现金流相等时以 $A$ 表示，$r$ 表示折现率，$n$ 表示估价对象的收益年限，$B$ 为净现金流等额递增或递减时的年递增或递减额，$g$ 为净现金流等比率递增或递减时的递增或递减比率。

(1)基本公式：

$V=\sum A_i/(1+r)^i$，$i=1, 2, \cdots, n$

(2)在资产年净现金流不变时：

$$V=\frac{A}{r}\times\left[1-\frac{1}{(1+r)^n}\right]$$

如评估对象的收益年限为无穷大，即收益是永久性的，公式又可变形为

$$V\ \frac{A}{r}$$

(3)在资产年净现金流等额递增时：

$$V=\left(\frac{A}{r}+\frac{B}{r^2}\right)\times\left[1-\frac{1}{(1+r)^n}\right]-\frac{B}{r}\times\frac{n}{(1+r)^n}$$

如评估对象的收益年限为无穷大，即收益是永久性的，公式又可变形为

$$V=\frac{A}{r}+\frac{B}{r^2}$$

(4)在资产年净现金流等比率递增时：

$$V=\frac{A}{r-g}\cdot\left[1-\left(\frac{1+g}{1+r}\right)^n\right]$$

如评估对象的收益年限为无穷大，即收益是永久性的，公式又可变形为：

$$V=\frac{A}{r-g}$$

(5)预期资产将在评估基准日后第 $j$ 年年末以价格 $V_j$ 出售时：

$$V=\sum\frac{A_i}{(1+r)^i}+\frac{V_j}{(1+r)^j}$$

$$V_j=\sum\frac{A_x}{(1+r)^{x-j}}$$

式中：$i=l, 2, \cdots, j$；$x=j+1, j+2, \cdots, n$。

## 三、收益法的优缺点

### （一）收益法的优点

收益法可以比较真实和准确地反映企业资产本金化的价格，而且与投资决策紧密结合，应用此法评估的资产价格易为买卖双方所接受。同时，这种方法从资产经营的根本目的出发，紧扣被评估资产的收益进行评估，真正体现了资产商品化在交易市场上的实际价值。

收益法对具有连续性、高效益的资产，特别是整体资产的评估有独特的优越性。当资产数量大、单项资产数量多时，重置成本法、市场法工作量大，则用收益法较为方便，只需要掌握资产的剩余经济寿命、折现率、预期收益量三项参数，评估过程简单，评估结果准确，特别是一些重置成本法和市场法难以解决的问题，其可以迎刃而解。

### （二）收益法的缺点

预期收益预测的难度较大，不仅受主观判断的影响，还直接受到未来收益不可预见因素的影响。收益法一般只适用于企业整体资产和可预测未来收益的单项生产经营性资产的评估，折现率和资本化率比较难以确定。没有独立收益能力，没有连续性收益，或收益达不到一定水平的资产，不能采用收益法。

# 第四节　资产评估技术方法选择

## 一、资产业务与资产评估价格匹配原则

不同资产业务在评估中适用不同的价格标准，特定资产业务的目的不同，在评估其现行价格时具体条件也有所不同，因而评估时依据的价格标准和评估的基本方法也不同匚资产评估中的价格标准主要有重置成本、现行市价、收益现值和清算价格。这些价格标准分别适用于不同的评估方法、不同的评估目的和不同的评估条件。同时，不同的评估目的和不同的评估条件也必须选择相应的价格标准和评估方法，这是资产评估科学合理的重要保证。

## 二、资产评估各种评估技术方法比选

### (一)三个层面的选择

资产评估技术方法选择本身，实际上包含了不同层面的资产评估技术方法的选择过程，即三个层面的选择。

(1)关于资产评估技术思路层面的选择；

(2)在各种资产评估技术思路已经确定的基础上，对实现各种评估技术思路的具体评估技术方法的选择；

(3)在确定了资产评估具体技术方法的前提下，对运用各种具体评估技术方法所涉及的经济技术参数的选择。

资产评估技术方法的多样性，为资产评估专业人员选择适当的评估技术方法，有效地完成评估任务提供了现实可能。

### (二)在评估方法的选择过程中应注意的因素

(1)评估方法的选择要与评估目的、评估时的市场条件、评估对象在评估过程中所处的状态，以及由此所决定的资产评估价值类型相适应。根据上述条件，当资产评估的价值类型为资产的市场价值时，可考虑按市场法、收益法和成本法的顺序进行选择。

(2)评估方法的选择受到评估对象的类型、理化状态等因素制约。例如，对于既无市场参照物，又无经营记录的资产，只能选择成本法进行评估；对于工艺比较特别且处在经营中的企业，可以优先考虑收益法。

(3)评估方法的选择受到各种评估方法运用所需的数据资料及主要经济技术参数能否收集的制约。每种评估方法的运用都需要充分的数据资料作依据。在一个相对较短的时间内，收集某种评估方法所需的数据资料可能会很困难，在这种情况下，评估专业人员应考虑采用替代的评估方法进行评估。

(4)资产评估专业人员应当清楚，在选择和运用评估方法时，如果条件允许，应当考虑三种基本评估方法在具体评估项目中的适用性，如果可以采用多种评估方法，不仅要确保满足各种方法使用的条件要求和程序要求，还应当针对各种评估方法取得的各种价值结论，分析其可能存在的问题并作相应的调整，确定最终评估结果。

结合三种主要资产评估技术方法的内容和特点，现将它们的公式、适用范围、优缺点等进行比较总结，详见表 3-4。

表 3-4　主要资产评估技术方法比较表

| 评估技术方法 | 主要评估公式 | 主要适用范围 | 优点 | 缺点 | 资产业务 |
|---|---|---|---|---|---|
| 成本法<br>1. 复原重置成本法<br>2. 更新重置成本法 | 估值=重置成本－无形损耗=重置成本*(1－折旧率)=重置成本×成新率=重置成本×(1－综合损耗率) | 1. 通胀率较大<br>2. 无形损耗较大<br>3. 技术改造使资产使用效果大大提高<br>4. 账实不符(财务管理混乱) | 1. 实用性强，应用广泛<br>2. 考虑因素比较全面 | 1. 工作量大<br>2. 计算复杂 | 比较广泛，资产补偿最具代表性 |
| 市场法<br>1. 市价折扣法<br>2. 市价比较法<br>3. 物价指数法<br>4. 统计分析法 | 估值=相同全新资产市价－应计折旧额估值=(相似全新资产市价－应计折旧)×调整系数 | 1. 产权交易<br>2. 投资参股<br>3. 税基评估中，成本法、收益法应用困难时，采用此法 | 1. 结果较准确<br>2. 计算较简单 | 1. 资料和数据不易搜寻<br>2. 参照资产难寻找 | 税基评估和其他相关评估 |
| 收益法<br>1. 有限年限法(折旧法)<br>2. 无限年限法<br>A. 年金法<br>B. 分段法 | 估值<br>$V=\sum A_1/(1+r)^i$，$i=1, 2, \cdots, n$ | 1. 能继续使用的生产经营性资产<br>2. 其他因素可量化<br>3. 对整体资产最具代表性 | 1. 结果较准确<br>2. 易为双方接受 | 1. 范围有限<br>2. 收益率、贴现率和资本化率难确定 | 1. 产权转让<br>2. 所有权转让 |

## 三、各种资产评估技术方法的程序比较

现在我们对三种评估方法的程序进行简单的比较：

(1)成本法主要是从被评估资产的历史数据出发，通过财务清点和资产成新率的确定，评定、估算出被评估资产按照成本价格标准计价的评估值。

(2)市场法是从相关资产的市场数据出发，通过对一些影响因素的分析和修正，评定、估算出被评估资产按照现行市价标准计价的评估值。

(3)收益法则从被评估资产的历史数据出发，通过对被评估资产收益的预测和折现，结合被评估资产的成新率的确定，评定、估算出按照收益现值标准计价的评估值。

## 思　考　题

1. 简述成本法定义及其前提条件。
2. 简述基本程序与技术方法。
3. 简述收益法的基本程序与主要参数。
4. 简述各种资产评估技术方法的程序比较。

# 第四章 资产评估程序

1. 掌握资产评估程序的定义及基本环节；
2. 掌握资产评估程序主要环节和执行资产评估程序的基本要求。

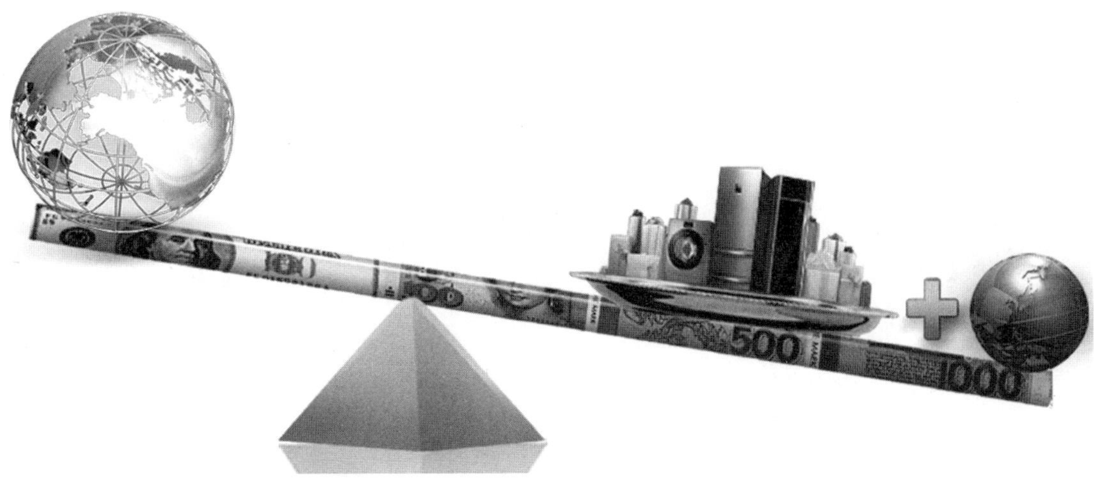

# 第一节　资产评估程序概述

## 一、资产评估程序的定义及其基本程序

资产评估程序，是指资产评估机构和人员执行资产评估业务所履行的系统性工作步骤。资产评估程序由具体的工作步骤组成，不同的资产评估业务由于评估对象、评估目的、资产评估资料收集情况等相关条件的差异，可能需要执行不同的资产评估具体程序或工作步骤，但由于资产评估业务的基本程序是相同或相通的，因此可以适用于各种类型、各种评估目的资产评估业务。

在资产评估实务界对资产评估程序的理解有所不同。在我国，资产评估程序有狭义和广义之分。从狭义的角度，资产评估程序开始于资产评估机构和人员接受委托，终止于向委托人或相关当事人提交资产评估报告。广义的资产评估程序是从承接资产评估业务前的明确资产评估基本事项环节开始，到资产评估报告书提交后的资产评估文件归档管理结束。我国《资产评估准则——基本准则》及《资产评估准则——评估程序》对资产评估程序是从广义的角度来进行规范的。

根据不同的分类标准，资产评估程序可以有不同的划分方法。资产评估具体程序或工作步骤的划分，取决于注册资产评估师对各资产评估工作步骤共性的归纳，资产评估业务的性质、复杂程度也是影响资产评估具体程序划分的重要因素。根据各工作步骤的重要性，资产评估通常包括以下基本评估程序：

(1)明确评估业务基本事项；

(2)签订业务约定书；

(3)编制评估计划；

(4)现场调查；

(5)收集评估资料；

(6)评定估算；

(7)编制和提交评估报告；

(8)工作底稿归档。

上述资产评估步骤为广义的资产评估程序，其中，第(2)～(7)骤为狭义的资产评估程序。

## 二、履行资产评估程序的重要性和执行资产评估程序的基本要求

### （一）履行资产评估程序的重要性

长期以来，由于我国资产评估业务发展的特殊性，我国资产评估行业对资产评估程序没有予以足够的重视，在理论上未进行深入研究，而管理界和实务界在实践中往往将《国有资产管理办法》中所确定的申请立项、资产清查、评定估算、验证确认等国有资产评估管理程序作为资产评估程序。但是这种分类没有反映出资产评估程序的本质属性。资产评估程序应当以资产评估机构和人员为主体，反映资产评估机构和人员为执行资产评估业务、形成资产评估结论所应当履行的系统性工作步骤。履行资产评估程序的重要性表现在以下方面。

(1)履行资产评估程序是规范资产评估行为、提高资产评估业务质量和维护资产评估服务公信力的重要保证。资产评估机构和人员一旦接受委托，则不论执行何种资产类型、何种评估目的的资产评估业务，都应当履行资产评估基本程序，并按照工作步骤有计划地进行资产评估。这样做不仅有利于规范注册资产评估师的执业行为，而且能够有效地避免由于机构和人员水平不同而导致的在执行具体资产评估业务中可能出现的程序上的重要疏漏，切实保证资产评估业务质量。履行资产评估程序对于提高资产评估机构和人员的业务水平乃至资产评估行业整体的业务水平都有重要意义。另外，资产评估是一项专业性很强的中介服务工作，资产评估机构和人员履行严格的资产评估程序也是赢得客户和社会公众信任、提高资产评估行业社会公信力的重要保证。

(2)资产评估机构和人员是否履行资产评估程序是相关当事方评价资产评估服务的重要依据。由于资产评估结论是相关当事方进行决策的重要参考依据，因此会有许多相关当事方关注资产评估机构和人员的资产评估服务。这些相关当事方包括委托人、产权持有者、资产评估报告使用人、相关利益当事人、司法部门、证券监督及其他行政监督部门、资产评估行业协会以及社会公众、新闻媒体等。资产评估机构和人员是否履行资产评估程序不仅为相关当事方评价资产评估服务提供重要依据，也是委托人、司法和行政监管部门及资产评估行业协会监督资产评估机构和人员的主要依据。

(3)履行资产评估程序是资产评估机构和人员防范执业风险、保护自身合法权益、合理抗辩的重要手段之一。随着资产评估的应用和发展，资产评估机构和人员与相关当事方之间就资产评估服务引起的纠纷和法律诉讼越来越多。由于资产评估工作的专业性，资产评估机构和人员在履行必要资产评估程序方面是否存在疏漏，无论是当事方还是司法部门在举证、鉴定方面都存在较大难度，因此都避免在专业判断方面下结论，而是倾向于追究资产评估机构和人员的责任。因此，恰当履行资产评估程序是资产评估机构和人员防范执业风险的主要手段，也是在产生纠纷或诉讼后，合理保护自身权益、合理抗辩的重要手段。

### （二）执行资产评估程序的基本要求

资产评估机构和人员在执行资产评估程序环节中应当符合以下要求：

(1)资产评估机构和人员应当在国家和资产评估行业规定的范围内，建立、健全资产评估程序制度。由于不同资产评估人员的专业胜任能力、经验有所不同，所承接的主要业务范围和执业风险也各不相同。各资产评估机构应当结合本机构实际情况，在资产评估基本程序的基础上进行细化等必要调整，形成本机构资产评估程序制度，并在资产评估执业过程中切实履行，不断完善。

(2)资产评估机构和人员执行资产评估业务，应当遵守法律、法规和资产评估准则的相关规定，根据具体资产评估项目的情况和资产评估程序制度，制订并实施适当的具体评估程序，不得随意删减资产评估程序。资产评估机构和人员应当在执行必要资产评估程序后，形成和出具资产评估报告。

(3)资产评估机构应当建立相关工作制度，指导和监督注册资产评估师及助理人员实施资产评估程序。

(4)资产评估人员在执行评估业务过程中，由于受到客观条件的限制或由于资产评估项目的特殊性，无法或者不能完全履行评估程序，可以根据能否采取必要措施弥补程序缺失和是否对评估结论产生重大影响，决定继续执行评估业务或者终止评估业务。

(5)资产评估机构和人员应当记录资产评估程序的组织实施情况，形成工作底稿，并将主要资产评估程序执行情况在资产评估报告中予以披露。

## 第二节　资产评估具体程序

概括地讲，资产评估的程序主要包括五个阶段：前期准备阶段，现场工作阶段，评定估算阶段，评估报告阶段，工作底稿归档阶段。前期准备阶段的基本工作是明确资产评估业务基本事项、签订资产评估业务约定书、编制资产评估计划；现场工作阶段的基本工作是进行现场调查、收集评估资料；评定估算阶段的基本工作是评定估算，确定评估结论；评估报告阶段的基本工作是撰写评估说明及评估报告书，递交评估报告；工作底稿归档阶段的基本工作主要是整理、编制工作底稿和工作底稿归档。具体而言，资产评估具体程序通常包括以下基本内容：

### 一、明确资产评估业务基本事项

明确资产评估业务基本事项是资产评估程序的第一个环节，包括签订资产评估业务约定书以前所进行的一系列基础性工作，如对资产评估项目进行风险评价，是否承接资产评估项目的有关事项等。由于资产评估专业服务的特殊性，资产评估程序甚至在资产评估机构接受业务委托前就已经开始。资产评估机构和人员在接受资产评估业

务委托之前，应当采取与委托方及相关当事方讨论、阅读基础资料、进行必要的初步调查等方式，与委托方及相关当事方共同明确资产评估业务基本事项。具体内容包括：

(1)委托方、产权持有者和委托方以外的其他评估报告使用者的基本情况。资产评估机构和人员应当了解委托方基本状况、产权持有者和委托方以外的其他评估报告使用者的基本状况。这对于全面理解评估目的、相关经济行为以及防范恶意委托等十分重要，有利于降低评估风险。同时，也有利于资产评估机构和人员更好地根据使用者的需求提供良好服务。

(2)评估目的。资产评估机构和人员应当与委托方明确资产评估目的，并尽可能细化资产评估目的，说明资产评估项目的具体目的和用途。

(3)评估对象和评估范围。资产评估机构和人员应当了解评估对象及其权益基本状况，包括其法律、经济和物理状况，如单项有形资产类型、规格型号、结构、数量、购置(生产)年代、生产(工艺)流程、地理位置、使用状况等，对于单项有形资产评估而言，评估对象和评估范围基本一致；整体资产中的企业名称、住所、注册资本、所属行业、在行业中的地位和影响、经营范围、财务和经营状况等。资产评估机构和人员应当特别了解有关评估对象的权利受限状况。对于整体资产评估，特别是企业价值评估，其评估对象和评估范围可能就不完全一致。企业价值评估的对象是企业的整体价值、股东全部权益价值及股东部分权益价值，而企业价值评估的范围应该是评估企业产权涉及的所有资产。

(4)价值类型。资产评估机构和人员应当在明确资产评估目的的基础上，恰当地确定资产评估结果的价值类型，并确信所选择的价值类型适用于资产评估目的及评估报告的期望用途。

(5)评估基准日。资产评估机构和人员应当明确资产评估基准日，并确信所选资产评估基准日有利于资产评估结论有效地服务于资产评估目的，以减少和避免不必要的资产评估基准日期后事项。

(6)评估报告使用限制条件。资产评估机构和人员应当在接受评估业务前与委托方进行沟通，充分地了解可能影响资产评估业务的限制条件和重要假设，以便进行必要的风险评价，判断能否接受委托和怎样接受委托以及接受委托可能对评估结论的影响程度，更好地为客户服务。

(7)评估报告提交时间及方式。资产评估机构和人员应当与委托方协商资产评估报告的递交时间和递交方式。

(8)评估服务费总额、支付时间和方式。资产评估机构在承接评估业务前应当与委托方协商资产评估收费标准、收费方式及支付时间。对评估对象价值量小而评估工作量大的项目，可要求委托方按评估项目的实际工作量支付评估费用。

(9)委托方与资产评估机构和人员工作配合和协助等其他需要明确的重要事项。根据具体评估业务的不同，资产评估机构和人员应当在了解上述基本事项的基础上，了解其他对评估业务的执行可能具有影响的相关事项。

资产评估机构和人员在明确上述基本资产评估基本事项的基础上，应当根据评估

业务具体情况，对资产评估的基本事项作以下几个因素的分析，确定是否承接资产评估项目。

(1)分析资产评估机构和人员的专业胜任能力。资产评估机构和人员应当根据所了解的评估业务的基础情况和复杂性，分析资产评估机构和人员是否具有与该项目相适应的专业胜任能力及相关经验。

(2)对资产评估机构和人员的独立性分析。资产评估机构和人员应当根据职业道德要求和国家相关法规的规定，结合评估业务的具体情况分析资产评估机构和人员的独立性，确认与委托人或相关当事方是否存在现实或潜在利益冲突。

(3)进行评估项目风险分析。资产评估机构和人员应当根据初步掌握的有关评估业务的基础情况，具体分析资产评估项目的执业风险，以判断该项目的风险是否超出合理的范围。

## 二、签订资产评估业务约定书

资产评估机构在明确资产评估业务基本事项并对资产评估项目作出风险评价，决定承接评估业务后，应当与委托方签订资产评估业务约定书。资产评估业务约定书是指评估机构与委托方签订的明确评估业务基本事项，约定评估机构和委托方权利、义务、违约责任和争议解决等内容的书面合同。

根据我国《资产评估准则——业务约定书》的规定，资产评估业务约定书应当由资产评估机构和委托方的法定代表人或其授权代表签订，而不能以评估人员个人的名义与委托方签订。资产评估业务约定书应当内容全面、具体，含义清晰准确，遵守国家法律、法规和资产评估准则，具体包括以下基本内容。

(1)评估机构和委托方的名称、住所。

(2)评估目的。业务约定书载明的评估目的应当唯一，表述应当明确、清晰。

(3)评估对象和评估范围。资产评估人员应当与委托方进行沟通，根据评估业务的要求和特点，在业务约定书中以适当的方式表述评估对象和评估范围。

(4)评估基准日。业务约定书载明的评估基准日应当唯一，以年月日表示。

(5)评估报告使用者。业务约定书应当明确评估报告使用者。如果存在委托方以外的其他评估报告使用者，业务约定书应当明确约定。业务约定书应当约定评估报告仅供委托方和业务约定书约定的其他评估报告使用者使用，法律、法规另有规定的除外。业务约定书应当约定资产评估机构和人员对委托方和其他评估报告使用者不当使用评估报告所造成的后果不承担责任。

(6)评估报告提交期限和方式。业务约定书应当约定完成评估业务并提交评估报告的期限和方式。

(7)评估服务费总额、支付时间和方式。业务约定书应当明确评估服务费总额、计价货币种类、支付时间和方式，并明确评估服务费总额未包括的其他费用及其承担方式。如果因委托方原因造成评估业务中止时，评估机构可以要求委托方按照已完成的

工作量支付相应的评估服务费。

(8)评估机构和委托方的其他权利和义务。业务约定书应当约定：①委托方应当为资产评估机构和人员执行评估业务提供必要的工作条件和协助，委托方应当根据评估业务需要负责资产评估机构和人员与相关当事方之间的协调，委托方或者产权持有者应当对其提供的评估明细表及相关证明材料以签字、盖章或者其他方式进行确认；②中止履行和解除业务约定书的情形；③根据《资产评估准则——基本准则》第二十三条的规定，遵守相关法律、法规和资产评估准则，对评估对象在评估基准日特定目的下的价值进行分析、估算并发表专业意见，是资产评估机构和人员的责任，提供必要的资料并保证所提供资料的真实性、合法性、完整性，恰当使用评估报告是委托方和相关当事方的责任。

(9)违约责任和争议解决。业务约定书应当约定签约各方的违约责任和业务约定书履行过程中产生争议时争议解决的方式和地点。签约各方因不可抗力无法履行业务约定书的，根据不可抗力的影响，部分或者全部免除责任，法律另有规定的除外。

(10)签约时间。

业务约定书签订后，签约各方发现相关事项约定不明确或者履行评估程序受到限制需要增加、调整约定事项的，可以协商对业务约定书相关条款进行变更，并签订补充协议或者重新签订业务约定书。另外，当资产评估目的、评估对象、评估基准日发生变化或者评估范围发生重大变化，评估机构应当与委托方签订补充协议或者重新签订业务约定书。

## 三、编制资产评估计划

编制资产评估计划，是为了高效完成资产评估业务，并对资产评估过程中的每个工作步骤以及时间和人员进行规划和安排。资产评估计划是资产评估机构和人员为执行资产评估业务拟订的资产评估工作思路和实施方案。编制合理有效的资产评估计划，对合理安排工作量、工作进度、专业人员调配以及按时完成资产评估业务具有重要意义。由于资产评估业务有大有小，评估对象有单项资产及权益资产的实际情况，资产评估机构和人员可以根据评估业务具体情况确定评估计划的繁简程度。资产评估机构和人员编制的评估计划，应当根据所承接的具体资产评估项目情况编制合理的资产评估计划，并根据资产评估业务实施过程中的情况变化进行必要调整，及时修改、补充资产评估计划。

资产评估计划的内容应当涵盖现场调查、收集评估资料、评定估算、编制和提交评估报告等评估业务实施全过程。评估计划通常包括评估的具体步骤、时间进度、人员安排和技术方案等内容。资产评估人员编制的资产评估计划应当报经资产评估机构相关负责人审核、批准。编制资产评估工作计划应当重点考虑以下因素：

(1)资产评估目的和资产评估对象状况对资产评估思路的影响以及评估机构的对策措施；

(2)资产评估业务风险、资产评估项目的规模和复杂程度;

(3)资产评估项目所涉及资产的结构、类别、数量及分布状况;

(4)相关资料收集状况、资产评估方法的选择;

(5)委托方或资产占有方过去委托资产评估的经历、诚信状况及提供资料的可靠性、完整性和相关性;

(6)评估报告撰写的要求以及委托方制订的特别分类或披露要求;

(7)资产评估人员的专业胜任能力、经验及专业、助理人员配备情况。

## 四、现场调查

进行现场调查工作是资产评估程序的必经环节,资产评估机构和人员执行资产评估业务,应当根据评估业务具体情况对评估对象进行适当的现场调查。例如,对不动产和其他实物资产评估时,要根据评估业务具体情况进行必要的现场勘察;对企业价值、股权和无形资产等非实物资产进行评估时,也要根据评估业务具体情况进行必要的现场调查。进行资产勘察和现场调查工作有利于资产评估机构和人员全面、客观地了解评估对象,核实委托方和产权持有者提供资料的可靠性,并通过在资产勘察和现场调查过程中发现的问题、线索,有针对性地开展资料收集、分析工作。

资产评估人员应当根据评估项目的具体情况,确定合理的资产勘察或现场调查方式,并与委托方或资产占有方进行沟通,确保资产勘察或现场调查工作的顺利进行。例如,资产评估人员在执行现场调查时无法或者不宜对评估范围内所有资产、负债等有关内容进行逐项调查的,可以根据重要程度采用抽样等方式进行调查。同时,根据评估业务需要和评估业务实施过程中的情况变化,要及时补充或者调整现场调查工作。

勘察核实资产是在委托方自查的基础上,以委托方提供评估登记表或评估申报明细表为准,对委托评估资产进行核实和鉴定。

进行现场调查主要包括以下主要环节:

(1)明确现场调查的目的;

(2)确定现场调查的基本要求;

(3)确定现场调查的主要内容;

(4)及时调整现场调查的内容。

## 五、收集资产评估资料

资产评估实际上是对被评估资产的信息进行收集、分析、判断并作出披露的过程。资产评估机构和人员应当根据评估业务具体情况收集评估资料。资料收集工作直接关系到评估工作的质量,也是进行分析、判断进而形成评估结论的基础。

### (一)需要收集的信息

收集、整理资料，一方面是为后面的资产评估准备素材和依据，另一方面也是评估机构建立评估工作底稿的需要。为满足上述两方面的需要，资产评估人员在资产评估过程中，应当考虑下列相关信息：

(1)有关资产权利的法律文件或其他证明资料；

(2)资产的性质、目前和历史状况信息；

(3)有关资产的剩余经济寿命和法定寿命信息；

(4)有关资产的使用范围和获利能力的信息；

(5)资产以往的评估及交易情况信息；

(6)资产转让的可行性信息；

(7)类似资产的市场价格信息；

(8)卖方承诺的保证、赔偿及其他附加条件；

(9)可能影响资产价值的宏观经济前景信息；

(10)可能影响资产价值的行业状况及前景信息；

(11)可能影响资产价值的企业状况及前景信息；

(12)其他相关信息。

这些评估资料包括查询记录、询价结果、检查记录、行业资讯、分析资料、鉴定报告、专业报告及政府文件等形式。同时，在资产评估过程中，根据评估业务需要和评估业务实施过程中的情况变化及时补充收集评估资料。

### (二)信息收集来源

在执行资产评估业务过程中，资产评估人员收集的评估资料来源主要包括：

(1)直接从市场等渠道独立获取的信息资料。资产评估人员应当掌握必要的市场信息渠道，在日常工作中收集必要的市场信息，并根据具体评估业务的需要，及时获得与评估业务相关的市场信息。

(2)从委托方、产权持有者等相关当事方获取的信息资料。这些信息主要包括公司历史沿革、组织结构、宣传手册及目录、关键人员、客户及供应商基数、合同义务、有关目标资产的历史经营情况及其未来发展前景的信息数据(如财务报告等)。资产评估人员通常应事先编制常见的评估资料需求表，由产权持有者根据需求表提供这些信息，或由资产评估人员在产权持有者的协助下进行调查获取。

(3)从政府部门、各类专业机构和其他相关部门获取的信息资料。这些资料主要包括：从政府部门获取的有关产业的统计数据等；从各类专业机构获取所需要的信息，如从证券交易机构获取上市公司的有关公开信息；从行业协会或管理机构获取有关产业结构与发展情况、市场竞争情况等信息等；从其他相关部门获取的相关信息。

### （三）信息处理

资产评估人员应当根据评估业务具体情况对收集的评估资料进行必要分析、归纳和整理，形成评定估算的依据。信息处理就是对所收集的评估资料进行分析、归纳和整理。它包括资产信息资料的分析和资产信息资料的筛选与调整两部分。

**1. 资产信息资料的分析**

资产信息资料的分析是对资产信息资料的合理性和可靠性的识别。对所收集的资产信息资料进行鉴别，对于失真的资产信息资料要及时剔除。此外，对所收集的资产信息资料的合理性、相关性进行必要分析，以提高资产评估所依据的资产信息的可靠性。对资产信息资料的分析，通常可通过确定信息源的可靠性和资料本身的可靠性来解决。信息资料本身的可靠性可通过参考其他来源查证，必要时也可以进行适当的调查验证。实践中常采用电话询问查证和扩大调查范围的做法。判断资产信息资料合理性和可靠性主要有四个因素：①该渠道过去提供的信息的质量；②该渠道提供信息的动因；③该渠道是否被通常认为是该种信息的合理提供者；④该渠道的可信度。

根据信息的准确度和信息源的可靠性，可将收集的信息“定级”。通常信息源的可靠性可分为完全可靠、通常可靠、比较可靠、通常不可靠、不可靠、无法评估可靠性。信息本身的准确度可分为经其他渠道证实、很有可能是真实的、可能是真实的、真实性值得怀疑、很不可能、无法评估真实性。

**2. 资产信息资料的筛选与调整**

在资产信息资料分析的过程中，要对资产信息资料进行筛选、整理和分类。一般可以按不同标准对资产信息资料进行分类，以便合理使用。主要有以下两种分类方式。

(1)按可用性原则可以分为：可用性资产信息资料、有参考价值资产信息资料、不可用信息资料。

(2)按信息来源可以分为：一级信息，它是从信息源来的未经处理的原始信息。如公司的年度报告、证券交易所的报告等；二级信息，是变动过的信息，如报纸、杂志、行业协会出版物、有关公司的学术论文和分析员的报告等。

## 六、评定估算

资产评估机构和人员在收集、分析和整理资产评估资料之后，进入评定估算阶段，这个阶段大致包括五个环节：分析资产评估资料，恰当选择资产评估方法，运用资产评估方法评定估算资产价值，综合分析确定资产评估结论，资产评估机构内部复核等具体工作步骤。

资产评估机构和人员应当根据评估对象、评估目的和价值类型，对所收集的资产评估资料进行分析和整理，选择可比信息，并确定其可靠性、相关性、可比性，对不可比信息进行必要分析调整，剔除不可靠、不相关的信息。在此基础上选择恰当的资

产评估方法，并根据业务需要及时补充收集相关信息。

市场法、成本法和收益法是三种通用的资产评估基本方法。理论上，在任何资产评估业务中，这三种方法均可适用。因此，在具体资产评估执业过程中，资产评估人员应考虑这三种方法的适用性，而且应当根据评估对象、评估目的、资料收集情况等相关条件尽可能地选用多种评估方法进行评估。对宜采用两种或两种以上资产评估方法的评估项目，应当使用两种或两种以上资产评估方法进行评估，并且要说明选择这几种方法的理由。

资产评估机构和人员在确定资产评估方法后，应当根据所采用的评估方法，按照评估基本原理和评估准则的要求，恰当地选取相应的公式和参数进行分析、计算和判断，形成初步评估结论。采用市场法，应当合理选择参照物，分析参照物的信息资料，并根据评估对象与参照物的差异进行必要的调整，得出初步评估结论；采用成本法，应当在合理确定资产重置成本和各相关贬值因素的基础上，确定初步评估结论；采用收益法，应当合理地预测未来收益，合理地确定收益期和折现率等相关参数，合理地运用公式得出初步评估结论。

资产评估机构和人员应当对形成的初步资产评估结论进行分析，并在此基础上对信息资料、参数的数量、质量和选取依据的合理性等进行综合分析，最终形成资产评估结论。对同一评估对象需要同时采用多种评估方法的，资产评估人员应当对采用各种方法评估形成的初步评估结论进行分析、比较，综合分析评估方法的相关性、相关参数选取的合理性，确定最终资产评估结论。

资产评估机构应当根据相关法律、法规、资产评估准则建立内部质量控制制度，由不同人员对资产评估过程执行情况和结论进行必要的内部审核。

## 七、编制和提交资产评估报告

资产评估机构和人员在执行了必要的资产评估程序并形成资产评估结论后，应当遵照法律、法规、《资产评估准则——评估报告》及委托方的要求编制资产评估报告。资产评估报告是指注册资产评估师根据资产评估准则的要求，在履行必要评估程序后，对评估对象在评估基准日特定目的下的价值发表的由其所在评估机构出具的书面专业意见。资产评估机构和人员执行资产评估业务，可以根据评估对象的复杂程度、委托方要求，合理地确定评估报告的详略程度。

### （一）资产评估报告的主要内容

(1)标题及文号；
(2)声明；
(3)摘要；
(4)正文；
(5)附件。

### （二）资产评估报告正文的主要内容

（1）委托方、产权持有方和委托方以外的其他评估报告使用者；
（2）评估目的；
（3）评估对象和评估范围；
（4）价值类型及其定义；
（5）评估基准日；
（6）评估依据；
（7）评估方法；
（8）评估程序实施过程和情况；
（9）评估假设；
（10）评估结论；
（11）特别事项说明；
（12）评估报告使用限制说明；
（13）评估报告日；
（14）注册资产评估师签字盖章、评估机构盖章和法定代表人或者合伙人签字。

资产评估机构和人员在提交正式资产评估报告之前，可以在不影响对最终评估结论进行独立判断的前提下，与委托方或者委托方许可的相关当事方就评估报告有关内容进行必要沟通，听取委托方或者委托方许可的相关当事方等对资产评估结论的反馈意见。资产评估报告还应当根据资产评估项目的特点提供必要的相关信息，引导委托人、产权持有者、资产评估报告使用者等合理地理解资产评估结论。

资产评估人员在完成上述资产评估程序后，由其所在评估机构出具评估报告并按业务约定书的要求向委托方递交评估报告。

## 八、资产评估工作底稿归档

资产评估机构和人员在评估业务完成并向委托方递交评估报告后，应当及时地整理工作底稿并归档。

工作底稿通常分为管理类工作底稿和操作类工作底稿。管理类工作底稿是指资产评估机构和人员在执行评估业务过程中，为承接、计划、控制和管理评估业务所形成的工作记录及相关资料。操作类工作底稿是指资产评估机构和人员在履行现场调查、收集评估资料和评定估算程序时所形成的工作记录及相关资料。

管理类工作底稿通常包括以下内容。

（1）评估业务基本事项的记录；
（2）业务约定书；
（3）评估计划；
（4）评估业务执行过程中重大问题的处理记录；

(5)评估报告的审核记录。

操作类工作底稿的内容因评估目的、评估对象和评估方法等的不同而有所差异，通常包括以下内容：

(1)现场调查记录与相关资料。主要包括：委托方提供的资产评估申报资料，现场勘查记录，函证记录，主要或者重要资产的权属证明材料，与评估业务相关的财务、审计等资料，其他相关资料。

(2)收集的评估资料。主要包括：市场调查及数据分析资料，相关的历史和预测资料，询价记录，其他专家鉴定及专业人士报告，委托方及相关当事方提供的说明、证明和承诺，其他相关资料。

(3)评定估算过程记录。主要包括：重要参数的选取和形成过程记录，价值分析、计算、判断过程记录，评估结论形成过程记录，其他相关资料。

工作底稿编制完成后，资产评估人员应当在评估报告日后 90 日内，及时将工作底稿与评估报告等一起归人评估业务档案，并由所在评估机构按照国家有关档案管理的法律、法规及本准则的规定妥善管理。评估业务档案自评估报告日起至少保存 10 年。国家法律、法规另有规定的，依照其规定执行。对于电子文档或者其他介质的评估业务档案，评估机构应当采取适当措施保证信息的完整性和有效性。评估机构不得在规定的保存期内对已完成归档的评估业务档案进行删改或者销毁。

将资产评估工作档案归档作为资产评估的基本程序之一，充分体现了资产评估服务的专业性和特殊性，不仅有利于评估机构应对今后可能出现的资产评估项目的检查和法律诉讼，也有利于资产评估人员总结、完善和提高资产评估业务水平。

## 思　考　题

1. 资产评估基本程序包括哪些内容?
2. 资产评估程序的基本要求是什么?
3. 资产评估业务开始前进行风险评价应该考虑哪些内容?

# 第五章　流动资产评估

## 学习目标

1. 了解流动资产的特点和评估程序；
2. 掌握实物类流动资产的评估；
3. 掌握债权类流动资产的评估。

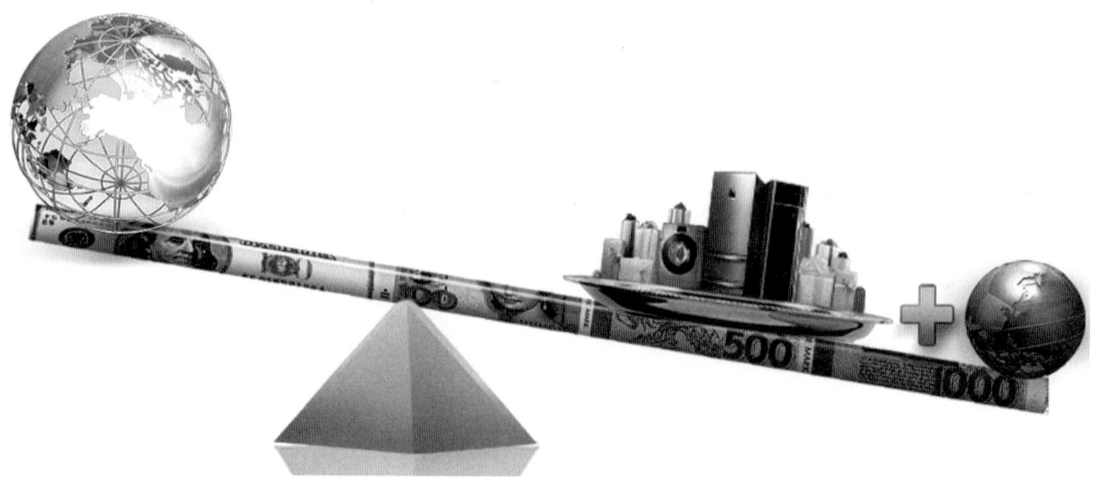

# 第一节　流动资产的特点和评估程序

## 一、流动资产的特点

流动资产是指企业在一年内或者超过一年的一个营业周期内变现或者耗用的资产，包括现金、各种存款以及其他货币资金、短期投资、应收及预付款项、存货以及其他流动资产等。

流动资产的特点如下。

### (一)周转速度快

流动资产在使用中经过一个生产经营周期，就改变其实物形态，并将其全部价值转移到所形成的商品中，构成产品成本的重要组成部分，然后从营业收入中得到补偿。

### (二)变现能力强

各种形态的流动资产都可以在较短的时间内出售或变卖，具有较强的变现能力，是企业对外支付和偿还债务的重要保证。

### (三)形态多样化

流动资产在周转过程中不断改变其形态，依次由货币形态开始，经过供应、生产、销售等环节最后又变成为货币形态。

## 二、流动资产评估的特点

流动资产本身的特点，决定了流动资产评估具有以下特点：

(1)流动资产评估是单项评估，它是以单项资产为对象进行的资产评估。不需要对企业的整体获利能力进行综合性价值评估。

(2)流动资产评估必须合理确定评估时点，并且在规定时点上进行资产清查，确定被评估资产的数量。流动资产与其他资产的显著不同在于其流动性和波动性。即它不能长久地保持在一种实用形态上，而是随着生产过程的不断进行，不断地由一种形态转化为另一种形态。这些特点要求在进行流动资产评估时，必须规定统一的评估基准时间，而且所选评估基准日应尽可能在会计期末，在统一规定的时点进行资产的清查和登记，以避免重登和漏登现象。

(3)在流动资产评估中，既要认真进行资产清查，同时又要分清主次，掌握重点。

流动资产一般具有数量大、种类多的特点，清查工作量很大，所以流动资产清查应考虑评估的时间要求和评估成本。清查采用的方法有抽查、重点清查和全面清查。

(4)流动资产评估可以采用历史成本法。流动资产周转速度快，变现能力强，在价格变化不大的情况下，资产的账面价值基本上可以反映出流动资产的现值。因此，在特定情况下，也可以采用历史成本作为评估值。

(5)由于流动资产具有流动性大、周转时间快的特点，因此流动资产评估时一般无需考虑资产的功能性贬值因素及有形损耗问题，更无需考虑折旧、成新率等因素，而且资产的有形损耗(实体性损耗)的计算也只适用于低值易耗品及呆滞、积压流动资产的评估。

## 三、流动资产评估的程序

### (一)确定评估对象和范围

弄清被评估流动资产的范围，是确保资产评估工作顺利进行的重要条件之一。为此，应做好如下工作：

(1)正确划分流动资产与其他资产的界限，防止将机器设备作为低值易耗品而列入流动资产，也不得把属于流动资产的低值易耗品作为其他资产，以避免重复评估和漏评。

(2)查核待评流动资产的产权，企业受托加工的材料，代保管的材料物资，已作为抵押物的流动资产均不能列入流动资产的评估范围。

### (二)清查核实流动资产，并对实物类流动资产进行质量检测和技术鉴定

流动资产种类繁多，流动性强，为保证评估结果的客观真实性，评估人员必须对清单所列的流动资产进行局部或全部核实，以做到账账相符，账实相符。同时，对实物类流动资产(如原材料、产成品等)还应进行质量检测和技术鉴定，以便了解该被评估资产的质量状态，确定其是否还有使用价值，并核对其技术情况和等级状态与被评估资产清单的记录是否相符。技术检测是正确评估资产价值的重要基础，因此，评估时必须考虑资产的内在质量因素。

### (三)调查分析债权类流动资产并根据以往的资信情况确定其风险

对企业的债权债务应逐笔落实，综合分析应收账款、应收票据等债权回收的可能性，回收的时间，将要发生的费用及风险，并对呆账、死账作相应的处理。

### (四)合理选择评估方法

资产评估的主要方法有收益法、成本法和市场法等。评估人员应该根据评估的目的和不同种类流动资产的特点，选择适当的评估方法进行评估。一般而言，对于实物

类流动资产，可以采用市场法和成本法，对存货等价格变动较大的要考虑市场价格。对买入价较低的要按现价调整；对买价较高的，除考虑市场价格外，还要分析最终产品价格是否能相应提高，或存货本身是否具有按现价出售的现实可能性。对于货币类流动资产，其清查核实后的账面价值就是现值，不需采用特殊方法进行评估，仅仅应对外币存款按评估基准日的国家外汇牌价进行折算。对于债权类流动资产只适用于按可变现值进行评估。

#### （五）评定估算流动资产并出具评估结论

根据掌握的资料和技术检测结果，按选定的方法评定估算出初步意见，然后进行适当调整，产生最终评估结果。

## 第二节　实物类流动资产的评估

实物类流动资产主要包括各种材料、在产品、产成品、低值易耗品和包装物等。

### 一、材料的评估

#### （一）材料评估的内容与步骤

企业中的材料按其存放地点，可以分为库存材料和在用材料。在用材料在生产过程中已经形成产品或半成品，不再作为单独的材料存在，因此这里所说的材料评估是对库存材料的评估。库存材料包括各种主要材料、辅助材料、燃料、修理用备件、包装物、低值易耗品等。低值易耗品的评估在后面有专门的介绍，这里主要介绍对前面几种材料的评估。

库存材料具有品种多、数量大、金额大，而且计量单位、购进时间和自然损耗等各不相同的特点，在评估时要按下列步骤进行：

(1)保证被评估库存材料的账实相符。在对被评估库存材料进行评估之前，首先要对其进行盘点，清查核实其数量，并查明其中有无霉烂、变质、毁损或呆滞材料等。

(2)选择适合的评估方法。对库存材料进行评估使用更多的是市场法和成本法，评估人员要根据不同的评估目的和待估资产的特点选择合适的评估方法，保证评估结果的准确性。

(3)运用企业库存管理的 ABC 分类法。由于企业的库存材料品种、规格繁多，数量大，在评估时把全部材料作为重点进行评估不太现实，可以将材料按照一定的目的和要求，按照 ABC 分类法进行分类，分清重点、次重点和一般对象，着重对重点材料进行评估。

### （二）库存材料的评估

对库存材料进行评估时，可以根据材料购进情况的不同选择合适的评估方法。

(1)近期购进库存材料的评估。近期购进库存材料的库存时间较短，在市场价格变化不大的情况下，其账面值与现行市价基本接近，评估时可以采用市场法或成本法，这两种评估方法得出的评估结果相差不大。

【例 5-1】 企业某种材料系两个月以前从外地购进，数量 5000kg，单价 400 元，当时支付的运杂费为 600 元。根据原始记录和清查盘点，评估时库存尚有 1500kg 材料。评估人员认定的评估误差率为±5%，根据上述资料，可以确定材料的评估值如下：

材料评估值点＝1500×(400＋600/5000)＝600 180(元)

材料评估价值的取值区间＝600 180×(1－5%)～600 180×(1＋5%)

＝570 171～630 189

评估时对于购进时发生的运杂费的处理，如果是从外地购进的原材料(本地没有这种材料)，因运杂费发生额较大，评估时应将由被评估材料分担的运杂费计入评估值；如果是本市购进，运杂费发生额较少，评估时则可以不考虑运杂费。

(2)购进批次间隔时间长、价格变化较大的库存材料的评估。这种库存材料的评估可以采用以下两种方法：一种是以最接近市场价格的那批材料的价格作为评估的计价基础；一种是直接以评估基准日时的市场价格作为评估的计价基础。

这里需要注意的是，各企业对材料的购进时间和购进批次等的核算在会计上采用不同的方法，如先进先出法、后进先出法、加权平均法等，这使得材料的账面余额不尽相同。但核算方法的差异对评估结果并无影响，评估时的关键还是准确核查库存材料的实际数量，并按最接近市场价格计算确定其评估价值点。

【例 5-2】 要对被评估企业的库存 B 材料进行评估，评估基准日为 2019 年 12 月 31 日。该材料分两批购进，第一批购进时间为 2018 年 1 月，购进 1500t，单价为 450 元/t，第二批购进时间为 2019 年 11 月，购进 2000t，单价为 300 元/t。截至评估基准日，2018 年购入的还剩 100t，2019 年购入的还没有使用。因此，尚需评估的材料数量为 2100t，按照现行的市场价格 300 元/t 计算评估值如下：

材料评估值＝300×(100＋2000)＝630 000 (元)

(3)购进时间较早，市场上已脱销，没有现行市价的库存材料的评估。这类库存材料无法直接从市场上找到它的现行价格，只能采用其他的方法来确定。例如，通过寻找替代品的价格变动资料来修正该材料的价格；通过分析该材料在市场上的供需情况的变化来修正该材料的价格；通过市场上同类材料的平均物价指数来修正该材料的价格。

(4)呆滞材料价值的评估。呆滞材料是指企业从库存材料中清理出来需要进行处理的材料。这部分材料由于长期积压或保管不善等问题使使用价值下降。对这类材料的评估首先是对其数量和质量进行核查和鉴定，然后区别不同情况来进行评估。

(5)盘盈、盘亏材料的评估。对此，分别盘盈和盘亏进行处理。

①盘盈材料的评估。因为盘盈材料并没有历史成本资料，应采用现行市价法或重置成本法进行评估。

②盘亏材料的评估。盘亏材料并无实物，不存在评估的问题，应直接从待估材料申报中剔除。

## 二、在产品的评估

企业的在产品包括产品生产过程中尚未加工完毕的在制品和已加工完毕但不能单独对外销售的半成品。在此，外购的半成品视同材料评估，可直接对外销售的自制半成品视同产成品评估。

由于在产品的数量不太容易核查清楚，而且对其进行评估还需要估计其完工程度，所以对在产品的评估应结合它的特点，采用重置成本法或市场法。

### (一)重置成本法

重置成本法是指根据清查核实、技术鉴定和质量检测的结果，按评估时的相关市场价格及费用水平重置同等级在产品所需要的合理的料、工、费来确定在产品的评估值。这种方法适用于仍需继续生产、销售并有盈利的在产品的评估，而且主要适用于生产周期较长的在产品的评估。对于生产周期较短的在产品，主要以其实际发生的成本作为评估依据，在变现风险很小的情况下，也可以根据其账面值进行调整。

#### 1. 物价指数调整法

物价指数调整法是指以产成品实际发生的成本为基础，根据评估基准日的市场价格变动情况进行调整，得出产成品的重置成本的方法。这种方法主要适用于生产经营正常，会计核算水平较高的企业。具体评估步骤如下：

(1)根据会计核算资料确定在产品和半成品的账面成本总额。

(2)分析原成本，剔除废品成本值和其他不合理费用。

(3)分析材料价格和工资及费用标准的变化情况，测算材料价格和工资及费用调整系数。

(4)计算材料、工资、费用调整值，根据各成本项目汇集在产品及半成品调整后的总成本。

(5)根据在产品及半成品的成本在产成品成本中所占的比重，与其在产成品售价中比重对比，并对其重置成本与变现后对比分析，对调整后的成本总值进行适当修正，确定评估值。

在产品的评估值＝原合理材料成本×(1＋价格变动系数)＋原合理工资、费用×(1＋合理工资、费用变动系数)

公式中工资虽为直接费用，但在实际计算中较难确定，所以把它和费用等合并作为费用来计算。

【例 5-3】 某企业待评估的在产品待继续加工生产，与评估有关的资料如下：

(1)该种在产品至评估日账面总成本为 288 万元。其中，材料成本 172.8 万元，工资成本 100.8 万元，制造费用 14.4 万元。

(2)据质检资料和核查，发现这批在产品中有废品 150 件。账面单位成本 144 元，其中材料成本 86.4 元，工资成本 51.84 元，制造费用 5.76 元。废品处理估计每件可收回净残值 12 元。

(3)经查材料市场价格资料，自生产准备至评估日止，该在产品使用的材料价格已上涨 8%，期间，因工资调整，工资费用也上调了 10%，制造费用尚未作调整。

(4)经核实，该批在产品制造费用多记了 2.88 万元。根据上述资料，求这批在产品的评估价值。

原合理材料成本＝1 728 000－86.4×150＝1 715 040（元）

原合理工资成本＝1 008 000－51.84×150＝1 000 224（元）

原合理制造费用＝144 000－5.76×150－28 800＝114 336（元）

废品净残值＝12×150＝1800（元）

在产品评估值＝1 715 040×(1＋8%)＋1000 224×(1＋10%)＋114 336＋1800
＝3 068 625.6（元）

**2. 社会平均消耗定额和现行市价法**

这种方法是指按照重置同类资产的社会平均成本确定被评估资产的价值。在用此方法之前先要掌握以下几点：

第一，被评估在产品的完工程度。

第二，被评估在产品有关工序的工艺定额。

第三，被评估在产品耗用材料的近期市场价格。

第四，被评估在产品的合理工时取费标准。

此方法的基本计算公式如下：

在产品的评估值＝在产品实有数量×(该工序单件材料工艺定额×单位材料现行市价＋该工序单件工时定额×正常工资费用)

对于工艺定额的选取，首先考虑行业统一标准；没有行业统一标准的，按照企业的现行标准。

【例 5-4】 某企业处于某一生产阶段的在产品 300 件，已知每件的铝材消耗 50kg，每千克市场单价 5.00 元；在产品累计单位工时定额 20 小时，每定额小时的燃料和动力费用定额 0.45 元，工资及附加费定额 10.00 元，车间经费定额 2.00 元，企业管理费用定额 4.00 元，该在产品不存在变现风险。则该在产品的评估值计算如下：

原材料成本＝300×50×5.00＝75 000（元）

工资成本＝300×20×10.00＝60 000（元）

费用成本＝300×20×(2.00＋4.00)＝36 000（元）

燃料和动力成本＝300×20×0.45＝2700（元）

该在产品评估值＝75 000＋60 000＋36 000＋2700＝173 700（元）

**3. 约当产量法**

约当产量法是指将在产品的数量，按其完工程度折算为相当于完工产品的数量（即约当产量），然后根据产成品的重置成本和约当产量计算在产品评估值的方法。计算公式为

在产品评估值＝产成品重置成本×在产品约当产量在产品约当产量＝在产品数量×在产品完工程度

其中，在产品的完工程度有很多种确定方法，可以根据已完成工序（工时）与全部工序（工时）的比例来确定，也可根据生产完成时间与生产周期的比例来确定。

【例 5-5】 某工厂在评估时，有在产品 20 件，材料随生产过程陆续投入。已知这批在产品的材料投入量为 75％，完工程度为 60％，该产品的单位定额成本为：材料定额 3 800 元，工资定额为 400 元，费用定额为 620 元。现确定该批在产品的评估价值如下：

在产品材料约当产量＝20×75％＝15（件）

在产品工资、费用约当产量＝20×60％＝12（件）

在产品评估值＝15×3 800＋12×(400＋620)＝69 240(元)

**（二）市场法**

市场法是用同类在产品的市场销售价格，扣除销售过程中预计发生的费用后确定在产品评估值的方法。这种方法适用于因产品下马，在产品不能进一步加工，只能对外销售情况下的评估。一般来说，在产品的通用性强，能用于产品配件更换或用于维修等情况下，其评估价值也较高；若在产品属于很难通过市场出售或调剂出去的专用配件等，则只能按废料回收价格进行评估。

基本计算公式如下：

在产品评估值＝在产品数量×市场可接受的不含税价格－预计销售过程中发生的税费

报废在产品的评估值＝可回收废料的数量×废料的单位现行回收价格

【例 5-6】 利民机械厂准备兼并一家因经营不善即将破产的同类企业，现在对该企业的在产品进行评估，评估基准日定于 2018 年 11 月 10 日，得到的有关资料如下：

该企业在产品的账面成本为 400 万元，按其状态和通用件分为三类。

甲类：从仓库领出但尚未进行加工的原材料。

乙类：已加工成零部件，可在市场上直接销售的流动性较好的在产品。

丙类：无法在市场上销售，又不能继续加工，只能报废处理的在产品。

对于甲类在产品，可根据技术鉴定情况，按照核实的实有数量和该种材料的现行市价进行评估；对于乙类在产品，可根据现行市价、销售费用、销售风险确定评估值；对于丙类在产品，只能按废料的回收价格确定评估值。

具体评估过程如表 5-1～表 5-3 所示。

表 5-1 甲类在产品评估明细表

| 材料代号 | 实有数量(t) | 现行单价(元) | 按市场价计算的资产价格(元) |
|---|---|---|---|
| 甲 01 | 2500 | 20 | 50 000 |
| 甲 02 | 3500 | 40 | 140 000 |
| 甲 03 | 4000 | 35 | 140 000 |
| 合计 | — | — | 330 000 |

表 5-2 乙类在产品评估明细表

| 材料代号 | 实有数量(t) | 现行单价(元) | 按市价计算的在产品评估值(元) |
|---|---|---|---|
| 乙 01 | 4 500 | 10 | 45 000 |
| 乙 02 | 800 | 20 | 16 000 |
| 乙 03 | 600 | 35 | 21 000 |
| 乙 04 | 1 000 | 50 | 50 000 |
| 合计 | — | — | 132 000 |

表 5-3 丙类在产品评估明细表

| 名称 | 实有数量(件) | 单件可回收废料数量(t) | 可回收废料总量(t) | 单位废料回收价格(元) | 评估值(元) |
|---|---|---|---|---|---|
| 丙 01 | 3 000 | 2 | 6 000 | 5 | 30 000 |
| 丙 02 | 2 000 | 1.5 | 3 000 | 4 | 12 000 |
| 丙 03 | 4 000 | 3 | 12 000 | 2 | 24 000 |
| 丙 04 | 3 500 | 2 | 7 000 | 4 | 28 000 |
| 合计 | — | — | — | — | 94 000 |

在产品总价值＝330 000＋132 000＋94 000＝556 000（元）

## 三、产成品的评估

产成品包括企业已经完工入库和已经完工并经过质量检验但尚未办理入库手续的产成品和商品流通企业的库存商品。产成品可以直接对外销售，依据其变现的可能和市场接受的价格通常可采用成本法和市场法进行评估。

### (一)成本法

用成本法来进行评估，主要根据生产、制造该项产成品全过程中发生的成本费用来确定产成品评估值。具体可分为以下两种情况进行。

(1)评估基准日与产成品完工时间较接近，且物价变动不大时。这时可以直接按产成品账面成本确定，计算公式为

产成品评估值＝产成品数量×产成品账面单位成本

（2）评估基准日与产成品完工时间相距较长，成本费用变化较大时，这时的产成品评估值可按下面两种方法进行：

产成品评估值＝产成品实有数量×（合理材料工艺定额×材料单位现行价格＋合理工时定额×单位工时合理工资及费用开支）

产成品评估值＝产成品实际成本×（材料成本比率×材料综合调整系数＋工资费用成本比率×工资费用综合调整系数）

【例 5-7】 某企业评估时产成品实有数量为 100 台，每台实际成本 500 元，根据会计核算资料，该产品生产成本中材料与工资、其他费用的比例为 3∶2，根据目前价格变动情况和其他相关资料，确定材料综合调整系数为 1.20，工资、费用综合调整系数为 1.10，由此可以确定该产品评估值为

产成品评估值＝100×500 ×（60％×1.2＋40％×1.1）＝58 000（元）

【例 5-8】 某企业产成品甲实有数量为 10 000 件，根据该企业的成本资料，结合同行业成本耗用资料分析，甲产品合理的材料工艺定额为 5$m^3$/件，合理的工时定额为 45 小时。评估时，由于生产该产品的材料价格上涨，由原来的 158 元/$m^3$ 上涨到 185 元/立方米，单位小时合理工时工资、费用不变，仍为 20 元/小时，试根据上述资料确定产成品甲的评估值。

产成品甲的评估值＝10 000×（5×185＋45×20）＝18 250 000（元）

### （二）市场法

市场法是指按不含税的可接受市场价格，扣除相关费用后确定产成品评估价值的方法。在用市场法时应注意以下几点：

（1）产成品的使用价值。评估人员要对产品本身的技术水平和内在质量进行鉴定，明确产品的使用价值及技术等级，进而确定合理的市场价格。

（2）分析产品的市场供求关系和被评估产品的前景。这样做也有利于产品的市场价格的合理确定。

（3）市场价格的选择应以公开市场上形成的产品近期交易价格为准，非正常交易情况下的交易价格不能作为评估的依据。

（4）对于产成品的实体性损耗，如表面的残缺等可以据其损坏程度，确定适当的调整系数来进行调整。

采用市场法进行评估时，市场价格中包含了成本、税金、利润的因素，对这部分利润和税金的处理应视产成品评估的不同目的和评估性质而定。如果产成品的评估是为了销售，应直接以现行的市场价格作为评估值，不需要考虑销售费用和税金的问题；如果产成品的评估是为了投资等，这时税金要流出企业，销售费用也可得到补偿，应从市价中扣除各种税金作为产成品的评估价值。

【例 5-9】 某厂生产的产品，评估基准日的账面价值为 392 500.54 元，评估中根据厂方提供的年度会计报表及评估人员的清查得知，评估基准日该产品的库存数量为

50 000件，单位成本50元/件，出厂价60元/件(含增值税)，该产品的销售费用率为3%，销售税金及附加占销售收入的2%，利润率为15%，该企业的增值税率为17%。计算过程如下：

产品的评估值=50 000×(60/1.17)×(1-3%-2%-15%)

=50 000×51.28×0.8=2 051 200(元)

## 四、低值易耗品的评估

### (一)低值易耗品评估的内容

低值易耗品是指虽不构成固定资产，但能多次使用而基本保持其实物形态的劳动资料。一方面，低值易耗品能多次使用并基本保持其实物形态，在使用过程中需要进行维修，报废时也有一定的残值，这与固定资产相类似；另一方面，因为低值易耗品的价值较低，常作为材料进行管理。可见，低值易耗品是一种特殊的劳动资料。不同行业对固定资产和低值易耗品的划分标准是不完全相同的，在评估过程中判断劳动资料是否是低值易耗品，应视其在企业中的作用来定。

低值易耗品的种类很多，从评估的角度主要按以下标准进行分类：

(1)根据易耗品的用途分类。可以分为一般工具、专用工具、替换设备、管理用具、劳动保护用品和其他低值易耗品等。

(2)根据易耗品的使用情况分类。可以分为在库低值易耗品和在用低值易耗品。

### (二)低值易耗品的评估方法

#### 1. 在库低值易耗品的评估

在库低值易耗品的评估可以根据具体情况，采用与库存材料评估相同的方法。

#### 2. 在用低值易耗品的评估

在用低值易耗品的评估，可以采用成本法进行评估。计算公式为

在用低值易耗品评估值=全新低值易耗品的成本价值×成新率

全新低值易耗品的成本价值可以按以下方法进行确定：在物价变动很小的情况下，直接采用低值易耗品的账目价值；在物价变动较大的情况下，可直接用评估基准日的市场价格，还可以用账目价值乘以物价变动指数来确定。

由于低值易耗品的使用期限比较短，一般不考虑其功能性损耗和经济性损耗，在确定成新率时，应根据其实际损耗确定，一般不能按照其摊销方法(一次摊销或分次摊销)确定。成新率的计算公式为

成新率=(1-实际已使用月份/可使用月份)×100%

【例5-10】 某企业的某项低值易耗品原价为800元，预计使用期限为1年，截止到评估基准日已使用了9个月，该低值易耗品的现行市场价格为1000元，则该项低值

易耗品的评估值为

低值易耗品的评估值＝1000 ×（1－9/12）＝250（元）

## 第三节　债权类流动资产的评估

### 一、应收款项的评估

应收款项主要包括应收账款、预付账款、应收票据等。由于预付账款也是企业的一项资产，这里和应收账款合并进行介绍。

#### （一）应收账款和预付账款的评估

应收账款和预付账款是指企业在经营过程中由于赊销等原因形成的尚未收回的款项及根据合同规定预付给供货单位的货款等。由于应收账款存在回收风险，因此评估时需要判断估计坏账损失，然后确定应收账款的评估值，基本计算公式为

应收账款评估值＝评估时应收账款额－已确定的坏账损失－预计坏账损失

**1. 确定应收（预付）账款账面价值**

评估时可根据债权资产内容进行分类，并根据其特点及内容，采用不同的方法进行核实。对于企业间的债权一般尽可能发函就业务发生时手续上的完备性、内容上的合法性、时间上的有效性、金额上的真实性进行核对，对于内部往来应进行双向核对，避免重计、漏计及其他不真实性的内容。

**2. 已确认坏账损失的确认**

已确定的坏账损失是指在评估时可以确认不能收回的应收账款。对于已确认的坏账损失，在评估其价值时，必须从应收账款价值中扣除。

**3. 预计坏账损失的确认**

预计坏账损失首先要求进行损失可能性判断，然后进行坏账损失额的确定。

(1)对应收账款回收的可能性进行判断。一般可以根据企业与债务人的企业往来和债务人的信用情况将应收账款分为几类，并按分类情况估计应收账款回收的可能性。根据经验，对业务往来较多且对方结算信用好的应收账款，一般如期收回的可能性很大；业务往来较少且结算信用一般的应收账款，回收的可能性较大，但回收时间不确定；对于一次性业务往来且信用情况不太清楚的应收账款，可能只能收回一部分，而对于长期拖欠或债务方已撤销的应收账款，可能无法收回。对应收账款坏账损失可能性的判断过程，也是对预计坏账损失定量分析的准备过程。

(2)对预计坏账损失定量分析。对预计坏账损失的估计方法主要有坏账比例法和账龄分析法。

①坏账比例法。坏账比例法是指根据被评估企业前若干年(一般为 3～5 年)的实际坏账损失额和应收账款发生额确定坏账的发生比例，然后根据这一比例和全部应收账款的数额来确定其预计坏账损失。

坏账比例的计算公式为

坏账比例＝评估前若干年发生的坏账数额/评估前若干年应收账款余额

【例 5-11】 对某企业的应收账款进行评估时，根据账面的记载，截至评估基准日应收账款的账面余额为 500 万元，前四年的应收账款发生情况及坏账损失情况如表 5-4 所示。

表 5-4　应收账款发生情况及坏账损失　　单位：万元

| | 应收账款余额 | 处理坏账金额 |
|---|---|---|
| 第一年 | 150 | 20 |
| 第二年 | 245 | 7.2 |
| 第三年 | 250 | 12 |
| 第四年 | 355 | 10.8 |
| 合计 | 1 000 | 50 |

计算前四年坏账比例为

坏账比例＝(50/1 000)×100％＝5％

预计坏账损失额＝500×5％＝25 (万元)

当然，如果企业的应收账款多年未清理，账面上找不到坏账的处理金额，这时坏账比例法就不适用了，就要寻求其他的方法。

②账龄分析法。账龄分析法是指按应收账款拖欠时间的长短，分析应收账款预计可收回的金额及其产生坏账的可能性。应收账款能否顺利回收，与应收账款拖欠的时间长短有很大关系。一般来说，应收账款的账龄越长，产生坏账的可能性越大，可收回的金额就越低。因此，这种方法主要是将应收账款按账龄分类，对各类应收账款分别估计其坏账损失的可能性，从而估计坏账损失的金额。

【例 5-12】 某企业以 2018 年 12 月 31 日为评估基准日，经核实其应收账款的实有数额为 35 000 元，具体情况如表 5-5 所示。

表 5-5　应收账款及坏账损失　　单位：元

| 应收账款账龄 | 余额 | 估计坏账损失率 | 坏账损失额 |
|---|---|---|---|
| 未到期 | 18 000 | 1％ | 180 |
| 过期一个月 | 10 000 | 3％ | 300 |
| 过期二个月 | 4350 | 10％ | 435 |
| 过期三个月 | 1000 | 20％ | 200 |
| 过期三个月以上 | 1650 | 50％ | 825 |
| 合计 | 35 000 | | 1940 |

应收账款评估值＝35 000－1940＝33 060 (元)

应收账款评估以后，账面上的“坏账准备”科目按零值计算。因为“坏账准备”科目

是应收账款的备抵账户，其金额是按会计制度规定的一定比例计提的，而对应收账款进行评估时，是按照应收账款实际可收回的可能性进行的，这时已经考虑了坏账损失的因素，因此，应收账款评估值就不应再包括坏账准备数额。预付账款评估可参照应收账款的评估方法进行。

### （二）应收票据的评估

应收票据是由付款人或收款人签发的，由付款人承诺到期无条件付款的一种书面凭证。我国的应收票据主要指商业汇票。商业汇票可以依法背书转让，也可以向银行申请贴现。应收票据按承兑人的不同分为商业承兑汇票和银行承兑汇票；按其是否带息分为带息商业汇票和不带息商业汇票。

应收票据的评估可采用下列两种方法进行。

#### 1. 按票据的本利和计算

由于商业汇票有带息和不带息之分，所以对于不带息的商业汇票，其票面金额即为评估值；对于带息商业汇票的评估值则是本金和利息的和。计算公式为

无息票据评估值＝票面金额

有息票据评估值＝票面金额×（1＋利息率×时间）

【例 5-13】 某企业拥有一张期限为一年的票据，票面金额为 6 万元，月利息率为 10‰，截至评估基准日离付款期尚差 3 个月的时间。由此确定票据的评估值为

评估值＝6×（1＋10‰×9）＝6.54（万元）

#### 2. 按票据的贴现值计算

这种方法下应收票据的评估值即为按评估基准日到银行贴现可获得的贴现额。计算公式为

应收票据评估值＝票据到期价值－贴现息

其中，不带息票据的到期价值为票据的面值；带息票据的到期价值则为票据到期时的本利和金额。

贴现息＝票据到期价值×贴现率×贴现期

【例 5-14】 某企业向甲企业售出一批材料，价款 500 万元，商定六个月收款，采取商业承兑汇票结算。该企业于 4 月 10 日开出汇票，并经甲企业承兑。汇票到期日为 10 月 10 日。现对该企业进行评估，基准日为 6 月 10 日。由此确定贴现日期为 120 天，贴现率按月息 6‰计算。求应收票据的评估值。

贴现息＝500×120×（1/30）×6‰＝12（万元）

应收票据评估值＝500－12＝488（万元）

## 二、待摊及预付费用的评估

### （一）待摊费用的评估

待摊费用是指企业已经支付或发生，但是应由本月和以后各个月份负担的费用。

待摊费用本身不是资产，它是已耗用资产的反映，但是它的支出可以形成一定形态的资产。所以，对待摊费用的评估，应按其形成的具体资产的价值来确定。

这里应当注意的是当这种具体资产的价值已计入其他资产的评估值时，就不能再在待摊费用中重复评估。例如，某企业待摊费用中发生的待摊修理费用 1.5 万元，由于使机器设备的使用寿命或功能等有所改进，在机器设备评估时已计入机器设备，在机器设备价值中已得到体现，就无需再在待摊费用中反映。

### （二）预付费用的评估

预付费用是在评估日之前企业已经支出，但在评估日之后才能产生效益的特殊资产，如预付的租金、预付保险费等。它是一种未来可取得服务的权利，所以预付费用的评估也就是对未来可取得服务的权利价值进行评估，其依据主要是未来可产生效益的时间。如果预付费用的效益已在评估日前全部体现，只因发生的数额过大而采取分期摊销的方法，这种预付费用不应在评估中作价，只有那些在评估日之后仍将发挥作用的预付费用，才是评估的真正对象。

【例 5-15】 某企业评估基准日为 2018 年 7 月 1 日，经核实发现评估基准日待摊和预付费用情况如下：预付一年的保险金 60 万元；尚待摊销的低值易耗品余额为 15.9 元；预付的房租 45 万元，租期为 5 年，尚有 3 年的使用权。评估过程如下：

(1)预付保险金的评估。

根据保险金全年支付金额计算每月的分摊数额为

$$分摊数额=60/120=0.5（万元）$$

$$保险金评估值=6\times0.5=3（万元）$$

(2)低值易耗品的评估。

低值易耗品根据实有数量和现行市场价格，确定其评估值为 13 万元。

(3)房屋租金的评估。

按总租金数额和合约规定的租期计算得出每年的租金为 9 万元，房屋的租期还有三年。

房租评估值$=9\times3=27$（万元）

该企业在评估基准日的待摊和预付费用的评估值$=30+13+27=70$（万元）

## 思　考　题

1. 简述流动资产评估的特点及程序。
2. 简述待摊及预付费用的评估。

# 第六章 不动产评估

1. 了解不动产的特征及分类及影响不动产价格的因素；
2. 掌握收益法、成本法、市场法、剩余法在不动产评估中各项指标的测算及应用；
3. 了解基准地价的作用及路线价估价法的适用范围；
4. 能运用各种主要方法测算不动产价格的基本程序。

不动产是房屋建筑物与土地的总称，包括房产和地产。房地产与企业的经营以及人们的生活息息相关，房地产在现实经济生活中发挥着极其重要的作用。不动产的范畴大于房地产的范畴，但本章中不动产与房地产的词条并用，不作特别区分。

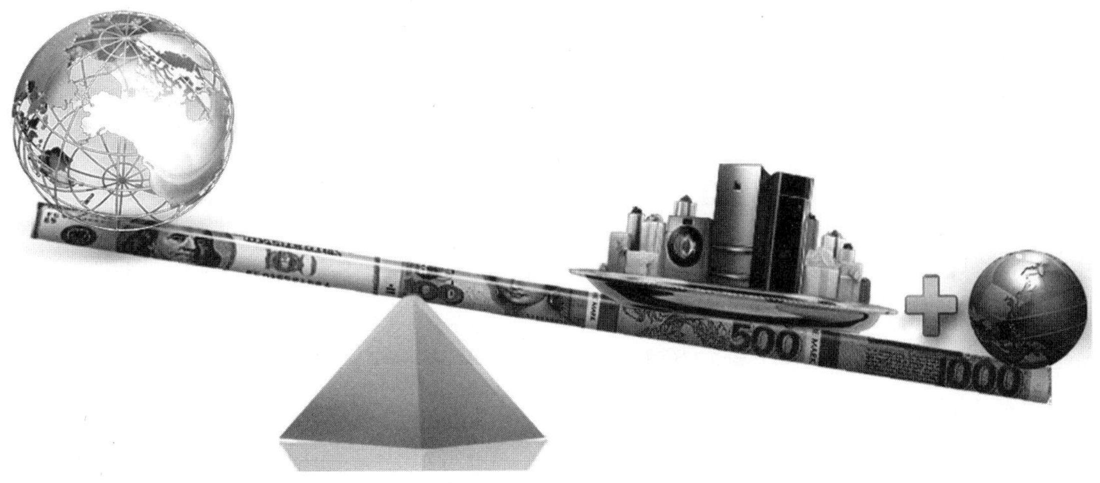

# 第一节　不动产评估概述

## 一、不动产的概念及其特征

### (一)不动产的概念

不动产指土地、建筑物及其他附着于土地上的定着物，包括物质实体及其相关权益，即不动产是地产(土地使用权)、建筑物以及地产与建筑物的结合及其权属的统称，通常亦称房地产。

综上所述，不动产的存在形态有三种：土地、建筑物、房地合一。不动产可以作为合并概念，也可以作为各自单一的概念。

房产、地产、房地产、不动产之间的关系如图 6-1 所示。

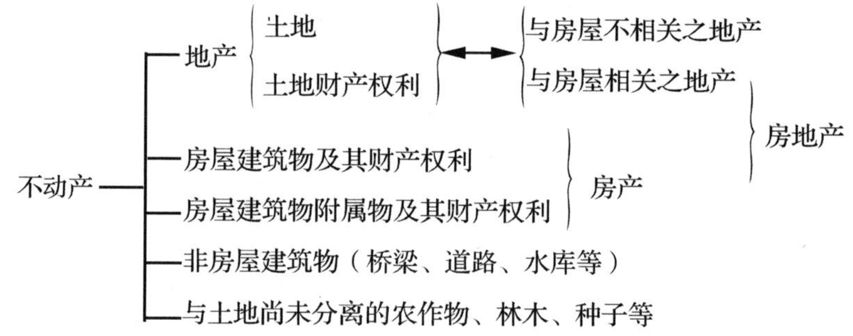


图 6-1　不动产的范畴

### (二)不动产的特征

不动产兼有地产与建筑物的特征，而它们的结合又形成了一些新的特征，不动产一般具有如下特征。

1. 位置固定性，又称不可移动性。土地具有固定性，由于房屋建筑物定着在土地上，因此，不动产的相对位置是固定的。不动产的这个特征，导致没有两宗不动产是完全相同的，即使有两宗一模一样的房屋建筑物，由于其坐落位置不同，周围环境不同，导致这两宗不动产实质上是不相同的。

2. 供求区域性。由于土地位置的固定性，导致不同区域不动产供求表现的特征是不同的，因此，不动产具有区域性的特征。

3. 长期使用性。土地是可以永续利用的，建筑物也是耐用品。房地产使用的长期性也为房地产的过滤消费提供了基础。

4. 投资大量性。无论是不动产中的土地还是建筑物，其投资数额都是可观的，不仅单价高，而且总价大。这也是房地产业与金融行业密不可分的重要原因。

5. 保值增值性。随着生产力的发展和人口数量的增加以及消费主体消费欲望的提升，对土地的需求是不断增加的。从长远来看，土地的供给滞后于土地的需求，从而出现不动产价格上升的趋势。另外，随着城市基础设施的不断完善、经济发展等因素，不动产的价值也会随着时间的推移而增加。

6. 投资风险性。不动产使用的长期性和保值增值性使之成为投资回报率较高的行业。同时，不动产投资风险也比较大。不动产的投资风险主要来自三个方面：首先，不动产的投资数额较大，而且不动产生产周期较长，在此期间，影响不动产价格的各种因素都有可能发生变化，都会对不动产的投资效果产生影响；其次，不动产无法移动，如果所在地区的市场销售不好，很容易造成不动产的空置和积压；最后，自然灾害，战争、社会动荡等都会对不动产投资产生无法预见的影响。

7. 难以变现性。由于不动产价值大，加上具有固定性和独一无二性以及易受限制等特征，使得不动产的变现性较差。

8. 政策限制性。不动产市场受国家和地区的限制。城市规划、土地利用规划、住房政策、不动产税收等都会对不动产的价格产生直接或间接的影响。有的政策限制是永久性的，有的政策限制是临时性的。

## 二、土地与土地权利

### （一）土地的概念

土地一般是指陆地及其空间的全部环境因素，即由土壤、气候、地质、地貌、生物和水文等因素构成的自然综合体。土地具有两重性，它不仅是资源，也是资产。

### （二）土地的分类

土地可以从不同的角度进行分类，如图 6-2 所示。

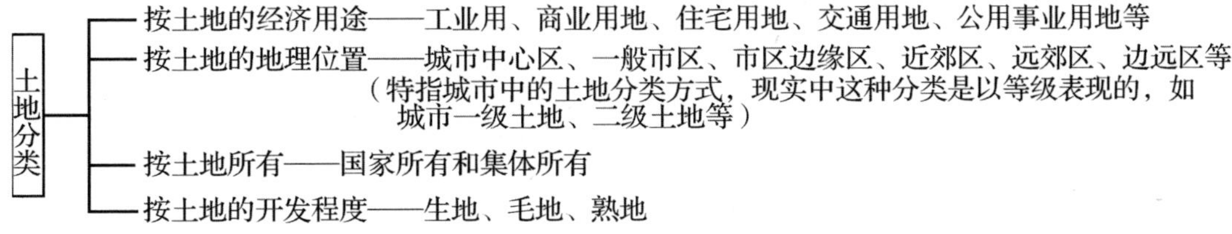


图 6-2　土地的分类

### （三）土地的特征

土地的特征可以分为土地的自然特征和经济特征两个方面，土地的自然特征是指作为自然物体的土地，其本身所具有的性质；土地的经济特征是指土地与人类发生某

种关系时（也就是土地在利用的过程中）才会表现出来的性质，见表 6-1。

**表 6-1　土地的特征**

<table>
<tr><td rowspan="12">土地特征</td><td rowspan="4">自然特征</td><td>1. 位置的固定性</td><td>土地在空间上的位置是固定的</td></tr>
<tr><td>2. 质量的差异性</td><td>由于土地位置不同，造成土地之间存在自然差异，这也是级差地租产生的原因</td></tr>
<tr><td>3. 不可再生性</td><td>土地是不可再生的自然资源</td></tr>
<tr><td>4. 效用永续性</td><td>只要合理利用土地，它可生生不息充当人类衣食住行的源泉</td></tr>
<tr><td rowspan="8">经济特征</td><td>1. 供给的稀缺性</td><td>由于土地的总量有限、位置固定，所以土地是一种稀缺性资源</td></tr>
<tr><td>2. 可垄断性</td><td>通过法律关系，土地的所有权和使用权都可以被特定的主体所垄断</td></tr>
<tr><td>3. 利用多方向性</td><td>同样一块土地，可以作不同的用途使用</td></tr>
<tr><td rowspan="2">4. 效益级差性</td><td>土地质量的差异性，使得利用不同质量的土地会产生不同的经济</td></tr>
<tr><td>效益，也是产生级差地租的根源</td></tr>
<tr><td>5. 政策敏感性</td><td>任何国家对土地的使用和支配都有某些限制</td></tr>
<tr><td rowspan="2">6. 保值增值性</td><td>随着经济的发展，对土地的需求是日益增加的，但是土地的面积</td></tr>
<tr><td>固定不变，土地的价格从长期来看是不断上升的</td></tr>
</table>

### （四）土地权利

在我国，城镇土地的所有权属于国家，农村和城市郊区的土地，除法律规定属于国家所有的以外，属于农民集体所有。

我国实行国有土地所有权与使用权相分离的制度，土地使用者可以拥有和转让土地使用权，因此，地价一般是土地使用权的价格。土地使用权年限因土地用途不同而不同，因此，出现各种不同使用年限的土地使用权价格。

土地权利的分类如图 6-3 所示。

土地使用权的运用形式如图 6-4 所示。

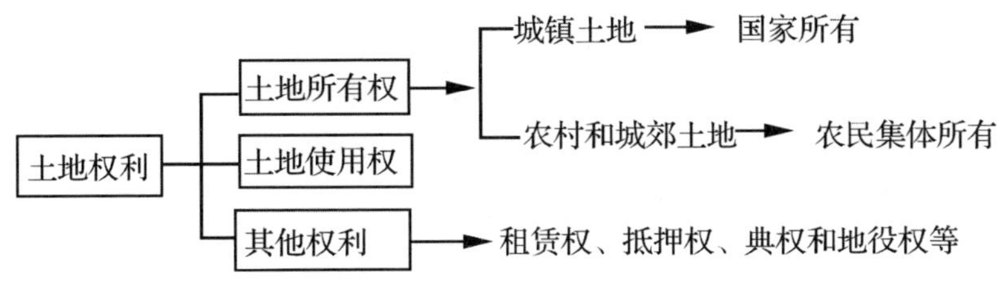


图 6-3　土地权利的分类

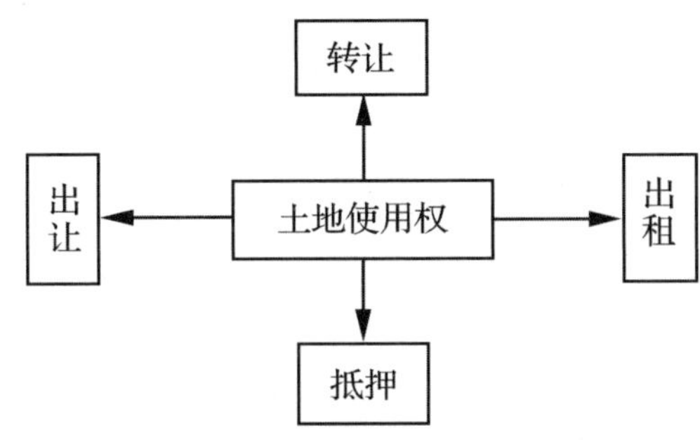


图 6-4　土地使用权的运用形式

**1. 土地使用权出让**

土地使用权出让指国家以土地所有者的身份将土地使用权在一定年限内让与土地使用者，并由土地使用者向国家支付土地使用权出让金的行为。土地使用权出让的最高年限分别为：①居住用地 70 年；②工业用地 50 年；③教育、科技、文化、卫生、体育用地 50 年；④商业、旅游、娱乐用地 40 年；⑤综合或者其他用地 50 年。国家在出让土地使用权时限定使用年限，便是土地所有权垄断的体现。

**2. 土地使用权转让**

土地使用权转让指使用者将土地使用权再转让的行为。

**3. 土地使用权出租**

土地使用权出租指土地使用者作为出租人将土地使用权随同地上建筑物、其他附着物租赁给承租人使用，由承租人向出租人支付租金的行为。

**4. 土地使用权抵押**

土地使用权抵押是指土地使用权的权利人将土地使用权随同地上建筑物、其他附着物抵押给抵押权人的行为。土地使用权抵押时，其地上建筑物、其他附着物随之抵押。地上建筑物、其他附着物抵押时，其使用范围内的土地使用权随之抵押。

**（五）地价理论与地价特征**

马克思指出，地价不是土地的购买价格，而是土地所提供的地租的购买价格，因此，地价是地租的资本化。

地价有如下的特征。

**1. 地价是地租的资本化**

一般商品是劳动的产物，有生产成本，其价格围绕价值上下波动，价格中含有生产成本。土地价格中通常不含生产成本，而且，地价本质上不是劳动价值的货币表现，是地租的资本化。古典政治经济学的奠基人威廉·配第（1623—1678）提出，土地价格就是购买一定年期的地租总额，地价是地租的转化形式。

**2. 地价是权益价格**

由于地产位置不可移动，因此，在地产的交换和流通中，并不以转移地产的物质实体为标志，而是以转移与之相关的各种权益为标志。因此，不动产的买卖以权益变更为依据。

**3. 土地具有增值性**

土地由于具有永续性、稀缺性特点，其价格随着时间的流逝而有自然升高的趋势。通货膨胀、需求增加引起市场价格上升，外部经济、土地使用管制的改变都会导致土地价格自然升值。

**4. 地价与用途有关**

同样一宗土地，在不同的规划用途下，其使用价值是不一样的，土地价格与其用途的关系极为密切。原因是不同用途其获得收益的能力不同，其支付地租的能力不同，其价格也不同。

**5. 地价具有个别性**

一般商品可以标准化，其价格较一致。但土地却不同，没有两块土地是完全相同的，且差异较大，因此地价也具有个别性。

**6. 地价具有可比性**

虽然土地具有个别性，但影响土地价格的因素也有共性，尤其用途相同的土地其影响价格的因素基本相同，对影响地价的因素进行比较，得出结论，因此，地价也具有可比性。

## 三、不动产评估的原则

不动产评估是指资产评估机构及其资产评估专业人员遵守法律、行政法规和资产评估准则，根据委托对评估基准日特定目的下的不动产价值进行评定和估算，并出具资产评估报告的专业服务行为。不动产评估包括单独的不动产评估和企业价值评估中的不动产评估。

不动产评估遵循以下原则。

**1. 供需原则**

不动产的价格由不动产市场的供求状况决定。由于不动产市场是地区性市场，因此，其供求有地区性特点，在评估时需要具体把握评估项目所在地区房地产市场的供

需特点。

**2. 替代原则**

在同一市场上效用相同或相似的不动产，价格趋于一致。替代原则要求不动产估价结果不得明显偏离类似不动产在同等条件下的正常价格。

**3. 最有效使用原则**

也称为最高最佳使用原则，是指法律上允许、技术上可能、经济上可行，经过充分合理的论证，能使估价对象价值达到最大的一种最可能的使用。

**4. 贡献原则**

在经济学中，衡量各生产要素价值的大小，可依据其对总收益的贡献大小来确定。房地产的总收益是由土地和建筑物共同作用的结果。

**5. 合法原则**

不动产评估要在符合法律规定的条件下进行。不动产评估的合法原则主要包括：一是产权合法，以房地产权属证书和有关证件为依据；二是使用合法，以城市规划、土地用途管制等为依据；三是处置合法，应以法律、法规或合同等允许的处分方式为依据。《资产评估执业准则——不动产》第七条规定：不动产评估应当在评估对象符合用途管制要求的情况下进行。对于不动产使用的限制条件，应当以有关部门依法规定的用途、面积、高度、建筑密度、容积率、年限等技术指标为依据。

**6. 协调原则**

协调原则包含两层意义：一是房地产总是处于一定的自然与社会环境之中，必须与周围环境相协调；二是房地是不可分的，房与地之间也应协调。

## 四、不动产评估程序

不动产评估程序如图 6-5 所示。

## 五、不动产价格种类及其影响因素

### （一）不动产价格种类

由于不动产的存在形态、交易方式具有多样性，导致不动产的价格类型也具有多样性，如表 6-2 所示。

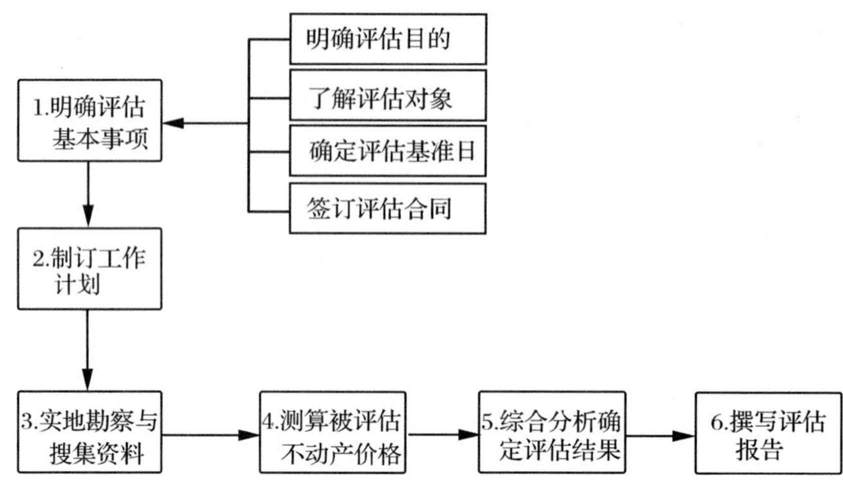


图 6-5 不动产评估程序

表 6-2 不动产价格的种类

| 分类依据 | 种类 | 定义 |
|---|---|---|
| 1. 按权益 | 所有权价格 | 交易不动产所有权的价格 |
| | 使用权价格 | 交易不动产使用权的价格 |
| | 其他权利价格 | 包括抵押权、租赁权、地役权和典当权等价格 |
| 2. 按价格形成方式 | 市场交易价格 | 不动产在市场交易中实际成交的价格 |
| | 评估价格 | 运用某种估价方法对不动产市场价格所做出的一种估算 |
| 3. 按不动产的实物形态① | 土地价格(单纯的土地及附有建筑物的不动产中所占用的土地价格) | 土地使用权出让价格 |
| | | 土地使用权转让价格 |
| | | 土地使用权抵押价格 |
| | 建筑物价格 | 指纯建筑物的价格，不包含占用土地的价格 |
| | 不动产价格 | 指建筑物连同占用土地的价格(房地合一) |
| 4. 按不动产价格表示单位 | 总价格 | 指一宗不动产的整体价格 |
| | 单位价格 | 指单位土地面积或单位建筑物面积的价格 |
| | 楼面地价 | 指单位建筑面积地价，是平均到每单位建筑面积上的土地价格(比较土地价格的高低，主要以楼面地价进行比较) |
| 5. 其他价格类型 | 公告地价 | 政府定期公布的土地价格(基准地价、标定地价) |
| | 申报地价 | 是土地所有人或使用人参照公告价格向政府申报的土地价格 |

### （二）不动产价格的影响因素

不动产价格水平，是众多影响不动产价格的因素相互作用的结果，或者说，是这些因素交互影响而形成的。不动产价格的影响因素主要包括以下内容：

1. 一般因素

一般因素是指影响一定区域范围内所有不动产价格的一般的、普遍的、共同的因素，它们对不动产价格的影响是在全社会范围内的，覆盖整个地区，而不是对个别不动产价格产生影响。其主要包括：

(1)经济因素。如经济发展因素、财政金融因素、产业结构因素等。

(2)社会因素。如人口因素、家庭规模因素、城市化水平、房地产投机因素和社会稳定状况因素等。

(3)行政因素。如：①土地制度与政策、住房制度与政策；②城市规划、土地利用规划、城市发展战略；③税收制度、投资倾斜；④行政隶属关系变更；⑤交通管制等。

(4)心理因素。如购买或出售心态、对居住环境的认同度、欣赏趣味、时尚风气、接近名家住宅心理、讲究门牌号码或土地号码、讲究风水，等等。

2. 区域因素

区域因素是指某一特定的区域内的自然条件与社会、经济、行政、技术等因素相结合所产生的区域特性，它对该区域内的各不动产的价格水平产生影响。如商服繁华因素、交通状况、城市基础设施状况(包括基础设施、生活设施、文体娱乐设施)、环境状况因素等。相对于一般因素而言，区域因素的影响范围要小。区域因素是房地产市场的直接影响因素，在房地产价格评估中，区域因素的分析和把握是估价的关键。

3. 个别因素

个别因素是指具体影响某宗房地产价格的因素。

土地的个别因素包括：①区位因素；②面积因素、宽度因素、深度因素；③形状因素；④地力因素、地质因素、地势因素、地形因素；⑤容积率因素；⑥用途因素；⑦土地使用年期因素。

建筑物的个别因素包括：①面积、结构、材料等；②设计、设备等是否良好；③施工质量；④法律限制；⑤楼层、朝向；⑥建筑物与周围环境是否协调。

## 第二节　不动产评估的市场法

### 一、市场法的概念及适用范围

依据替代原则，通过对已经成交的与评估对象类似的不动产的交易价格进行修正，得出评估对象的价格。

在不动产市场比较发达的情况下，市场法得到广泛应用。市场法适用于居住、商业、工业、综合等各类不动产价格的评估。在同一地区或同一供求范围内的类似地区中，与被评估不动产相类似的不动产交易越多，市场法应用越有效。

市场法难以适用于下列不动产的评估：

1. 没有发生不动产交易或在不动产交易发生较少地区的不动产；
2. 某些类型很少见的不动产或交易实例很少的不动产，如古建筑；
3. 很难成为交易对象的不动产，如教堂、寺庙等；
4. 风景名胜区土地；
5. 图书馆、体育馆、学校用地等。

## 二、市场法评估的公式

市场法评估的基本计算公式为

不动产价格=可比交易实例价格×交易情况修正系数×交易日期修正系数×区域因素修正系数×个别因素修正系数×权益状况因素修正系数此公式经常表示为

$$P=P'\cdot A\cdot B\cdot C\cdot D\cdot E$$

式中：$P$——为被评估不动产价格；

$P'$——可比交易实例价格；

$A$——交易情况修正系数；

$B$——交易日期修正系数；

$C$——区域因素修正系数；

$D$——个别因素修正系数；

$E$——权益状况因素修正系数。

在实际评估工作中，经常采用下列计算公式：

$$P=P'\cdot A\cdot B\cdot C\cdot D\cdot E=P'\frac{100}{(\quad)}\times\frac{(\quad)}{100}\times\frac{100}{(\quad)}\times\frac{100}{(\quad)}\times\frac{100}{(\quad)}$$

式中：字符含义同前，具体内容为：

$$A=\frac{100}{(\quad)}=\frac{\text{正常交易情况系数}}{\text{可比实例交易情况系数}}$$

$$B=\frac{(\quad)}{100}=\frac{\text{评估基准日价格指数}}{\text{可比实例交易时价格指数}}$$

$$C=\frac{100}{(\quad)}=\frac{\text{评估对象区域因素系数}}{\text{可比实例区域因素系数}}$$

$$D=\frac{100}{(\quad)}=\frac{\text{评估对象个别因素系数}}{\text{可比实例个别因素系数}}$$

$$E=\frac{100}{(\quad)}=\frac{\text{评估对象权益状况因素系数}}{\text{可比实例权益状况因素系数}}$$

在上式中，交易情况修正系数 $A$ 中的分子 100 表示以正常交易情况下的价格为基

准，来确定可比实例交易情况的价格修正系数；交易日期修正系数 $B$ 中的分母 100 表示以可比实例交易时的价格指数为基准，来确定评估基准日的价格指数；区域因素、个别因素、权益状况因素修正系数 $C$、$D$、$E$ 中的 100 表示以待估不动产的区域因素、个别因素、权益状况因素为基准，来确定可比实例不动产各项因素的修正系数。

组成不动产修正因素的各个因子都可以独立扩展出来单独修正。例如：土地容积率、土地使用年期单独修正，则计算公式为

$P=P' \cdot A \cdot B \cdot C \cdot D \cdot E \times$ 容积率修正系数 $\times$ 土地使用年期修正系数

## 三、市场法评估的操作步骤

市场法评估不动产的操作步骤如图 6-6 所示。

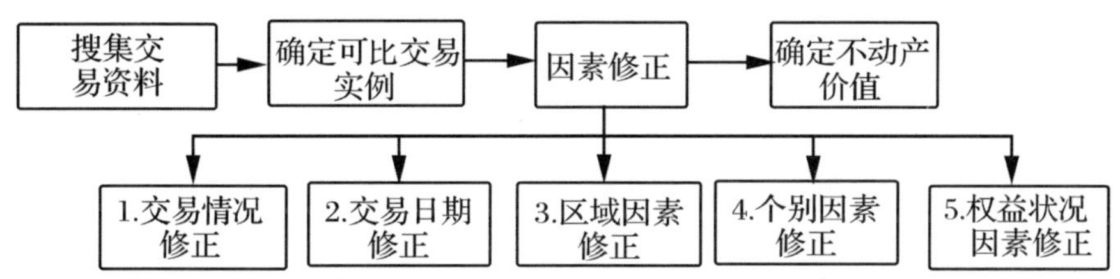


图 6-6 市场法评估不动产的操作步骤

### （一）搜集交易资料

运用市场法评估不动产价值，必须有充足的交易资料，这是市场法运用的基础和前提条件。搜集资料的内容包括不动产的位置、用途、性质、结构、装修、使用情况等，此外，还包括不动产所处的环境、交通状况、权利状况等。

### （二）确定可比交易实例

所选取的交易案例应符合以下条件：与被评估不动产的用途相同；与被评估不动产所处的地区相同；与被评估不动产的评估目的及其对应的价值类型相同；与被评估不动产的建筑结构相同或相似；成交日期与估价时点相近，不宜超过一年；交易实例必须是正常交易或可以修正为正常交易的案例。

### （三）因素修正

不动产市场是一个不完全竞争市场，不动产价格形成具有个别性，因此需要修正。需要修正的因素包括交易情况、交易日期、区域因素、个别因素、容积率、土地使用年期等。

1. 交易情况修正

交易情况的修正是指将交易中由于非正常交易行为所产生的交易价格偏差予以剔除，使其为正常价格。不动产交易中的特殊情况较为复杂，主要有以下几种：

(1)有特殊利害关系的相互间的交易，如亲友之间、有利害关系的公司之间或公司与单位职工之间，其交易价格通常会偏离正常交易价格。

(2)交易时有特别的动机，以急于出售或急于购买最为典型。如有人为了扩大营业面积，收买邻近的建筑用地，往往会使交易价格抬高。

(3)买方或卖方不了解市场行情，往往使房地产交易价格偏高或偏低。

(4)其他特殊交易的情形。如有些税费本应由卖主负担，却转嫁给了买主。

(5)特殊的交易方式等。

通过交易情况修正，即将可比实例价格修正为正常交易情况下的价格。交易情况修正的公式为

$$正常价格=交易实例价格\times交易情况修正系数$$

如果以指数来表示，正常情况对价格的影响程度为100，非正常情况对价格的影响程度可能大于100或小于100，则

$$正常价格=P'\cdot\frac{100}{(\quad)}$$

【例6-1】 为评估甲宗地的价格，选取了乙、丙两个交易实例作为参照地块。已知乙地块的交易双方具有某种关联关系，其土地使用权交易价格为6800元/$m^2$，丙地块系拍卖出让的土地使用权，拍卖价格为9000元/$m^2$。经分析乙地块比正常情况低了10%，而丙地块拍卖价格则高出正常情况16%。试修正乙、丙两块地的价格。

【解】 乙地块交易情况修正后的价格$=6800\times\frac{100}{(100-10)}=7554.8$（元/$m^2$）

丙地块交易情况修正后的价格$=9000\times\frac{100}{(100+16)}=7758$（元/$m^2$）

2. 交易日期修正

交易实例的交易日期与被评估不动产的评估基准日往往有一定的时间差。在这段时间内，不动产市场价格可能上涨或者下跌。因此，根据不动产价格的变动率，将交易实例成交日不动产价格修正为评估基准日的不动产价格就是交易日期修正。

不动产价格的变动率一般用不动产价格指数来表示。用公式表示为

$$评估基准日交易实例价格=交易实例价格\times\frac{评估基准日价格指数}{可比实例交易时价格指数}=\frac{(\quad)}{100}$$

3. 区域因素修正

区域因素修正是将交易实例区域环境状况下的价格调整为评估对象区域环境状况下的价格。区域因素修正的主要因素有商服繁华程度、交通条件因素、基础设施及公用设施、区域环境因素、产业集聚程度等。不同用途的不动产，影响其价格的区域因素是不同的。在评估实践中，往往采用对评估对象及交易实例分别打分的方法来确定修正系数。用公式表示为

$$区域因素修正后的交易实例价格=交易实例价格\times\frac{评估对象区域因素分值}{交易实例区域因素分值}$$

4. 个别因素修正

个别因素修正是将交易实例相对于评估对象因个别因素条件差别所造成的交易价格的差异部分剔除掉，得到评估对象所具有的个别因素条件下的价格。个别因素的修正方法与区域因素的修正方法一样，也采用打分法。

5. 权益状况因素修正

权益状况因素修正包括土地使用权性质、土地使用权年限、城市规划限制条件、土地使用管制、其他权利设立情况及其他特殊情况等。

(1)容积率修正。容积率与地价并非呈线性关系，需要根据具体区域的情况具体分析。容积率修正的公式为

$$经容积率修正后可比实例价格=可比实例价格\times\frac{待估宗地容积率修正系数}{可比实例容积率修正系数}$$

【例 6-2】 某城市土地容积率修正系数如表 6-3 所示。

**表 6-3　某城市土地容积率修正系数**

| 容积率 | 0.1 | 0.4 | 0.7 | 1.0 | 1.1 | 1.3 | 1.7 | 2.0 | 2.1 | 2.5 |
|---|---|---|---|---|---|---|---|---|---|---|
| 修正系数 | 0.5 | 0.6 | 0.8 | 1.0 | 1.1 | 1.2 | 1.6 | 1.8 | 1.9 | 2.1 |

如果确定比较案例宗地地价每平方米为 8000 元，容积率为 2.1，待估宗地规划容积率为 1.7，试修正可比实例价格。

解：$经容积率修正后可比实例价格=8000\times\frac{1.6}{1.9}=6\ 736.84.(元/m^2)$

(2)土地使用年期修正。我国实行有限年期的土地使用权有偿使用制度，土地使用年期的长短，直接影响到土地收益的多少。土地的年收益确定以后，土地的使用期限越长，土地的总收益就越多，土地的价格也会因此提高。

土地使用年期的公式为：

$$K=\frac{1-\frac{1}{(1+r)^m}}{1-\frac{1}{(1+r)^n}}$$

式中：$K$——年限修正系数；

$r$——还原利率；

$m$——被评估对象的剩余使用年期；

$n$——可比实例的剩余使用年期。

### (四)确定不动产价值

经过上述因素修正，就可得到在评估基准日的被评估不动产的若干个价格，通过计算公式求取的若干个价格可能不完全一致，采取统计方法(简单算术平均、加权平均等)求取最终不动产价值。

评估实践中，在进行因素修正时，单项修正幅度一般不超过 20%，综合修正幅度一般不超过 30%；修正后的交易实例价格最高价与最低价不应大于 1.2。

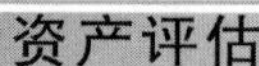

# 第三节　不动产评估的收益法

## 一、收益法的基本思路及基本公式

### （一）基本思路

收益法在国外被广泛运用于收益性不动产价值的评估，在我国也是最常用的方法之一。预期收益原理是收益法的基础。具体地说，不动产的价值通常不是基于其历史价格、生产它所投入的成本或过去的市场状况，而是基于市场参与者对其未来所能获取的收益或得到的满足、乐趣等的预期。

### （二）基本公式

运用收益法评估不动产价值，首先要确定纯收益（总收益减总费用），然后确定资本化率，最后选用适当的计算公式求取被评估不动产的价值。

收益为有限年期的不动产价值计算公式为

$$P=\frac{A}{r}\left[1-\frac{1}{(1+r)^{n}}\right]$$

式中：$A$——年纯收益；

$r$——资本化率。

这是一个在估价实务中经常运用的公式。其成立条件是：①纯收益每年不变；②资本化率固定且大于零；③收益年期有限为 $n$。

## 二、收益法适用范围及前提条件

收益法适用于经营性且有稳定收益的不动产价值评估，如商场、写字楼、旅馆、公寓等收益性不动产。而对于政府机关办公楼、学校、公园、图书馆等非经营性不动产价值评估，收益法不适用。

运用收益法进行不动产价值评估，需要满足下列前提条件：

（1）不动产的未来收益是可以预测并能够用货币衡量；

（2）在收益期内，不动产未来获得预期收益所承担的风险可以预测并可用货币衡量；

（3）不动产的预期收益期限可以预测。

## 三、收益法的计算公式

### (一)评估房地合一的不动产价格

其公式为

$$不动产价格=\frac{不动产纯收益}{综合资本化率}$$

不动产纯收益=不动产总收益−不动产总费用不动产总费用=管理费+维修费+保险费+税金

### (二)单独评估土地的价格

#### 1. 由土地收益评估土地价格

$$土地价格=\frac{土地纯收益}{土地资本化率}$$

土地纯收益=土地总收益−土地总费用

土地总费用=管理费+维护费+税金

#### 2. 由不动产收益评估土地价格

(1)土地价格=不动产价值−建筑物现值

$$不动产资本化率=\frac{不动产纯收益}{不动产资本化率}$$

建筑物现值=建筑物重置价−年贬值额×已使用年限

$$年贬值额=\frac{建筑物重置价-残值}{耐用年限}$$

(2)$土地价格=\frac{不动产纯收益-建筑物纯收益}{土地资本化率}$

建筑物纯收益=建筑物现值×建筑物资本化率

### (三)单独评估建筑物价格

(1)建筑物价格=不动产价值−土地价值

(2)$建筑物价格=\frac{不动产纯收益-土地纯收益}{建筑物资本化率}$

## 四、纯收益的确定

#### 1. 纯收益的含义

纯收益是指归属于不动产的除去各种费用后的收益，一般以年为单位。现实中有

实际纯收益和客观纯收益之分，如图 6-7 所示。

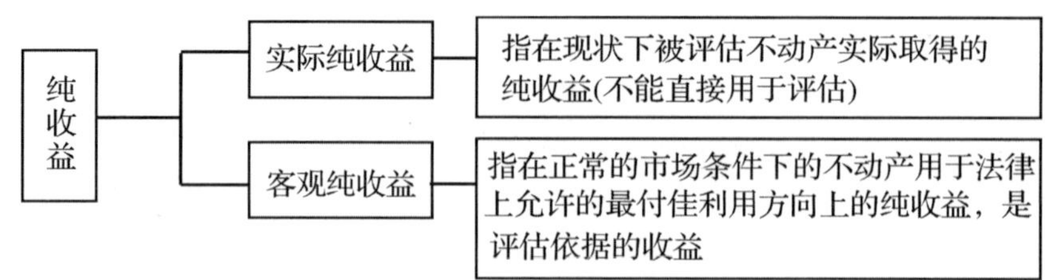


**图 6-7　纯收益的含义**

纯收益＝总收益－总费用

**2. 客观总收益**

客观总收益是指以收益为目的的不动产和与之有关的各种设施、劳动力及经营管理者要素相结合所产生的收益。客观总收益必须是不动产处于最佳利用方向和最佳利用程度下的总收益。

在确定收益时，注意以下几点：一是需要以类似不动产的收益作比较；二是需要对不动产市场趋势作准确的判断和预测；三是必须充分考虑收益的风险性及可实现性。

采用收益法评估不动产价值时，如果该不动产有租约，则在租约期内的收益宜采用租约所确定的租金；租约期之外的收益，宜采用正常客观的租金确定，并在评估报告中恰当地披露租约情况。

**3. 客观总费用**

客观总费用是指取得客观收益所必需的各项支出，总费用必须是客观总费用。客观总费用是指取得该收益所必须发生的各项支出，如维修费、管理费等。总费用所包含的内容，因被评估不动产的状态不同而有所不同。

## 五、收益期限的确定

不动产收益期限应根据具体的评估对象的寿命及评估时采用的假设条件等因素来确定。

如果评估对象是单独的土地和单纯的建筑物，应分别根据土地使用权年限和建筑物的经济寿命，扣减房地产开发建设及装修等期限，来确定未来可获得收益的期限。

如果评估对象是房地合一状态，如果建筑物的经济寿命长于土地使用权年限或与之相同，则依据土地使用权年限来确定未来的收益期限；如果建筑物的经济寿命短于土地使用权年限，则先根据建筑物的经济寿命，扣减房地产开发建设及装修等期限，确定未来收益期限，之后再加上土地使用权年限超出建筑物经济寿命的土地剩余使用年限价值的折现值。

## 六、资本化率的确定

资本化率又称还原利率，它是决定评估值高低的非常敏感的因素。

### （一）资本化率的种类

**1. 综合资本化率**

这是将土地和附着于其上的建筑物看作一个整体评估所采用的资本化率。此时评估的是不动产整体的价值，采用的纯收益也是房地合一的纯收益。

**2. 建筑物资本化率**

用于评估建筑物的自身价值。这时采用的纯收益是建筑物自身所产生的纯收益，把不动产整体收益中的土地纯收益排除在外。

**3. 土地资本化率**

用于求取土地自身的价值。这时采用的纯收益是土地自身的纯收益，把不动产整体收益中的建筑物纯收益排除在外。

综合资本化率、建筑物资本化率和土地资本化率的关系可用公式表示如下：

$$r=\frac{r_1L+r_2B}{L+B}$$

或

$$=r_1x+r_2y$$

$$r_1=\frac{r(L+B)-r_2B}{L}$$

式中：$r$——综合资本化率；

$r_1$——土地资本化率；

$r_2$——建筑物资本化率；

$x$——土地价格占不动产价格的比例；

$y$——建筑物价格占不动产价格的比例；

$L$——土地价格；

$B$——建筑物价格。

### （二）资本化率的求法

**1. 纯收益与售价比率法**

评估人员搜集市场上已经成交的与被估不动产相同或相近似的不动产的纯收益、价格等资料，推算出它们各自的资本化率。这种方法运用的是不动产商品的替代性，它要求不动产市场发育比较充分，交易案例比较多。

**2. 安全利率加上风险调整值法**

首先选择市场上无风险的资本投资的收益率作为安全利率，通常选择银行中长期利率作为安全利率，然后根据影响被评估不动产的社会经济环境，估计投资风险程度，确定一个调整值，把它与安全利率相加或在安全利率上加风险调整值。这种方法简单易行，对市场要求不高，应用广泛，但风险调整值的确定主观性强，不容易准确把握。

**3. 各种投资收益率排序插入法**

评估人员搜集市场上各种投资的收益率资料，然后把各项投资按收益率的大小排队。评估人员估计被评估不动产投资风险在哪个范围内，并将它插入其中，然后确定资本化率的大小。

## 第四节　不动产评估的成本法

### 一、成本法评估不动产的基本思路

成本法是以开发不动产所耗费的各项费用之和为基础，加上一定的开发商利润和应缴纳的税金来确定不动产价格的一种估价方法。

### 二、成本法的适用范围

成本法一般适用于不动产市场发育不成熟、成交实例不多以及无需计算损耗的新建不动产，或者无法利用市场法、收益法等方法进行评估的情况。对于既无收益又很少有交易情况的政府办公楼、学校、医院、图书馆、军队营房、机场、博物馆、纪念馆、公园、新开发地等特殊性的不动产评估比较适用。

### 三、成本法在土地使用权评估中的计算公式及操作步骤

#### （一）计算公式

土地使用权价格＝土地取得费用＋土地开发费用＋利息＋利润＋税费＋土地增值收益

#### （二）操作步骤

用成本法评估土地使用权的操作步骤如下。

第一步，计算土地取得费用。包括①国家征用集体土地而支付给农村集体经济组

织的费用，包括土地补偿费、安置补助费、地上附着物和青苗补偿费等。②为取得已利用城市土地而向原土地使用者支付的拆迁补偿费用，这是对原城市土地使用者的补偿。

第二步，计算土地开发费用。包括①基础设施配套费；②公共事业建设配套费用；③小区开发配套费。

第三步，计算投资利息。在用成本法评估土地价格时，投资包括土地取得费用和土地开发费用。计算利息时要考虑利息的计算基数及计息期等问题。

第四步，计算投资利润和税费。利润计算的关键是确定利润率或投资回报率，利润率计算的基数可以是土地取得费和土地开发费之和，也可以是开发后的地价。税费是指土地取得和开发过程中所必须支付的各项税费。

第五步，确定土地增值收益。土地增值收益是指由于土地用途改变或土地性能变化所产生的。土地增值收益一般以土地的取得费、土地开发费、利息、利润之和为基数，乘以土地增值收益率(通常 10%～25%)即可得到。

## 四、成本法在新建不动产评估中的计算公式及操作步骤

### (一)计算公式

对于新建不动产项目，如果估价日期为不动产开发建成日，在正常情况下无须考虑不动产的有形损耗、功能性贬值和经济性贬值，可直接用不动产重置成本计算其评估值。其公式为

不动产价值＝土地取得费用＋开发费用＋管理费用＋销售费用＋投资利息＋销售税费＋利润

### (二)操作步骤

使用成本法评估新建不动产的操作步骤如下。

第一步，测算土地取得费用。根据取得土地的不同途径，分别测算取得土地的费用，包括有关土地取得的手续费及税金。

第二步，确定开发成本。包括：

(1)勘察设计和前期工程费。包括临时用地、水、电、路、场地平整费；工程勘察测量及工程设计费；城市规划设计、咨询、可行性研究费、建设工程许可证执照费等。

(2)基础设施建设费。包括由开发商承担的红线内外的自来水、雨水、污水、煤气、热力、供电、电信、道路、绿化、环境、卫生、照明等建设费用。

(3)房屋建筑安装工程费。其可假设为开发商取得土地后将建筑工程全部委托给建筑商施工，开发商应当付给建筑商的全部费用。包括建筑安装工程费、招投标费、预算审查费、质量监督费、竣工图费等。

(4)公共配套设施建设费。包括由开发商支付的非经营性用房如居委会、派出所、

托幼所、自行车棚、信报箱、公厕等；附属工程如锅炉房、热交换站、变电所、开闭所、煤气调压站的费用和电贴费等；文教卫生如中小学、文化站、门诊部、卫生所用房的建设费用。而商业网点如粮店、副食店、菜店、小百货店等经营性建设费用应由经营者负担，按规定不计入商品房价格。

(5)开发过程中的税费及其他间接费用。包括工程招标管理费、城市道路占用费、建筑工程规划许可证费等。

第三步，计算管理费用。管理费用主要是指开办费和开发过程中管理人员的工资等。可按土地取得成本与建筑物开发成本之和的一定比例计算。

第四步，计算销售费用。销售费用指销售房地产所发生的广告宣传费用、人员工资、委托销售代理费等。一般按房地产市场价值的一定比例计算。

第五步，计算投资利息。利息是指房地产开发完成或实现销售之前所有必要支出产生的利息。利息以土地取得费用、开发成本、管理费用和销售费用之和为基数计算。

第六步，计算销售税费。包括：

(1)销售费用。包括销售广告宣传费、委托销售代理费等。

(2)销售税金及附加(两税一费)。包括增值税、城市维护建设税、教育费附加。

(3)其他销售税费。包括由卖方负担的印花税、交易手续费、土地增值税等。

第七步，计算投资利润。以土地取得费用、开发成本、管理费用和销售费用之和为基数计算。利润率应根据类似房地产开发项目的平均投资利润率来计算。

## 五、成本法在旧建筑物评估中的计算公式及操作步骤

### (一)计算公式

与新建建筑物不同，旧建筑物评估首先需估算在评估基准日重新购建与被评估建筑功能相同的、处于全新状态下的建筑物的全部合理成本，即重置成本，然后估算旧建筑物的损耗。其公式为

建筑物价格＝建筑物重置成本－实体性贬值－功能性贬值－经济性贬值

或　建筑物价格＝单位面积重置成本×建筑面积×成新率＝重置成本×成新率

### (二)操作步骤

第一步，估算重置成本。

重置成本＝建安综合造价＋前期费用及其他费用＋利息＋利润

(1)建安综合造价包括土建工程造价和安装工程造价。

(2)前期费用及其他费用主要包括前期费用和期间费用。

(3)利息。根据建设项目的合理建设工期，以建安综合造价和前期费用及其他费用之和为基数确定。

(4)利润。一般情况下，自用的生产型建(构)筑物不计算利润，而房地产开发和商

业经营型房地产则应当计算其合理利润。

第二步，确定成新率。成新率与贬值是对应的概念，从理论上讲，1－贬值率＝成新率。因此，求取贬值率与求取成新率是一个问题。贬值是指建筑物的价值减损。这里所指的贬值与会计上的折旧的内涵是不一样的。建筑物的价值减损，一般由两方面因素引起：一是物理因素，即因建筑物使用而使建筑物磨损、建筑物自然老化、自然灾害引起的建筑物结构缺损和功能减弱，所有这些因素均导致建筑物价值减损，这种减损又被称为自然折旧或有形损耗；二是社会经济技术因素，即由于技术革新、建筑工艺改进或人们观念的变化，引起建筑物价值降低，这种减损称为无形损耗。所以从建筑物重置成本扣除建筑物的损耗，即为建筑物的现值，因此确定建筑物贬值额就成为不动产评估中关键一环。

建筑物的成新率可以根据建筑物的建成年代、新旧程度、功能损耗等指标确定。可以采用年限法、打分法确定成新率，再通过加权平均确定综合成新率。

年限法确定成新率。评估实务中，一般对于单价价值较小、结构简单的建(构)筑物，采用年限法确定成新率。

成新率＝尚可使用年限÷(尚可使用年限＋已使用年限)×100％

已使用年限：根据建(构)筑物建造年、月、日，计算得出已使用年限。

尚可使用年限：根据有关部门关于建(构)筑物耐用年限标准，确定尚可使用年限。

**1. 打分法确定成新率**

成新率＝(结构打分×评分修正系数＋装修打分×评分修正系数＋设备打分×评分修正系数)÷100×100％

评估人员依据住建部有关鉴定房屋新旧程度的参考依据、评分标准，根据现场勘察技术测定，结合项目工程资料并现场勘察结构部分、装修部分、设备部分，根据现场勘察状况来确定各部分的分值，并赋予权重，最终确定建筑物的成新率。

**2. 综合成新率的确定**

采用加权平均法来确定综合成新率。结合年限法确定的成新率和打分法确定的成新率来综合确定。

综合成新率＝(年限法成新率×权数＋打分法成新率×权数)÷总权数一般情况下，年限法权数取0.4，打分法权数取0.6。

# 第五节　不动产评估的其他方法

## 一、剩余法

### (一)剩余法的基本思路

剩余法，又称为假设开发法(residual method)、预期开发法、倒算法，是将被评估地产的预期开发价值扣除正常投入费用、正常税金及合理利润后，依据该剩余值测算被评估房地产价格的方法。剩余法在评估待开发土地价值时运用得较为广泛。其理论依据与收益法相同，是预期收益的原理。

剩余法的基本思路是：开发商欲投资开发一宗土地，由于存在竞争，其投资目的是希望获取社会正常利润。假设开发法是不动产评估实践中一种科学而实用的评估方法，从该方法的名称就可以看出，利用该方法评估的对象是没有开发的、预期需要开发的不动产。

### (二)剩余法的适用范围

剩余法评估不动产具有一定的适用范围。剩余法主要适用于下列不动产的评估：

(1)待开发土地的估价。用开发完成后的不动产价值减去建造费、专业费等。

(2)将土地开发成熟地的土地估价。用开发完成后的熟地价减去土地开发费用，就得到生地地价。

(3)待拆迁改造的再开发不动产的估价。这时的建筑费还应包括拆迁费用。

### (三)前提条件

运用剩余法评估不动产价格，必须遵循以下前提条件：

(1)不动产开发必须有明确的规划，并且规划得到相关部门的批准且在有效期内。

(2)假设不动产的利用方式为最佳开发利用方式，包括用途、使用强度、建筑设计等。

(3)成本和售价的预测必须符合实际状况。

剩余法的准确程度取决于最佳开发利用方式的选择和未来不动产的售价及成本的可靠预测。

### (四)剩余法的计算公式

1. 剩余法的基本公式是

$$V=A-(B+C+D+E)$$

式中：$V$——购置土地的价格；

$A$——开发完成后的不动产价值；

$B$——整个开发项目的开发成本；

$C$——投资利息；

$D$——开发商合理利润；

$E$——正常税费。

2. 实际估价工作中，常用的一个具体计算公式为

土地价格＝房屋的预期售价－开发建设成本－利息－利润－税费

3. 目前，现实估价中剩余法的一个较具体的计算公式为

土地价格＝房屋的预期售价－建筑费－专业费用－销售费用－利息－税费－利润

### （五）操作步骤

第一步，调查被评估不动产的基本情况。

第二步，确定被评估不动产最佳的开发利用方式。

第三步，预测被评估不动产售价或开发完成后的收益。

第四步，估算投资额、利润及各项成本费用。

第五步，估算被评估不动产价格。

## 二、路线价估价法

### （一）路线价估价法的含义及理论依据

#### 1. 路线价估价法的含义

本方法是根据土地价值高低随距街道距离增大而递减的原理，在特定街道上设定单价，并依此单价配合深度百分率表及其他修正率表，用数学方法来计算面临同一街道的其他宗地地价的一种估价方法。路线价估价法主要用于城镇临街商业用地估价。如果要快速且相对科学准确、客观公平地评估出某个城镇的全部街道或某几条街道或某一条街道所有临街土地的价值或价格，可以采用路线价估价法。

所谓路线价，是指对面临特定街道而接近距离相等的市街土地，设定标准深度，求取在该标准深度上若干宗地的平均单价。

#### 2. 路线价估价法的理论依据

路线价估价法认为，市区内各宗土地的价值与其临街深度大小关系很大，土地价值随临街深度而递减，一宗土地越接近道路部分价值越高，离开街道愈远价值愈低。临接同一街道的宗地根据其地价的相似性，可划分为不同的地价区段。在同一路线价区段内的宗地，虽然地价基本接近，但由于宗地的深度、宽度、形状、面积、位置等仍有差异，地价也会出现差异，所以需制订各种修正率，对路线价进行调整。因此路

线价的理论基础也是替代原理。路线价是标准宗地的单位地价，可看作比较实例，对路线价进行的各种修正可视为因素修正。

### （二）路线价估价法的适用范围

路线价估价法适用于同时对大量宗地进行估价，运用路线价法估价可以迅速、公平合理地得出结论，可以节省人力、物力，但评估的土地价格粗糙。特别适用于土地课税、土地重划、征地拆迁等需要在大范围内对大量土地进行估价的场合。

### （三）路线价估价法的基本计算公式

路线价估价法的计算公式有不同的表现形式，下面是常用的一种表达方式：

宗地地价＝路线价×深度百分率×临街宽度

如果宗地条件特殊，如宗地属街角地、两面临街地、三角形地、梯形地、不规则形地、袋地等，则需依下列公式计算：

宗地地价＝路线价×深度百分率×临街宽度×其他条件修正率或＝路线价×深度百分率×临街宽度±其他条件修正额

### （四）路线价估价法的操作程序

第一步，划分路线价区段。地价相等、地段相连的地段一般划分为同一路线价区段，路线价区段为带状地段。

第二步，确定标准宗地。标准宗地，是指从城市一定区域中沿主要街道的宗地中选定的深度、宽度和形状标准的宗地。

第三步，评估路线价。路线价的决定，主要采取两种方法：第一种是由熟练的估价人员依买卖实例用市场法等基本估价方法确定；第二种是采用评分方式，将形成土地价格的各种因素分成几项加以评分，然后合计，换算成附设于路线价上的点数。

第四步，制作深度百分率表。深度百分率又称深度指数，是地价随临街深度长短变化的比率。深度百分率表又称深度指数表，深度百分率表的制作是路线价估价法的难点和关键所在。

第五步，计算宗地价值。

### （五）典型临街深度价格法则介绍

欧美国家很早就将路线价估价法应用于课税上，下面主要介绍欧美国家几种著名的路线价法则。

#### 1. 四三二一法则

将标准深度 100ft(30.48 米)的普通临街地，与街道平行区分为四等分。即由街面算起，第一个 25ft(7.62m)占路线价的 40%，第二个 25ft 占路线价的 30%，第三个 25ft 占路线价的 20%，第四个 25ft 占路线价的 10%。

**2. 苏慕斯法则**

该法则由苏慕斯根据多年的经验创立。苏慕斯经过调查证明，100ft(30.48m)深的土地价值，前半临街 50ft (15.24m)部分占全宗地总价 72.5%，后半临街 50ft 部分占 27.5%，若再深 50 英则该宗地所增的价值仅为 15%。

**3. 霍夫曼法则**

霍夫曼法则是最先被承认对于各种深度的宗地评估的法则。该法则认为：深度 100ft(30.48m)的宗地，在最初 50ft 的价值应占全宗地价值的 2/3。在此基础上，则深度 100ft 的宗地，最初的 25ft 等于 37.5%，最初的一半，即 50ft 等于 67%，75ft (22.86m)等于 87.7%，全体的 100ft 等于 100%。

## 思　考　题

1. 地价的特征有哪些？
2. 影响不动产价值的区位因素包括哪些内容？
3. 不动产投资的风险性表现在哪些方面？
4. 不动产评估原则有哪些？
5. 在哪些情况下不适合运用市场法评估不动产价值？
6. 不动产的资本化率有哪几种？它们之间的关系如何？
7. 简述剩余法的评估思路及适用范围。

# 第七章　长期投资性资产评估

1. 了解长期投资性资产的概念、特点；
2. 掌握债券、股票和股权投资的评估方法；
3. 了解其他长期资产的评估处理。

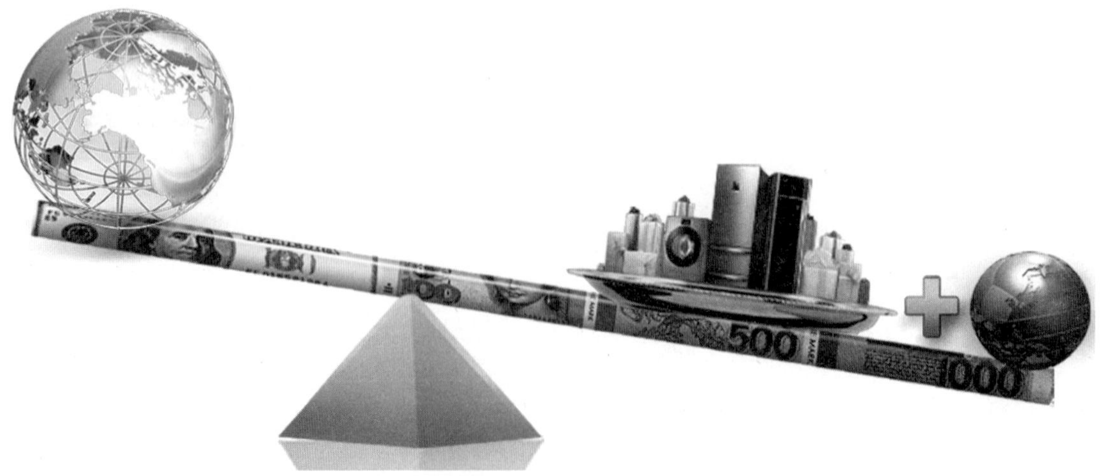

# 第一节　长期投资性资产评估概述

## 一、长期投资性资产的概念及分类

### （一）长期投资性资产的概念

投资是指经济主体为获取预期收益而投入经济要素，以形成资产的经济活动。投资有广义与狭义之分，广义的投资是指企业投入财力、物力以期获得投资报酬的活动和行为，包括向本企业内和企业外的投资活动。狭义的投资仅指企业的对外投资活动或行为，即企业将资产让渡给其他单位，以期获得股利、利息等形式的收益或谋求控制权等其他经济利益。

在资产评估中，长期投资性资产是指狭义的长期投资，即不准备随时变现、持有时间超过 1 年以上的投资性资产。

### （二）长期投资性资产的分类

长期投资性资产按不同的标准可做不同的分类：

**1. 按投资方式分类**

（1）货币资产的长期投资，是指用货币资金通过证券市场购买股票、债券或直接出资购买其他企业股权等。

（2）实物资产的长期投资，是指用实物资产方式，包括厂房、机器设备、存货等作为资本投入或参与其他企业运营，或组成联营企业。

（3）无形资产的长期投资，是指以自身拥有的无形资产，如专利、专有技术、商标等作为资本投入其他企业，或组成联营企业的投资行为。

**2. 按投资性质分类**

（1）权益性投资，是指为取得被投资单位的股份进行的长期投资。在这种投资方式下，被投资企业将其所有者权益按股份份额形式转让给投资方，投资方可依法享有与产权有关的货币收益，并按其拥有的股份份额对被投资企业的经营管理享有参与乃至控制权，但其投资收益是不固定的，需根据被投资企业的经营效益而定。股权投资有两种形式：一是直接投资，是指企业以货币、实物资产或无形资产等资产形式直接投入被投资企业，由被投资企业出具出资证明；二是间接投资，是指企业通过证券市场购买其他企业的股票，以达到出资于其他企业的目的。

（2）债权性投资，是指为获取债权而进行的长期投资，即通过债券市场购买公司债

券、国库券等各种中长期债券而进行的投资。债券是表明债权债务关系的一种有价证券，债券持有人与债券发行人之间是债权债务关系，债券发行人有向债券持有人按期支付利息、到期还本的义务。

(3)混合性投资，是指兼有权益和债权双重性质的投资，往往表现为混合性证券投资，如购买优先股股票、购买可转换公司债券等。

## 二、长期投资性资产评估的特点

长期投资性资产是以对其他企业享有的权益而存在的，因此，长期投资性资产评估主要是对长期投资性资产所代表的权益进行评估。其主要特点如下。

### (一)长期投资性资产评估是对被投资企业资本的评估

长期投资性资产中的长期股权投资是投资者在被投资企业所享有的权益，虽然投资者的出资形式有货币资金、实物资产和无形资产等，但是，一旦该项资产被转移到被投资企业，即被作为资本的象征。因此，对长期股权投资的评估实质上是对被投资单位资本的评估。

### (二)长期投资性资产评估是对被投资企业获利能力的评估

一项长期投资性资产价值的高低取决于该项投资所能带来的预期收益。显然，长期投资性资产所能带来的收益取决于被投资企业的经营状况和财务状况，而不取决于投资企业。对股权性的长期投资资产评估，主要考虑被投资企业是否有较强的获利能力，是否使投资者获得较高的股息收入和资本利得。因此，被投资企业的获利能力就成为长期投资性资产评估的决定因素。

### (三)长期投资性资产评估是对被投资企业偿债能力的评估

债权性的长期投资资产的价值评估，主要考虑能否到期收回本息，这取决于被投资企业的偿债能力。因此，被投资企业偿债能力就成为债权性长期投资性资产评估的决定因素。

## 三、长期投资性资产评估程序

对长期投资性资产的评估一般按以下程序进行：

### (一)明确长期投资性资产的具体内容

首先，在进行长期投资性资产的评估时，应明确长期投资性资产的种类、原始投资额、评估基准日余额、投资收益计算方法、历史收益额、长期股权投资占被投资企业实收资本的比例以及相关会计核算方法等。

（二）进行必要的职业判断

在进行长期投资性资产评估时，应判断长期投资性资产预计可收回金额计算的正确性和合理性，判断被评估的长期投资性资产余额在资产负债表上列示的准确性。而这些金额合理性的判断需要评估人员具有必要的职业判断能力。

（三）根据长期投资性资产的特点选择合适的评估方法

可以在证券市场上市交易的股票和债券一般采用市场法（现行市价）进行评估，按评估基准日的收盘价确定评估值；非上市交易及不能采用市场法（现行市价）评估的股票和债券一般采用收益法，评估人员应根据综合因素选择适宜的折现率，确定评估值。

（四）测算长期投资性资产价值，得出评估结论

根据长期投资性资产不同的种类，选择相应的评估方法，测算长期投资性资产的价值，得出相应的评估结论。

## 第二节　债券的评估

### 一、债券及其特点

（一）债券的定义和分类

债券是政府、企业、银行等债务人为了筹集资金，按照法定程序发行的并向债权人承诺于指定日期还本付息的有价证券。按发行主体的不同，可分为政府债券、金融债券和公司债券；按偿还期限分类，可分为短期债券、中期债券和长期债券；按利率确定方式分类，可分为固定利率债券和浮动利率债券；按是否上市流通，可分为上市债券和非上市债券；按债券形态分类，可分为实物债券、凭证式债券和记账式债券。

（二）债券的特点

债券投资与股权投资相比较，具有如下特点。

**1. 安全性较高**

相对于股权投资而言，债券投资风险相对较小，因为国家对债券发行有严格的规定，发行债券必须满足国家规定的基本要求。比如，政府发行国库券由国家担保；银行发行债券要以其信誉及一定的资产作为后盾；企业发行债券也有严格的限定条件，通常以其实力及发展潜力作为保证。当然，债券投资也具有一定的风险，一旦债券发行主体出现财务困难，债券投资者有损失的可能。但是，相对于股权投资，债券投资

具有较高的安全性，即使债券发行企业破产，在破产清算时，债券持有者也有优先受偿权。

**2. 收益相对稳定**

债券收益主要受两大因素制约：一是债券面值；二是债券票面利率。同时，这两大因素都是事前约定，债券利率通常是比较稳定的，在正常情况下要高于同期存款利率。债券按期还本付息，只要债券发行主体不发生较大变故，债券的收益是相当稳定的。

**3. 具有较强的流动性**

如果购买的债券是可以上市交易的债券，其变现能力较强，投资企业可以随时在证券市场上交易变现。

## 二、债券的评估

债券作为一种有价证券，从理论上讲，它的市场价格是收益现值的市场反映。当债券可以在市场上自由买卖、变现时，债券的现行市价就是债券的评估值。但是，如果企业购买的是不能在证券市场自由交易的债券，其价值就需要通过一定的方法进行评估。

### （一）上市交易债券的评估

上市交易的债券是指可以在证券市场上交易、自由买卖的债券，对此类债券一般采用市场法(现行市价)进行评估，按照评估基准日的收盘价确定评估值。运用市场法评估债券的价值时，要求被估债券是具有较高流动性的可流通债券，并且该债券不存在有意操纵市场的力量以及垄断和过度投机行为。一般情况下，债券交易价格的高低，取决于公众对该债券的评价、市场利率以及人们对通货膨胀的预期等。在一个有效的市场中，债券的市场价格基本反映债券的内在价值，因此可用现行市价作为该债券的评估值。通常债券的规模越大，持有者越分散，市场价格作为评估价值的准确度越高。如果在特殊情况下，某种可上市交易的债券市场价格严重扭曲、不能代表实际价格时，就应该采用其他的评估方法进行评估。

债券的价格是预期未来产生的现金流量的现值，而现值的大小在很大程度上受折现率的影响。如果债券发行后市场利率(即折现率)不断变化，那么其在二级市场中价格也会相应发生变化。通常情况下，债券的价格和市场利率是反方向变动的，即当市场利率下降时，债券的价格上升；当市场利率上升时，债券的价格下降。

此外，债券的价格变动程度与到期日有关。离债券到期日越远，其价格的变动越大；实行固定票面利率的债券价格与市场利率及通货膨胀率呈反方向变动，但实行保值贴补的债券例外。

运用市场法评估债券，债券价值的计算公式为

债券评估价值＝债券数量×评估基准日债券的市价（收盘价）

需要特别说明的是：采用市场法进行评估债券的价值，应在评估报告书中说明所用评估方法和结论与评估基准日的关系，并说明该评估结果应随市场价格变化而适当调整。

【例 7-1】 某评估公司受托对某企业持有的长期债券进行评估。经调查，该长期债券共 1 000 张、面值 100 元/张，年利率 10%，期限 3 年，已上市交易。在评估前，该债券账面余额为 11 万元，未计提减值准备。根据市场调查，该债券评估基准日的收盘价为 120 元/张。据评估人员分析，该价格比较合理，其评估值为

$$1000\times120=120\ 000(元)$$

### （二）非上市交易债券的评估

对于非上市交易债券，不能直接采用市价进行评估’一般采用收益现值法评估，即根据债券未来带来的现金流量的现值确定其评估值。债券的未来现金流量是可预知的，包括债券持有者定期获得的利息收入和债券到期日一次性收回的债券面值。利息收入一般是定期发生且保持不变的；在债券到期日，债券持有人获得当期利息和债券面值。一般而言，评估基准日前已发生的现金流量与债券的价值无关，估算债券价值时不予考虑。

具体运用收益现值法估算债券价值时，评估人员可根据情况，灵活掌握。例如，对距评估基准日 1 年内到期的债券，可以根据本金加上持有期间的利息确定评估值；超过 1 年到期的债券，可以根据本利和的现值确定评估值。但对于不能按期收回本金和利息的债券，评估人员应在调查取证的基础上，通过分析预测，合理确定评估值。

根据债券付息方法，债券又可分为到期一次还本付息债券和分次付息、一次还本债券两种。评估时应采用不同的方法计算。

#### 1. 到期一次还本付息债券的价值评估

对于一次还本付息的债券，其评估价值的计算公式为

$$P=F/(1+r)^n$$

式中：$P$——债券的评估值；

$F$——债券到期时的本利和；

$r$——折现率；

$n$——评估基准日到债券到期日的间隔（以年或月为单位）。

本利和 $F$ 的计算还可区分单利和复利两种计算方式。

（1）债券本利和采用单利计算

在采用单利计算时：

$$F=A(1+m\times r)$$

（2）债券本利和采用复利计算在采用复利计算时：

$$F=A\ (1+r)^m$$

式中：$A$——债券面值；

$m$——计息期限；

$r$——债券利息率。

债券利息率、计息期限、债券本金在债券上均有明确记载，而折现率是评估人员根据评估时的实际情况分析确定的。折现率包括无风险报酬率和风险报酬率，无风险报酬率通常以银行储蓄利率、国库券利率或国家公债利率为准；风险报酬率的大小则取决于债券发行主体的具体情况。国库券、金融债券等有良好的担保条件，其风险报酬率一般较低；企业债券如果发行企业经营业绩较好，有足够的还本付息能力，则风险报酬率较低；否则，应以较高风险报酬率调整。

**2. 分次付息，到期一次还本债券的评估**

前已述及，分次付息，到期一次还本债券的价值评估宜采用收益法，其计算公式为

$$P=\sum_{i=1}^{n}[R_i(1+r)^{-i}]+A(1+r)^{-n}$$

式中：$P$——债券的评估值；

$R_i$——第 i 年的预期利息收益；

$r$——折现率；

$A$——债券面值；

$i$——评估基准日距收取利息日期限；

$n$——评估基准日距到期还本日期限。

## 第三节　长期股权投资的评估

### 一、股票投资的评估

#### （一）股票的特点及价格种类

**1. 股票的特点**

股票是股份公司为筹措自有资本而发行的有价证券，是用于证明投资者的股东身份和权益，并据以获得股息和红利的凭证。股票投资是指企业通过购买等方式取得被投资企业的股票而实现的投资行为。股票持有人即为股东。公司股东作为出资人按投入公司的资本比例享有取得资产收益、参与公司重大决策和选择管理者的权利，并以其所持股份为限对公司承担责任。股票按不同的分类标准可分为记名股票和不记名股票；有面值股票和无面值股票；普通股股票、优先股股票；公开上市股票和非上市股票等。

与债券投资相比，股票投资一般具有以下特点。

(1)股票投资是权益性投资。

股票投资属于权益性投资，股票是代表所有权的凭证，购买了股票就成为公司的股东，可以参与公司的经营决策，有选举权和表决权。

(2)股票的投资风险大。

投资者购买股票之后，不能要求股份公司偿还本金，只能在证券市场上转让。股票投资的收益取决于股票发行公司的经营状况和股票市场的行情。如果公司经营状况好，盈利能力强，则股票价格就会上涨，投资者的收益就会较大；反之，股票价格可能会下跌，投资者就会遭受较大的损失。此外，如果公司破产，股东的求偿权位于债权人之后，股东可能部分甚至全部不能收回投资。

(3)股票投资的收益不稳定。

股票投资的收益主要是公司发放的股利和股票转让的价差收益，受制于公司的股利政策和股票市场的行情等因素，其稳定性较差。但是，一般而言，股票投资的收益要比债券投资的收益大。

(4)股票的价格波动性大。

股票市场价格受多种因素影响，波动性极大，历史上估价暴涨暴跌的例子屡见不鲜，股票市场具有较大的投机性。

(5)股票的流通性

股票的流通性是指股票可随时在市场上买卖的特性，它是由股票自身的性质所决定的。

**2. 股票的价格种类**

股票的价格包括票面价格、发行价格、账面价格、清算价格、内在价格和市场价格。股票的价值评估通常与股票的票面价格、发行价格和账面价格的联系并不紧密，而与股票的内在价格、清算价格和市场价格有着较为密切的联系。

股票票面价格，是股份公司发行股票时在票面载明的金额。对于无票面价格的股票，它的面值以每股占公司所有权的一定比例来表示。

股票发行价格，是指股份公司在发行股票时的出售价格，股票可以按面值发行，也可折价或溢价发行。

股票账面价格，是指股份公司所有者权益的账面价值除以发行在外的股份数。

股票的清算价格，是公司清算时公司的净资产与公司股票总数的比值。如果因经营不善或者其他原因被清算时，该公司的股票价值就相当于公司股票的清算价格。

股票的内在价值，是一种理论价值或模拟市场价值。它是根据评估人员对股票未来收益的预测，经过折现后得到的股票价值。股票的内在价值主要取决于公司的财务状况、管理水平、技术开发能力、公司发展潜力，以及公司面临的各种风险。

股票的市场价格是证券市场上买卖股票的价格。在证券市场比较完善的条件下，股票的市场价格基本上是市场对公司股票内在价值的一种客观评价，在某种程度上可以将市场价格直接作为股票的评估价值；反之，股票的市场价格就不能完全代表其内在价值因此，在具体进行股票价值评估时，也就不能不加分析地将其市场价格作为股

票的评估值。对于股票的价值评估，一般分为上市交易股票和非上市交易股票两类进行。

### （二）上市交易股票的价值评估

上市交易股票是指企业公开发行的、可以在证券市场上市交易的股票。对上市交易股票的价值评估，正常情况下，可以采用现行市价法，即按照评估基准日的收盘价确定被评估股票的价值。所谓正常情况是指股票市场发育正常，股票自由交易，不存在非法炒作的现象。此时，股票的市场价格可以代表评估时点被评估股票的价值；否则，股票的市场价格就不能完全作为评估的依据，而应以股票的内在价值作为评估股票价值的依据。通过对股票发行企业的经营业绩、财务状况及获利能力等因素的分析，综合判断股票内在价值。除此之外，以控股为目的而长期持有上市公司的股票，其评估时一般可采用收益法进行评估其内在价值。

依据股票市场价格进行评估的结果，应在评估报告中说明所用的方法，并说明该评估结果应随市场价格变化而予以适当调整。

### （三）非上市交易股票的价值评估

非上市交易的股票，一般应采用收益法评估，即综合分析股票发行企业的经营状况及风险、历史利润水平和分红情况、行业收益等因素，合理预测股票投资的未来收益，并选择合理的折现率确定评估值。

股票投资的预期收益通常包括两种现金流：持有股票期间的股利和持有股票期末的预期股票价格。由于持有股票期末的预期价格是由股票未来股利决定的，所以股票当前价值应等于无限期股利的现值。

非上市交易股票按普通股和优先股的不同而采用不同的评估方法。

#### 1. 普通股的价值评估

普通股没有同定的股利，其收益大小完全取决于企业的经营状况和盈利水平，公司的股利分配政策直接影响着被评估股票价值的大小、由于不可能对普通股的股利做无限期的预测，所以，为了便于普通股的评估，通常情况下根据股份公司的股利分配政策的不同对普通股未来股利的增长变化做几种不同的假设。股份公司的股利政策通常可以划分为固定红利型、红利增长型和分段型等三种类型。在不同类型的股利政策下，其股票价值的评估方法也不完全相同：

(1)固定红利型股利政策下股票价值评估。

固定红利型是假设企业经营稳定，未来发放的红利保持在一个相对固定水平上。在这种假设条件下，普通股股票评估值的计算公式为

$$P=R/r$$

式中：$P$——股票评估值；

$R$——股票未来收益额；

$r$——折现率。

【例 7-2】 假设被评估企业拥有 A 公司的非上市普通股 10 000 股，每股面值 1 元。该公司上年支付的股利为每股 1.5 元，预计该公司以后每年的股利保持在该水平不变。根据该企业的行业特点及当时宏观经济运行情况，确定无风险报酬率为 4%(国库券利率)，风险报酬率为 4%。试估算该企业持有的股票价值。

$$P=R/r=10\ 000\times 1.5\div 8\%=187\ 500(\text{元})$$

(2)红利增长型股利政策下股票价值评估。

红利增长型适用于成长型股票的评估。成长型企业具有发展潜力大，追加投资能够带来较高收益的特点。该类型的假设条件是发行企业并未将剩余收益分配给股东，而是用于追加投资扩大再生产，增加公司的获利能力，因此，红利呈增长趋势。在这种假设前提下，普通股股票价值评估值公式为

$$P=R/(r-g)\quad (r>g)$$

式中：$P$——股票评估值；

$R$——股票未来收益额；

$r$——折现率；

$g$——股利增长率。

股利增长率 $g$ 的计算方法：一是统计分析法，即根据过去股利的实际数据，利用统计学的方法计算出的平均增长率，作为股利增长率；二是趋势分析法，即根据被评估企业的股利分配政策，以企业剩余收益中用于再投资的比率与企业净资产利润率相乘确定股利增长率。

【例 7-3】 某评估公司受托对 D 企业持有的某非上市公司 A 公司的普通股股票 40 万股进行评估，每股面值 1 元。在持有股票期间，每年股票收益率在 10%左右。根据调查，A 公司每年以净利润的 60%用于发放股利，其余 40%用于追加投资。根据评估人员对 A 公司经营状况的调查分析，认为该公司所在行业具有发展前途，该公司具有较强的发展潜力。经过分析后认为，净资产收益率将保持在 15%的水平，无风险报酬率为 4%(国库券利率)，风险报酬率为 4%。试估算该股票的价值。

$$\begin{aligned}P&=R/(r-g)\\&=400\ 000\times 10\%\div[(4\%+4\%)-40\%\times 15\%]\\&=40\ 000\div(8\%-6\%)\\&=2\ 000\ 000(\text{元})\end{aligned}$$

(3)分段型股利政策下股票价值评估。

前两种股利政策过于简单模式化，以此预测股票未来的股利收益可能与实际有较大的偏差，影响评估值的合理性。针对实际情况，采用分段型股利政策模型对股票的价值评估更具客观性。分段型股利政策模型可采用两段式或多段式模型，下面以两段式为例说明分段型方法的原理：

第一段，指能够较为客观地预测股票的收益期间或股票发行企业某一经营周期；

第二段，以不易预测收益的时间为起点，以企业持续经营到永续为第二段。

将两段收益现值相加，得出评估值。实际计算时，第一段以预测收益直接折现；

第二段可以采用固定红利型或红利增长型，收益额采用趋势分析法或其他方法确定，先资本化再折现。

【例 7-4】某资产评估公司受托对 D 公司持有的某公司非上市交易的普通股股票 20 万股，每股面值 1 元。在持有期间，每年股利收益率均在 20%左右。评估人员对发行股票公司进行调查分析后认为，预计前 5 年可保持 20%的收益率；从第 6 年起，一套大型先进生产线交付使用后，可使收益率提高 5 个百分点，并将持续下去。评估时国库券利率为 4%，测定的风险报酬率确定为 4%。根据以上资料，该股票的评估值为：

$$
\begin{aligned}
P &= 200\ 000 \times 20\% \times (P/A,\ 8\%,\ 5) + (200\ 000 \times 25\% \div 8\%) \times (1+8)^{-5} \\
&= 40\ 000 \times 3.9927 + 50\ 000 \div 8\% \times 0.6806 \\
&= 159\ 708 + 425\ 375 \\
&= 585\ 083(\text{元})
\end{aligned}
$$

**2. 优先股的价值评估**

优先股的股利是固定的，一般情况下，都要按事先确定的股利率支付股利。评估优先股主要是判断股票发行主体是否有足够税后利润用于优先股的股息分配。如果股票发行企业资本构成合理，企业盈利能力强，具有很强的支付能力。评估人员可以根据事先确定的股息率，计算出优先股的年收益额，然后进行折现计算，即可得出评估值。计算公式如下：

$$P = \sum_{i=1}^{\infty}[R_i(1+r)^{-i}] = A/r$$

式中：$P$——优先股的评估值；

$R_i$——第 i 年的优先股的收益；

$r$——折现率；

$A$——优先股的年等额股息收益。

【例 7-5】 某资产评估公司受托评估 G 企业拥有的甲公司 4000 股累积性、非参加分配优先股，每股面值 1000 元，年股息率为 15%。评估人员经调查，了解到甲公司的资本构成不尽合理，负债率较高，可能会对优先股股息的分配产生消极影响。因此，评估人员对该优先股票的风险报酬率定为 6%，评估时国库券的利率为 4%。根据上述数据，该优先股评估值如下：

$$
\begin{aligned}
P &= A/r = 4\ 000 \times 1\ 000 \times 15\% \div (4\% + 6\%) \\
&= 600\ 000 \div 10\% \\
&= 6\ 000\ 000(\text{元})
\end{aligned}
$$

如果非上市优先股有上市的可能，持有人又有转售的意向，这类优先股可参照下列公式评估：

$$P = \sum_{i=1}^{n}[R_i(1+r)^{-i}] + F(1+r)^{-n}$$

式中：$F$——优先股的预期变现价格；

$n$——优先股的持有年限；

$R_i$——第 $i$ 年的优先股的收益；

$r$——折现率。

## 二、股权投资评估

股权投资是投资主体以现金资产、实物资产或无形资产等直接投入到被投资企业，取得被投资企业的股权，从而通过控制被投资企业获取收益的投资行为。

对股权投资的评估，首先必须了解具体投资形式、收益获取方式和占被投资企业实收资本或所有者权益的比重，然后根据不同情况，采取不同方法进行评估。其中投资收益的分配形式，比较常见的有如下几种类型：

(1)按投资额占被投资企业实收资本的比例，参与被投资企业净利润的分配；

(2)按被投资企业销售收入或利润的一定比例提成；

(3)按投资方出资额的一定比例支付资金使用报酬等。

投资合同或协议规定有投资期限的，在投资期届满时投入资本的处理方式通常有：按投资时的作价金额以现金返还；以实物资产返还；按期满时的实投资产的变现价格作价以现金返还等。

根据股权投资是否对被投资企业形成控股权，可将股权投资分为非控股型股权投资(少数股权)和控股型股权投资。

### (一)非控股型股权投资评估

对于非控股型股权投资评估，一般采用收益法进行评估，即根据历史上收益情况和被投资企业的未来经营情况及风险，预测未来收益，再用适当折现率折算为现值得出评估值。评估时，应根据不同情况选择具体的评估方法。

(1)对于合同、协议明确约定了投资报酬的长期投资，可将按规定应获得的收益折为现值，作为评估值。

(2)对到期收回资产的实物投资情况，可按约定或预测出的收益折为现值，再加上到期收回资产的现值计算评估值。

(3)对于不是直接获取资金收入，而是取得某种权利或其他间接经济效益的，可测算相应的经济效益折现计算评估值。

(4)对于明显没有经济利益，也不能形成任何经济权利的投资则按零值计算。

(5)在未来收益难以确定时，可以采用重置价值法进行评估，即通过对被投资企业进行评估，确定净资产数额，再根据投资方所占的份额确定评估值。

(6)如果进行该项投资的期限较短，价值变化不大，被投资企业资产账实相符，则可根据核实后的被投资企业资产负债表上净资产数额，再根据投资方所占的份额确定评估值。

非控股型股权投资也可以采取成本法评估。不论采用什么方法评估非控股型股权投资，都应考虑少数股权因素对评估值的影响。

#### (二)控股型股权投资评估

对于控股型的股权投资，应对被投资企业进行整体评估后再测算股权投资的价值。整体评估应以收益法为主，也可以采用市场法，对被投资企业整体评估，基准日应与投资方的评估基准日相同。

评估控股型和非控股型股权投资，都要单独计算评估值，并记录于长期股权投资项目下，不能将被投资企业的资产和负债与投资方合并。评估人员评估股东部分权益价值，应当在适当及切实可行的情况下考虑由于控股权和少数股权等因素产生的溢价或折价。资产评估人员应当在评估报告中披露是否考虑了控股权和少数股权等因素产生的溢价或折价。

## 第四节　其他长期资产的评估

### 一、其他长期性资产的构成

其他长期性资产是指不包括在流动资产、长期股权投资、持有至到期投资、固定资产、无形资产等以内的资产，主要包括具有长期性质的待摊费用和其他长期资产。长期待摊费用是指企业已经支出，但摊销期在1年以上(不含1年)的各项费用，包括股票发行费用、筹建期间费用(开办费)等。其他长期资产主要包括特准储备物资、银行冻结存款、冻结物资以及涉及诉讼的财产等。长期待摊费用本质上是一种费用，而不是资产，只是这种费用的影响不仅体现在本年度，而且延续到以后若十会计年度。

### 二、其他长期性资产的评估

由于其他长期性资产除特种储备物资、冻结存款、冻结物资以及涉及诉讼的财产外，主要是已发生费用的摊余价值，这些未摊销的费用不能单独对外交易或转让，只有当企业发生整体产权变更时，才可能涉及对其价值的评估。所以，其他长期性资产能否作为评估对象取决于它能否在评估基准日后带来经济利益。

在评估其他长期性资产时，必须了解其合法性、合理性、真实性和准确性，了解费用支出和摊余情况，了解形成新资产和权利的尚存情况。其评估值要根据评估目的实现后资产的占有情况和尚存情况，而且与其他评估对象没有重复计算的现象存在。按此原则，其他长期性资产的不同构成内容应采取不同的评估和处理方法。

(1)对于能够较准确地预测其未来收益及收益产生年限的长期待摊费用，一般采用收益现值法评估。

(2)对于尚有未来经济效益，但是价值难以准确计算的长期待摊费用，如开办费、租入固定资产改良支出等，可以按照账面余额计算其评估值。

(3)对于没有尚存的资产或权利所对应的长期待摊费用，评估值为零。

(4)对于已在其他资产中已经计算过的，评估值为零。例如，固定资产大修理费用的摊销余值，已经在固定资产评估中体现了，就不能再计入长期待摊费用中，否则会造成重复评估。

(5)其他长期待摊费用，比如股票发行费用，其影响可能延续到以后若干年，从理论上讲，对这类项目的评估，应依据企业的收益状况、收益时间及货币的时间价值，以及现行会计制度的规定等因素确定评估值。货币的时间价值因素因受益时间长短而定。一般来说，1 年内的不予考虑，超过 1 年的要根据具体内容、市场行情的变化趋势处理。但从实践上看，由于这些费用对未来产生收益的能力和状况并不能准确界定，如果物价总水平波动不大，可以将其账面价值作为其评估价值，或者按其发生额的平均数计算。

## 思 考 题

1. 简述长期投资性资产评估程序；
2. 简述股权投资评估；
3. 简述其他长期性资产的评估。

# 第八章　机器设备评估

1. 熟悉机器设备的含义、特点及其分类；
2. 掌握机器设备的重置成本、实体性贬值、功能性贬值、经济性贬值的估算方法；
3. 掌握机器设备市场比较法评估中有关比较指标修正系数的确定。

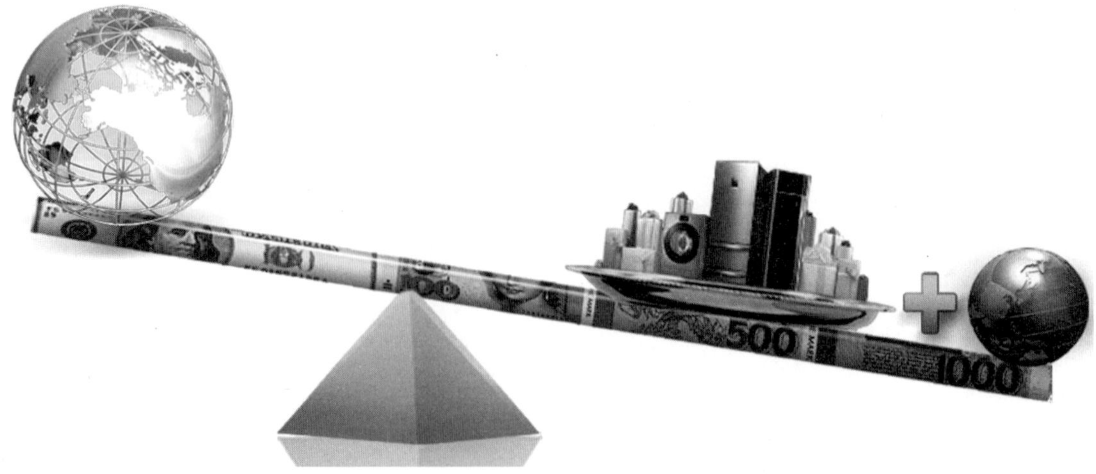

经典案例

某公司欲以公司拥有的进口机器设备等资产对外联营投资，故委托某评估机构对该进口设备的价值进行评估，评估基准日为2019年11月30日。

设备名称：图像设计系统

规格型号：STORK

设备产地：A国××厂家

启用日期：2007年7月

账面价值：11 000 000.00元

账面净值：9 000 000.00元

评估人员应采用何种方法对该机器设备进行评估？

# 第一节　机器设备评估概述

## 一、机器设备的含义

机器设备是指由金属或其他材料组成，由若干零部件装配起来，在一种或几种动力驱动下，能够完成生产、加工、运行等功能或效用的装置。

## 二、机器设备的构成

典型的机器设备主要是由①原动机部分；②传动部分；③工作部分三大部分组成。另外，随着科学技术的发展，机器设备中控制部分也是一项重要内容。

## 三、机器设备的特点

(1)机器设备具有单位价值高、使用期限长的特点，所以评估者应充分认识其功能的适用性和可能的风险。

(2)机器设备种类繁多，分布在各行各业，情况千差万别，技术性比较强，因此评估时要以技术检测为基础，正确确定设备的使用寿命、技术寿命、经济寿命及其损耗程度。

(3)机器设备更新换代比较快，对于政策规定的高能耗、低效能、污染大的机器设备，尽管实体成新程度高，但仍应按低值甚至按报废处理。

## 四、机器设备的分类

企业生产中所用的机器设备，种类繁多，由于企业性质不同和设备自身用途的不同，设备往往在形状、大小、性能等方面各不相同，评估人员应了解机器设备的分类，以便能迅速地查询和收集相关资料的信息。

### （一）按在再生产中的作用分类

(1)生产工艺类设备。它直接改变产品原材料的物理状况或化学性能，使其成为半成品或产成品，如纺织机器中的梳棉、细纺、织布等。

(2)辅助生产设备。它是保证生产工艺设备完成生产任务的二线设，如水泵、变压器等供风、供热、供水和供电等设备。

(3)服务设备，如通讯设备、计算机、测试用仪器、仪表等。

### （二）按技术性特点分类

(1)通用机器设备。通用机器设备是指没有专门用途，产品或加工对象不确定，具有综合加工能力的设备。

(2)专用机器设备。专用机器设备是指专门对一门或一类产品具有生产、加工能力的设备。专用设备的行业特点很强，工程技术要求又有较大差异，在企业机器设备类中占的比重较大，对企业效率和产品质量也有很大影响。

(3)非标准设备。非标准设备是指国家不予定型的自制设备。各种各样的非国家定型设备，一般是根据企业需要自制或委托加工制造的。

### （三）按照自动化程度分类

(1)自动化设备。例如，数控机床、机器人等。

(2)半自动化设备。例如，半自动锻锤。

(3)其他设备。例如，手动吊车。

### （四）按价值高低分类

(1)A 类设备。

(2)B 类设备。

(3)C 类设备。

### （五）按使用状况分类

(1)在用设备。

(2)封存设备。

(3)库存设备。

不同分类对资产评估选择何种方法，考虑哪些因素，以及如何提供评估报告和附表等，都具有较大影响。例如，在以资产转让为目的的评估中，对于不需用的机器设备就应考虑转让后能否转入使用或如何变现的问题，从而影响到估价。

## 五、机器设备评估特点

机器设备类资产一般是企业整体资产一个组成部分，它通常与企业的其他资产，如房屋建筑物、土地、流动资产、无形资产等，共同完成某项特定的生产目的。一般不具备独立的获利能力。所以在进行机器设备评估时，收益法的使用受到很大限制，通常采用成本法和市场法。

对于整体性的机器设备，它是为了实现某种功能，由若干机器设备组成的有机整体。在进行价值分析时应注意资产之间的有机联系对价值的影响，整体的价值不仅仅是单台设备价值的简单相加。

机器设备有一部分属于不动产或介于动产与不动产之间的固置物，它们需要永久的或在一段时间内以某种方式安装在土地或建筑物上，移动这些资产将可能导致机器设备的部分损失或完全失效。

影响机器设备磨损的因素很多，设备的磨损、失效规律不易确定，个体差异较大。确定贬值往往需要逐台地对设备的实体状态进行调查、鉴定。

设备的贬值因素比较复杂，除实体性贬值外，往往还存在功能性贬值和经济性贬值。科学技术的发展，国家有关的能源政策、环保政策等，都可能对设备的评估价值产生影响。

## 六、机器设备评估的程序

第一，明确评估目的。在明确评估目的时确定评估对象、范围和选择评估价值类型和方法是关键。

第二，清查机器设备，明确评估对象。该程序主要包括下列内容：

(1)根据账面资料，清查核实机器设备实有量，主要发现多余或隐匿设备。

(2)明确评估的是单台设备还是组合设备。

(3)确定评估对象，主要是要划清机器设备与流动资产中低值易耗品的界限；还要划清机器设备与不动产的界限，如用于安装机器设备的底座，是否作为机器设备价值的部分，应根据评估目的来判断，在单项设备出售的评估中，往往不应包括这部分，而在整体评估中则可以包括，主要问题是避免漏评和重复评估，保证评估价值的真实性。

第三，对机器设备进行必要鉴定。该程序主要确定其适用性、可用度以及主要技术参数。

第四，研究确定评估方法，收集和处理有关信息资料。对这些资料进行了解，主

要是为了评估该资产而收集并确定各种指标的数据。主要应关注如下资料：

工艺流程图；工艺管线图；车间及设备布置图；设备台账；设备的大修理及技术改造记录；设备的大修理计划；设备的设计说明书；非标设备的设计图纸；设备基础及安装图纸；大型设备订货合同及发票；进口设备的原始订货合同；进口设备报关单；工厂及车间的设计生产能力及实际生产能力；主要能耗设备清单；工厂及车间能源消耗情况及改造措施。

第五，撰写评估报告及评估说明。

## 第二节　机器设备的成本法评估

机器设备的成本法评估是指通过估算全新机器设备的重置成本，减去机器设备的各种贬值，即实体性贬值、功能性贬值和经济性贬值，以确定机器设备价值的一种方法。

成本法下机器设备价值的计算公式为

$$P = RC - DP - DF - DE \tag{8-1}$$

式中：$P$——评估值；

$PC$——重置成本；

$DP$——实体性贬值；

$DF$——功能性贬值；

$DE$ 表示经济性贬值。

成本法是机器设备评估中最常用的方法。

### 一、机器设备重置成本的计算

重置成本包含必要的、合理的直接成本费用、间接成本费用以及占用资金而发生的资金成本。其中必要的、合理的直接成本费用包含：①设备本体的重置成本；②设备的运杂费；③安装费；④基础费；⑤其他合理成本。间接成本费用包含：①管理费用；②设计费；③工程监理费；④保险费等。

直接成本与每一台设备直接对应，间接成本和资金成本有时不能对应到每一台设备上，它们是为整个项目发生的，在计算每一台设备的重置成本时一般按比例摊入。

原地需用的机器设备，其重置成本包括运杂费、安装费、基础费等，但是移地使用的重置成本一般不包含上述费用。

构成重置成本的费用必须是为购置或构建被评估的机器设备所发生的，包括直接费用和间接费用。但是一些非必然的费用不应该包括在内。

## （一）设备本体的重置成本

设备本体的重置成本不包括运输、安装等费用。

对于通用设备一般按照现行市场销售价格确定，或者通过其他方法计算设备本体的重置成本。

自制设备一般按照当前的价格标准计算的建造成本，包括：①直接材料费燃料动力费；③直接人工费；④制造费用；⑤期间费用分摊；⑥利润；⑦税金；⑧非标准设备的设计费。

确定设备本体重置成本有五种方法。

### 1. 直接法

直接法是根据市场交易数据直接确定设备本体重置成本的方法。该方法适用的机器设备通常是通用设备，在市场上能够获得相关的价格资料。

获得市场价格的渠道通常有以一两种：

(1)市场询价。根据替代原则，在同等条件下，评估人员应该选择可能获得的最低售价。

厂家的报价和实际成交价往往存在较大的差异，评估人员应该谨慎使用厂家报价，应该向近期购买该厂的同类产品的其他客户了解实际成交价格。

(2)使用价格资料。最好能够获得最近交易的市场价格，要考虑价格的时效性，还要考虑该交易是否是公平交易，非正常交易的价格通常也不能直接采用。

### 2. 物价指数法

物价指数法是以设备的历史成本为基础，根据同类设备的价格上涨指数，来确定机器设备本体的重置成本的方法。对于二手设备，历史成本是最初使用者的账面原值，而非当前设备使用者的购置成本。物价指数可分为定基物价指数和环比物价指数。

1)定基物价指数法

采用定基物价指数计算当前设备本体重置成本的公式为

设备本体重置成本＝历史成本×[当前年份(定基)指数÷基年(定基)指数]　(8-2)

【例 8-1】　2013 年购置某设备，原始成本为 38 000 元，计算 2018 年该设备的重置成本。2018 年的定基物价指数为 115，2013 年的定基物价指数为 103，则

2018 年该设备本体重置成本＝38 000×(115÷103)＝42 427(元)

2)环比物价指数法

用环比物价指数计算设备重置成本的公式为

设备本体重置成本＝原始成本×($p_1^0 \times p_2^1 \times \cdots \times p_n^{n-1}$)　(8-3)

式中：$p_n^{n-1}$ 表示 $n$ 年对 $n-1$ 年的环比物价指数。

【例 8-2】　某设备 2016 年的历史成本为 30 000 元，环比物价指数 2017 年为 101.9%，2018 年为 101.8%，2019 年为 102.7%，计算 2019 年该设备本体重置成本？

2019年该设备本体重置成本＝30 000×（101.9%×101.8%×102.7%）＝31 961（元）

运用物价指数法计算机器设备的重置成本简便易行，在机器设备评估中，对于一些难以获得市场价格的机器设备，经常采用物价指数法。使用时，评估人员应注意以下问题：

(1)选取的物价指数应与评估对象相配比，一般采用某一类产品的分类物价指数，不可采用综合物价指数。

(2)应注意审查历史成本的真实性。因为在设备的使用过程中，其账面价值可能进行了调整，当前的账面价值已不能反映真实的历史成本。

(3)企业账面的设备历史成本一般包括运杂费、安装费、基础费以及其他费用。上述费用的物价指数往往是不同的，应该分别计算。

(4)只能测算复原重置成本。

(5)进口设备应使用进口设备生产国(或者设备的出口国)的分类物价指数。

**3. 重置核算法**

重置核算法是指按照现行市价标准，核算机器设备重置的直接成本和间接成本，从而确定机器设备的重置成本的一种方法。常用于确定非标准设备、自制设备本体的重置成本的计算。

(1)按复原重置成本评估。按复原重置成本评估是指复制一个与被评估设备一模一样的全新设备所需的现时成本。如果设备的构建成本资料保存完整，可直接将其直接费用与间接费用调整为现时价格或费用标准来确定其重置成本。如果没有设备的构建成本资料，就要对设备成本项目进行分解，然后按现时价格计算所花的材料及人工费用来确定其重置成本。

【例 8-3】 某机器按现行市价购置，每台为10万元，运杂费为1000元，安装调试费为原材料500元，人工费1200元。同类设备安装调试的间接费用分配，间接费用为每天人工费用的80%。求该设备的重置成本。

重置成本＝重置直接费用＋重置间接费用

直接费用：设备重置购价10万元；运杂费1000元；安装调试费500元；直接费用总额为：

直接费用＝100 000＋1500＋1000＝101 500(元)

直接费用＝1200×0.8＝960(元)

该设备的重置成本＝101 500＋960＝102 460(元)

(2)按更新重置成本评估。更新重置成本是指在效用上与被评估设备最接近的类似新设备的现行购置成本。对于经过重大技术改革的设备或经过大修理使设备的技术性能有较大提高，能够接近先进技术水平的设备，可以按更新重置成本计算。设备的更新重置成本总额等于将更新重置的各种直接消耗量按现行价格或费用标准计算，加上按现行价格计算的间接费用之和。

### （二）综合估价法

综合估价法是根据设备的主要材料费（简称主材费）和主要外购件费与设备成本费用有一定的比例关系，在不考虑税金的情况下，通过确定设备的主材费用和主要外购件费用，计算出设备的完全制造成本，并考虑企业利润和设计费用，确定设备的重置成本。

计算公式为

$$RC=(Mrm\div K_m+Mpm)\times(1+K_p)\times(1+K_d\div n) \tag{8-4}$$

式中：$RC$——设备本体重置成本；

$Mrm$——主材费；

$K_m$——成本主材费率；

$Mpw$——主要外购件费；

$K_p$——成本利润率；

$K_d$——非标准设备设计费率；

$n$——非标准设备的生产数量；

$(Mrm\div K_m)$——本企业生产该设备的成本费用（不包含外购材料费）；

$(Mrm\div K_m+Mpm)$——该设备使用的全部成本费用（包含外购材料费，不含增值税）；

$[(Mrm\div K_m+Mpm)\times(1+K_p)]$——生产该设备的正常价格（成本加利润）。

1）主材费（不含增值税成本）

主要材料是在设备中所占的重量和价值比例大的一种或几种。主材费可按图纸分别计算出各种主材的净消耗量，然后根据各种主材的利用率求出它们的总消耗量，并按材料的市场价格计算每一种主材的材料费用。其计算公式为

$Mrm=\sum$[（某主材净消耗量÷该主材利用率）×含税市场价÷（1+增值税税率）]

【例 8-4】 运用综合估价法评估某企业自制设备，其中该设备的主材为不锈钢，共消耗 15t，评估基准日该种不锈钢的市场含税价格为 2.8 万元/t，在制造过程中该钢材的利用率约为 95%，该设备的主材费率为 80%，适用的增值税税率为 17%，则该设备的主材费为多少？

主材费＝2.8÷（1＋17%）×15＝35.897（元）

2）主要外购件费（不含增值税成本）

主要外购件如果价值比重很小，可以综合在成本主材费率中考虑，则不再单列为主要外购件。外购件的价格按不含税市场价格计算。其计算公式为

$Mpm=\sum$[（某主要外购件数量×含税市场价÷（1+增值税税率）]

【例 8-5】 被评估对象为 1 台自制大型模具，该模具净重 2t，评估基准日该模具的材料价格为 15 元/kg，材料利用率为 75%，模具的冷加工费为 30 000 元，热加工费按模具净重每千克 15 元，其他费用 10 000 元，行业平均成本利润率为 10%，不考虑其

他因素，则该模具的重置成本为多少？

该模具的重量成本=(2000÷75%×15+30 000+2000×15+10 000)×(1+10%)=121 000(元)

**1. 类比估价法——指数估价法**

对于某些特定的设备，如化工设备、石油设备等，同一系列不同生产能力设备的重置成本变化与生产能力变化呈某种指数关系。指数估价法下重置成本的计算公式为

$$RC=(A_1/A_2)^x\times S_2 \tag{8-5}$$

式中：$A_1$——被评估设备的生产能力；

$A_2$——类似设备的生产能力；

$S_2$——类似设备的价值。

【例 8-6】 重置全新机器设备 1 台，其价值为 6 万元，年产量为 600 件，已知被评估设备年产量为 400 件，设 $x$ 为 0.8，求其重置成本。

被评估机器设备重置成本=$(400\div600)^{0.8}\times6=4.3$(万元)

### (三)运杂费

**1. 国产设备运杂费**

国产设备运杂费指从生产厂家到安装使用地点所发生的有关费用。

国产设备运杂费=国产设备原价×国产运杂费率 (8-6)

**2. 进口设备的国内运杂费**

进口设备的国内运杂费指从出口国运抵我国后，从所到达的港口、车站、机场等地，将设备运至使用的目的地所发生的有关费用，但是不包括运输超限设备时发生的特殊费用。

进口设备国内运杂费=进口设备到岸价×进口设备国内运杂费率

### (四)设备安装费

**1. 国产设备安装费**

国产设备安装费=设备原价×设备安装费率 (8-7)

**2. 进口设备安装费**

进口设备安装费=相似国产设备原价×国产设备安装费率

或

进口设备安装费=进口设备到岸价×进口设备安装费率 (8-8)

### (五)基础费

基础费指为安装设备而建造的特殊构筑物所耗的费用。

**1. 国产设备基础费**

国产设备基础费=国产设备原价×国产设备基础费率 (8-9)

**2. 进口设备基础费**

进口设备基础费＝相似国产设备原价×国产设备基础费率

或

进口设备的基础费＝进口设备到岸价×进口设备基础费率　(8-10)

**(六)进口设备从属费用**

进口设备的从属费用包括国外运费、国外运输保险费、关税、消费税、增值税、银行手续费、公司代理手续费，对车辆还包括车辆购置附加费等。是指设备在国外支付了价款后，从国外运输到我国的海关，可以从海关运走前发生的全部费用。

**1. 国外运费**

海运费＝FOB(离岸价)×海运费率　(8-11)

费率：远洋一般取5%～8%，近洋一般取3%～4%。

**2. 国外运输保险费**

国外运输保险费＝海运费×保险费率　(8-12)

C×F＝FOB×（1＋海运费率)×（1＋保险费率)　(8-13)

**3. 关税**

关税＝到岸价(CIF)×关税税率　(8-14)

**4. 消费税**

消费税＝(关税完税价＋关税)×消费税税率　(8-15)

**5. 增值税**

增值税＝(关税完税价＋关税＋消费税)×增值税税率　(8-16)

**6. 车辆购置费**

车辆购置附加费＝(到岸价人民币数＋关税＋消费税)×费率　(8-17)

以上到岸价、关税、消费税和车辆购置费的合计为：

合计＝[CIF ×（1＋关税税率)]×[1＋(消费税税率＋车辆购置费率)÷（1－消费税税率)]

**7. 银行财务费**

银行财务费＝FOB×银行财务费率　(8-18)

我国现行银行财务费率一般为4‰～5‰。

**8. 外贸手续费**

外贸手续费＝到岸价(CIF)×外贸手续费率　(8-19)

目前，我国进出口公司的进口费率一般在1%～1.5%。

以上的8项外加设备的离岸价(FOB)之和可以分以下几步计算：

(1)计算到岸价(离岸价加上以上的第1、第2项(即国外运费和国外运输保险费)。

$$\text{CIF}=\text{FOB}\times(1+\text{海运费率})\times(1+\text{保险费率})$$

(2)到岸价、关税、消费税、车辆购置费之和。

$$\text{到岸价、关税、消费税、车辆购置费之和}=\left[\text{CIF}\times\left(1+\text{关税税率}\right)\right]\times\left[1+\left(1+\text{消费税税率}+\text{车辆购置费率}\right)\div\left(1-\text{消费税税率}\right)\right]$$

(3)第 6 项(银行财务费)。

$$\text{银行财务费用}=\text{FOB}\times\text{银行财务费率}$$

(4)第 7 项，外贸手续费。

$$\text{外贸手续费}=\text{CIF}\times\text{外贸手续费率}$$

假设资金在投入当年平均投入的前提下，当年的利息按照半年计算，投入当年以后，利息按照全年计算。同时这里使用的是单利计息，而不是复利。

## 二、实体性贬值

机器设备的有形磨损分为两种：设备在使用过程中产生的有形磨损称为第Ⅰ种有形磨损；设备在闲置存放过程中产生的磨损称为第Ⅱ种有形磨损。由此引起的贬值统称为实体性贬值($DP$)，或物理性贬值。设备实体性贬值的程度可以用实体性贬值率来反映。实体性贬值率是实体性贬值与重置成本的比例。

$$\alpha p=DP/RC \tag{8-20}$$

式中：$\alpha p$ 表示实体性贬值率。

机器设备实体性贬值率的估测通常采用三种方法：观察法、使用年限法、维修费用法。

### (一)观察法

观察法是评估师通过观察，凭借视觉、听觉、触觉，或借助少量的检测工具，对设备进行检查，根据经验对鉴定对象的状态、损耗程度作出判断。在不具备测试条件的情况下，这是最常使用的方法。机器设备实体性贬值率如表 8-1 所示。

**表 8-1　机器设备实体性贬值率参考表**

| 类别 | 新旧情况 | 实体性贬值率 | 技术参数标准参考 |
|---|---|---|---|
| 1 | 新设备或使用不久 | 0 ～10％ | 状态良好，能正常使用，无异常 |
| 2 | 较新设备 | 11％～35％ | 已使用 1 年以上或经过第 1 次大修恢复原设计性能使用不久的设备，在用状态良好，能满足设计要求，未出现过较大故障 |

续表

| 类别 | 新旧情况 | 实体性贬值率 | 技术参数标准参考 |
|---|---|---|---|
| 3 | 半新设备 | 36%～60% | 已使用2年以上或大修后已使用一段时间，在用状态良好，基本满足设计要求，需经常维修 |
| 4 | 旧设备 | 61%～85% | 已使用较长时间或几经大修，目前仍能维持使用，在用状态一般，性能明显下降，使用中故障较多，经维护仍能满足工艺要求，可以安全使用 |
| 5 | 报废待处理设备 | 86%～100% | 已超过规定使用年限或性能严重劣化，已不能正常使用或停用，即将报废 |

表8-1中数值仅供参考，在实际评估时，还应广泛听取专家和一线人员的意见，进行综合的分析和判断。

### （二）使用年限法

使用年限法是从使用寿命的角度来估算贬值，假设机器设备有一定的使用寿命，设备的价值与使用寿命呈正比。设备在使用过程中，由于物理磨损使设备的使用寿命逐步消耗，直至寿命耗尽，退出使用。因此，设备的贬值可以用使用寿命的消耗量表示，实体性贬值率也可以用已使用寿命与总使用寿命之比来表示。

$$\alpha p = L_1 / L \tag{8-21}$$

式中：$L_1$——已使用寿命；

$L$——总使用寿命。

使用寿命不一定都用使用年限表示，可以使用里程、工作小时等表示。

实际上，机器设备的使用寿命受诸多因素的影响，如设备的利用率、设备的维修保养情况、设备的维修情况、操作工人的水平、使用环境、工作负荷等。所以设备使用寿命的离散性很大。对于这种情况，我们可以使用下面公式计算贬值率：

贬值率＝已使用年限÷（已使用年限＋尚可使用年限）　　(8-22)

公式8-21和公式8-22，本质是一样的。公式8-22能够较好地反映设备的个体差异。

对于比较新的设备，由于刚刚使用，磨损比较轻微，各种将可能影响使用年限的个体差异还没有显现出来，我们一般用该类设备的平均耐用年限作为设备的预期耐用年限。比如，1台设备已使用0.5年，根据统计资料获得的该类设备平均使用寿命为10年，设备的实体性贬值率为0.5/10，约5%。

对于使用时间比较长的机器设备，使用公式8-22较好。因为通过长时间的运转，设备的磨损量一般较大，个体差异已显现出来，评估人员对未来使用寿命的判断较容易。

对大型复杂设备或各组成部分使用寿命差异较大的，应分别计算各部分的贬值

率，然后按各部分的价值量计算加权贬值率。加权贬值率计算公式为

$$\alpha p = \sum K_i \alpha p_i \tag{8-23}$$

式中：$K_i$——第 $i$ 个部件所占的(重置)成本权重；

$\alpha p_i$——第 $i$ 个部件的实体性损耗率。

评估人员在使用年限法时应该注意：

(1)会计折旧年限与设备的耐用年限是不同的，评估人员不可以使用会计折旧年限作为设备的使用寿命。

(2)使用公式(8-21)和公式(8-22)都要注意设备的耐用年限、尚可使用年限、已使用年限的计算口径必须一致。

(3)判断设备尚可使用年限的依据是设备的实体状态，技术鉴定是年限法的重要步骤。

对有些设备其使用寿命是以其工作量来衡量的，公式(8-21)和公式(8-22)可演变成：

$$贬值率=已使用量\div总使用量 \tag{8-24}$$

$$贬值率=已使用量\div(已使用量+尚可使用量) \tag{8-25}$$

年限法是设备评估中最常用的方法之一，评估人员应对这种方法正确掌握，灵活运用。

【例 8-7】 某被评估设备购建于 2009 年，原始价值 30 000 元，2014 年和 2017 年进行两次更新改造，主要是添置一些自动化控制装置，投资分别为 3 000 元和 2000 元。2019 年对该资产进行评估，假设从 2009～2019 年每年的价格上升率为 10%，该设备的尚可使用年限经检测和鉴定为 6 年，估算该设备的实体性贬值率，估算设备复原重置成本。

①计算(复原)重置成本：3 次投资情况如表 8-2 所示。

**表 8-2 3 次投资情况及(复原)重置成本**

| 年份 | 原始投资额 | 价格变动系数 | (复原)重置成本 |
|---|---|---|---|
| 2002 | 30 000 | 2.60 $[(1+10\%)^{10}]$ | 78 000 |
| 2007 | 3000 | 1.61 $[(1+10\%)^{5}]$ | 4830 |
| 2010 | 2000 | 1.21 $[(1+10\%)^{2}]$ | 2420 |
| 合计 | | | 85 250 |

②计算$\sum$(复原重置成本×投资年数)，如表 8-3 所示。

**表 8-3　复原重置成本×投资年数**

| 年份 | 复原重置成本 | 投资年限 | 复原重置成本×投资年数 |
|---|---|---|---|
| 2002 | 78 000 | 10 | 780 000 |
| 2007 | 4830 | 5 | 24 150 |
| 2010 | 2420 | 2 | 4840 |
| 合计 | | | 808 990 |

③计算加权投资年限。

加权投资年限＝808 990÷85 250＝9.5(年)

④计算实体性贬值率。

实体性贬值率＝9.5÷(9.5＋6)×100％＝61％

### (三)修复费用法

资产的有形磨损可分为补偿(修复)性损耗和不可补偿(修复)性损耗。

可补偿(修复)性损耗是指可以用技术上和经济上可行的方法修复的损耗。

不可补偿(修复)性损耗是指从经济上来讲是修复不划算或者这种损耗技术上不可修复的损耗。

实体性贬值＝可补偿(修复)性费用＋不可补偿(修复)性损耗　　(8-26)

即不可补偿部分的实体性损耗采用“使用年限法”来计算。

【例 8-8】 1 台数控折边机，重置成本为 150 万元，已使用 2 年，其经济使用寿命约 20 年，现该机器的数控系统损坏，估计修复费用约 2 万美元(折合人民币 13.6 万元)，其他部分工作正常。计算实体性贬值及贬值率。

所有实体性贬值及贬值率计算过程为：

重置全价＝150 万元

可修复性损耗引起的贬值＝13.6(万元)

不可修复性损耗引起的贬值＝(150－13.6)×2÷20＝13.64(万元)

实体性贬值＝13.6＋13.64＝27.24(万元)

贬值率＝27.24÷150＝18.2％

## 三、功能性贬值

功能性贬值(Df)是由于无形磨损而引起资产价值的损失称为机器设备的功能性贬值。设备的功能性贬值主要体现在超额投资成本和超额运营成本两方面。

### (一)第Ⅰ种功能性贬值(超额投资成本)

第Ⅰ种功能性贬值指被评估资产与当前新资产建造成本相比，因建造技术、工艺、材料和设计上的差别而导致的贬值。它是由于科学技术进步使得新的、同样功能的资产价格降低而引起的原有资产价值的贬值。事实上，它是超额投资成本引起的功能性贬值。

第Ⅰ种功能性贬值反映在超额投资成本上，复原重置成本与更新重置成本之差即为第Ⅰ种功能性贬值，也称为超额投资成本。

$$功能性贬值=复原重置成本-更新重置成本 \tag{8-27}$$

【例 8-9】 某化工设备，2019 年建造，建筑成本项目及原始造价成本如表 8-4 所示。

**表 8-4 原始成本表**

| 序号 | 成本项目 | 原始成本(元) | 备注 |
|---|---|---|---|
| 1 | 主材 | 50 160 | 钢材 22.8t |
| 2 | 辅材 | 11 200 | 铝、橡胶、聚乙烯、铜等 |
| 3 | 外购件 | 13 800 | 电机、阀 |
| 4 | 人工费 | 29 900 | 598 工时× 50 元 |
| 5 | 机械费 | 13 650 | 136.5 小时×100 元 |
|  | 成本小计 | 118 710 |  |
| 6 | 利润 | 17 807=118 710×15% | 15% |
| 7 | 税金 | 25 529=118 710(1+15%)×18.7% | 18.7% |
|  | 含税完全成本价 | 162 046 |  |

在评估基准日：

(1)钢材价格上涨了 23%，人工费上涨了 39%，机械费上涨了 17%，辅材现行市场合计为 13 328 元，电机、阀等外购件现行市场价为 16 698 元，假设利润、税金水平不变。

(2)由于制造工艺的进步，导致主材利用率提高，钢材的用量比过去节约了 20%，人工工时和机械工时也分别节约 15%和 8%。试计算该设备超额投资成本引起的功能性贬值。

①该化工设备的完全复原重置成本计算如表 8-5 所示。

**表 8-5 复原重置成本表**

| 序号 | 成本项目 | 原始成本(元) | 复原重置成本 |
|---|---|---|---|
| 1 | 主材 | 50 160 | 61 697=50 160×(1+23%) |
| 2 | 辅材 | 11 200 | 13 328 |
| 3 | 外购件 | 13 800 | 16 698 |
| 4 | 人工费 | 29 900 | 41 561=29 900×(1+39%) |

续表

| 序号 | 成本项目 | 原始成本(元) | 复原重置成本 |
| --- | --- | --- | --- |
| 5 | 机械费 | 13 650 | 15 971＝13 650×(1＋17%) |
|  | 成本小计 | 118 710 | 149 255 |
| 6 | 利润 | 17 807 | 22 388＝149 255×15% |
| 7 | 税金 | 25 529 | 32 097 ＝ 149 255 ×（1 ＋ 15%）×18.7% |
|  | 含税完全成本价 | 162 046 | 203 740 |

②该设备的更新重置成本计算如表 8-6 所示。

**表 8-6　更新重置成本表**

| 序号 | 成本项目 | 计算过程 | 更新重置成本(元) |
| --- | --- | --- | --- |
| 1 | 主材 | 22.8×(1－20%)×50 160/22.8×(1＋23%)＝22.8 ×0.8×2 200 × 1.23 | 49 357 |
| 2 | 辅材 | 11 200 | 13 328 |
| 3 | 外购件 | 13 800 | 16 698 |
| 4 | 人工费 | 598×50×(1－15%)×(1＋39%)＝598×0.85×50×1.39 | 35 327 |
| 5 | 机械费 | 136.5×(1－8%)×100×(1＋17%)＝136.5×0.92×100×1.17 | 14 693 |
|  | 成本小计 | 118 710 | 129 403 |
| 6 | 利润 | 17 807 | 19 410＝129 403×15% |
| 7 | 税金 | 25 529 | 27 828 ＝ 129 403 ×(1＋15%)×18.7% |
|  | 含税完全成本价 | 162 046 | 176 641 |

③计算超额投资成本引起的功能性贬值。

超额投资成本引起的功能性贬值＝复原重置成本－更新重置成本＝203 740－176 641＝27 099(元)

在评估中，如果可以直接确定设备的更新重置成本，则不需要再计算复原重置成本，超额投资成本引起的功能性贬值也不需要计算。

### (二)第Ⅱ种功能性贬值(超额运营成本)

超额运营成本是由于新技术的发展，使得新设备在运营费用上低于老设备。超额运营成本引起的功能性贬值也就是设备未来超额运营成本的折现值。

计算超额运营成本引起的功能性贬值的步骤如下：

(1)分析比较被评估机器设备的超额运营成本因素。

(2)确定被评估设备的尚可使用寿命，计算每年的超额运营成本。

(3)计算净超额运营成本。

(4)确定折现率，计算超额运营成本的折现值。

【例 8-10】 某被评估的电焊机与新型电焊机相比，引起超额营运成本的因素主要是能耗高。通过统计分析，按每天 8 小时工作，每年 300 个工作日，每台老电焊机比新电焊机多耗电 6000 度。该电焊机尚可使用 10 年，每度电按 0.5 元计算。计算某电焊机超额运营成本引起的功能性贬值。(折现率 10%，所得税税率 25%)

(1)分析比较被评估机器设备的超额运营成本因素：经分析比较，被评估的电焊机与新型电焊机相比，引起超额运营成本的因素主要为老产品的能耗比新产品高。通过统计分析，按每天 8 小时工作，每年 300 个工作日，每台老电焊机比新电焊机多耗电 6000 度。

(2)确定被评估设备的尚可使用寿命，计算每年的超额运营成本：根据设备的现状，评估人员预计该电焊机尚可使用 10 年，如每度电按 0.5 元计算，则

每年的超额运营成本＝6000×0.5＝3000(元)

(3)计算净超额运营成本：所得税税率按 25%计算，则

税后每年净超额运营成本＝税前超额运营成本×(1－所得税税率)＝3000×(1－25%)＝2250(元)

(4)确定折现率，计算超额运营成本的折现值：折现率为 10%，10 年的年金现值系数为 6.145，则

净超额运营成本的折现值＝净超额运营成本×年金折现系数＝2250×6.145≈13 826(元)

该电焊机由于超额运营成本引起的功能性贬值为 13 826 元。

## 四、经济性贬值

所谓经济性贬值是指由于外部客观条件的变化使资产在实际使用上经济效益下降，从而导致的资产贬值。

造成机器设备经济性贬值的原因有很多，比如市场供需情况发生变化，产品需求减少，供应相对过剩，这种供大于求造成生产能力闲置；国内国际市场竞争加剧，需求结构变化，技术或产品成分等硬性条件落伍，跟不上要求而被迫减产、淘汰；原材料方面供应条件发生变化，原材料和燃料等供应困难，价格上涨，企业不能满负荷生产；物价上涨导致原材料、燃料、动力、劳动力等生产要素费用上涨，而产品本身价格未相应提高，导致企业入不敷出，被迫停产；资金条件或金融政策变化如银根紧缩、通货膨胀等造成企业融资困难，无法维持生产；其他政策限制、政府干预、环境保护要求等。

经济性贬值的计算方法主要是规模经济效益指数法。

由于设备利用率下降而使设备相对闲置造成收益损失的，可参照下列算式估测设

备的经济性贬值：

经济性贬值率＝[1－(设备预计可被利用的生产能力÷设备原设计生产能力)$^x$]×100%　(8-28)

式中：$x$ 表示规模效益指数，实践中多用经验数据。

机器设备的 $r$ 指数一般选在 0.6～0.7。经济性贬值额一般是以设备的重置成本扣除了实体性贬值和功能性贬值后的余值乘以经济性贬值率获得。即

经济性贬值额＝(重置成本－实体性贬值－功能性贬值)×经济性贬值率　(8-29)

如果设备由于外界因素的变化，造成收益的减少额能够直接测算出来，可直接按设备继续使用期间每年的收益损失额折现累加得到设备的经济性贬值额。计算公式为：

经济性贬值＝设备年收益损失额×(1－所得税税率)×($P/A$，$R$，$N$)　(8-30)

式中：($P/A$，$R$，$N$)表示年金现值系数。

【例 8-11】 被评估生产线年生产能力为 10 000t，评估时，受政策影响，生产不景气，如果不降低销售产品，企业必须减产至 7000t，或每吨降价 100 元以保持设备设计生产线能力发挥。政策调整期预计持续 3 年，生产线指数为 0.6，投资报酬率为 10%，所得税税率为 25%。计算设备的经济性贬值率和经济性贬值额。

(1)涉及规模经济效益指数法。由于设备利用率下降而使设备相对闲置造成收益损失的，可参照下列算式估测设备的经济性贬值：

经济性贬值率＝[1－(设备预计可被利用的生产能力÷设备原设计生产能力)$^x$]×100%＝[1－(7000÷10 000)$^{0.6}$]×100%＝19%

(2)题中，设备由于外界因素的变化，造成收益的减少额能够直接测算出来，直接按设备继续使用期间每年的收益损失额折现累加得到设备的经济性贬值额。计算公式为

经济性贬值＝设备年收益损失额×(1－所得税税率)×($P/A$，$R$，$N$)

＝10 000×100×(1－25%)×2.486 9＝1 865 175(元)

## 第三节　机器设备的市场比较法评估

市场比较法是根据目前公开市场上与被评估对象相似的或可比的参照物的价格来确定被评估对象的价格。如果参照物与被评估对象不完全相同，则需要根据评估对象与参照物之间的差异对价值的影响作出调整。影响机器设备市场价值的主要是比较因素。比较因素是一个指标体系，它能够全面反映影响价值的因素。不全面的或仅使用个别指标所作出的价值评估是不准确的。

### 一、比较因素

一般来讲，设备的比较因素可分为四大类，即个别因素、交易因素、地域因素、

时间因素 4 大类。

### （一）个别因素

设备的个别因素一般指反映设备在结构、形状、尺寸、性能、生产能力、安装、质量、经济性等方面差异的因素。不同的设备，差异因素也不同。在评估中，常用于描述机器设备的指标一般包括：①名称；②型号规格；③生产能力；④制造厂家；⑤技术指标；⑥附件；⑦设备的出厂日期；⑧役龄；⑨安装方式；⑩实体状态。

### （二）交易因素

设备的交易因素是指交易的动机、背景对价格的影响，不同的交易动机和交易背景都会对设备的出售价格产生影响。

交易数量也是影响设备售价的一个重要因素，大批的购买价格一般要低于单台购买价格。

### （三）时间因素

不同交易时间的市场供求关系、物价水平等都会不同，评估人员应选择与评估基准日最接近的交易案例，并对参照物的时间影响因素作出调整。

### （四）地域因素

由于不同地区市场供求条件等因素的不同，设备的交易价格也受到影响，评估参照物应尽可能与评估对象在同一地区。如评估对象与参照物存在地区差异，则需要作出调整。

## 二、运用市场法评估机器设备的具体方法

### （一）直接匹配法

使用前提：评估对象与市场参照物基本相同，需要调整项目相对较少，差异不大，且差异对价值的影响可以直接确定。其计算公式为

$$V=V'+\Delta i$$

式中：$V$——评估值；

$V'$——参照物的市场价值；

$\Delta i$——差异调整。

【例 8-12】在评估一辆轿车时，评估师从市场上获得的市场参照物在型号、购置年月、行驶里程、发动机、底盘及各主要系统的状况基本相同。区别之处在于：

(1)参照物的右前大灯破损需要更换，更换费用约 200 元。

(2)被评估车辆后加装 CD 音响一套，价值 1200 元。若该参照物的市场售价为

72 000元，则

$$V=V'\pm\Delta i=72\,000+200+1200=73\,400(\text{元})$$

使用直接匹配法的前提是评估对象与市场参照物基本相同，需要调整的项目较大，差异不大，并且差异对价值的影响可以直接确定。如果差异较大，则无法使用直接比较法。

### （二）因素调整法

【例 8-13】　使用因素调整法对某车床进行评估。

(1)评估人员首先对被评估对象进行鉴定，基本情况如下：

设备名称：普通车床　　规格型号：CA6140×1500　　制造商家：A 机床厂

出厂日期：2019 年 2 月　　投入使用时间：2019 年 2 月　　安装方式：未安装

附件：齐全(包括：仿形车削装置、后刀架、快速换刀架、快速移动机构)

实体状态：评估人员通过对车床的传动系统、导轨、进给箱、溜板箱、刀架、尾座等部位进行检查、打分，确定其综合分值为 6.1 分。

(2)评估人员对二手设备市场进行调研，确定与被评估对象较接近的三个市场参照物，如表 8-7 所示。

表 8-7　参照物相关参数

| | 评估对象 | 参照物 A | 参照物 B | 参照物 C |
|---|---|---|---|---|
| 名称 | 普通车床 | 普通车床 | 普通车床 | 普通车床 |
| 规格型号 | CA6140×1 500 | CA6140×1 500 | CA6140×1 500 | CA6140×1 500 |
| 制造厂家 | A 机床厂 | A 机床厂 | B 机床厂 | B 机床厂 |
| 出厂日期/役龄 | 2019 年/8 年 | 2019 年/8 年 | 2019 年/8 年 | 2019 年/8 年 |
| 安装方式 | 未安装 | 未安装 | 未安装 | 未安装 |
| 附件 | 仿形车削装置、后刀架、快速换刀架、快速移动机构 | 仿形车削装置、后刀架、快速换刀架、快速移动机构 | 仿形车削装置、后刀架、快速换刀架、快速移动机构 | 仿形车削装置、后刀架、快速刀架、快速移动机构 |
| 状况 | 良好 | 良好 | 良好 | 良好 |
| 实体状态描述 | 传动系统、导轨、进给箱、溜板箱、刀架、尾座等各部位工作正常，无过度磨损现象，状态综合分值为 6.1 分 | 传动系统、导轨、进给箱、溜板箱、刀架、尾座等各部位工作正常，无过度磨损现象，状态综合分值为 5.7 分 | 传动系统、导轨、进给箱、溜板箱、刀架、尾座等各部位工作正常，无过度磨损现象，状态综合分值为 6.0 分 | 传动系统、导轨、进给箱、溜板箱、刀架、尾座等各部位工作正常，无过度磨损现象，状态综合分值为 6.6 分 |

续表

| | 评估对象 | 参照物 A | 参照物 B | 参照物 C |
|---|---|---|---|---|
| 交易市场 | | 评估对象所在地 | 评估对象所在地 | 评估对象所在地 |
| 市场状况 | | 二手设备市场 | 二手设备市场 | 二手设备市场 |
| 交易背景及动机 | 正常交易 | 正常交易 | 正常交易 | 正常交易 |
| 交易数量 | 单台交易 | 单台交易 | 单台交易 | 单台交易 |
| 交易日期 | 2004/3/31 | 2004/2/10 | 2004/1/25 | 2004/3/10 |
| 转让价格 | | 23 000 | 27 100 | 32 300 |

(3)确定调整因素，进行差异调整。

第一，制造厂家调整。所选择的 3 个参照物中，1 个与评估对象的生产厂家相同，另外两个为 B 厂家生产。在新设备交易市场 A、B 两个制造商生产某相同产品的价格分别为 4.0 万元和 4.44 万元。

被评估资产价值÷参照物＝4÷4.44＝0.9

第二，出厂年限调整。被评估对象出厂年限是 8 年，参照物 A、B、C 的出厂年限均为 8 年，故不需调整。

第三，实体状态调整。实体状态调整如表 8-8 所示。

**表 8-8　实体状态调整表**

| 参照物 | 实体状态描述 | 调整比率 |
|---|---|---|
| A | 传动系统、导轨、进给箱、刀架、尾座等各部位工作正常，无过度磨损现象，状态综合值为 5.7 分 | ＋7％ |
| B | 传动系统、导轨、进给箱、刀架、尾座等各部位工作正常，无过度磨损现象，状态综合值为 6.0 分 | ＋2％ |
| C | 传动系统、导轨、进给箱、刀架、尾座等各部位工作正常，无过度磨损现象，状态综合值为 6.6 分 | －8％ |

调整比率计算过程如表 8-9 所示。

**表 8-9　调整比率计算过程表**

| 参照物 | 调整比率 |
|---|---|
| A | (6.1－5.7)÷5.7×100％＝7％ |
| B | (6.1－6.0)÷ 6.0×100％＝2％ |
| C | (6.1－6.6)÷ 6.6×100％＝－8％ |

(4)计算评估值，如表 8-10 所示。

表 8-10　计算评估值表

| | 参照物 A | 参照物 B | 参照物 C |
|---|---|---|---|
| 交易价格(元) | 23 000 | 27 100 | 32 300 |
| 制造厂家因素调整 | 1.0 | 0.90 | 0.90 |
| 出厂年限因素调整 | 1.0 | 1.0 | 1.0 |
| 实体状态因素调整 | 1.07 | 1.02 | 0.92 |
| 调整后结果(元) | 24 610.00 | 24 878.80 | 26 744.40 |

被评估对象的评估值＝(24 610＋24 878.8＋26 744.4)÷3≈25 411(元)

**(三)成本比率调整法**

该方法是通过对大量市场交易数据的统计分析，掌握相似的市场参照物的交易价格与全新设备售价的比率关系，用此比率作为确定被评估机器设备价值的依据。比如，评估师在评估 A 公司生产的 6 米直径的双柱立式车床，但是市场上没有相同的或相似的参照物，只有其他厂家生产的 8 米和 12 米直径的产式车床。统计数据表明，与评估对象使用年限相同的设备的售价都是重置成本的 55%～60%，那么可以认为评估对象的售价也应该是其重置成本的 55%～60%。

用市场比较法评估机器设备，要求有一个有效、公平的市场。有效是指市场所提供的信息是真实可靠的，评估参照物在市场上的交易是活跃的。而公平是指市场应该具备公平交易的所有条件，买卖双方的每一步决策都是在谨慎和充分掌握信息的基础上作出的，并且假定这个价格不受不适当刺激的影响。

市场比较法适用于市场发育较完善的地区，当存在有同类设备的二手设备交易市场或有较多的交易实例，是获取资产价值较为简捷的方法。但当前我国的市场经济尚在逐步健全的进程中，二手设备市场交易品种单调、频率不高，交易信息不透明，可采用案例贫乏，这限制了市场比较法在现实资产评估中的广泛运用。

## 思　考　题

1. 简述机器设备评估的程序；
2. 简述机器设备重置成本的计算；
3. 简述运用市场法评估机器设备的具体方法。

# 第九章　无形资产评估

## 学习目标

1. 掌握无形资产评估的基本方法以及各类具体无形资产的评估方法；
2. 了解无形资产的概念、特征、分类以及目的和前提；
3. 了解无形资产评估的基本程序和影响无形资产评估值的各种因素。

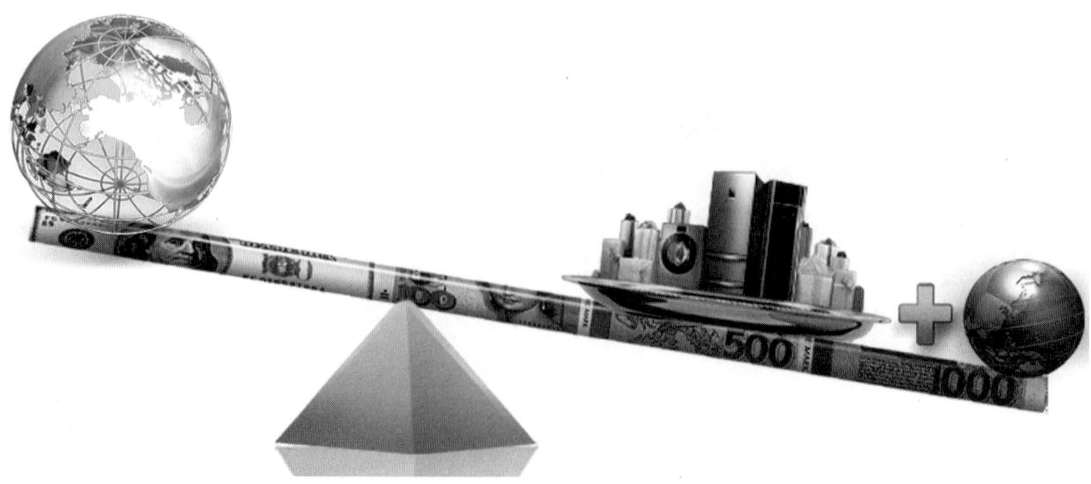

**经典案例**

华为状告三星专利侵权胜诉，后者被判赔8000万元

2017年4月6日，泉州中院受理的华为公司维权案一审宣判——三星(中国)投资有限公司(以下简称“三星公司”)等五被告构成对华为终端有限公司(以下简称“华为公司”)的专利侵权，需共同赔偿8000万元。

这也成为华为公司在全国系列维权案中第一个宣判的案件。华为公司称，2010年年初，公司就“一种可应用于终端组件显示的处理方法和用户设备”的技术方案向国家知识产权局提出发明专利申请。该申请于2011年6月5日被授予发明专利权，专利号为ZL201010104157.0。

华为公司表示，包括三星S7/S7 Edge在内的20余款产品(手机和平板)涉嫌侵犯该专利。为此，华为公司要求三星(中国)投资有限公司、惠州三星电子有限公司、天津三星通信技术有限公司、福建省某电讯公司及泉州某电器公司等五被告立即停止侵权行为，并要求惠州三星、天津三星和三星投资公司连带赔偿8000万元，连带承担华为公司为制止侵权行为所支付的合理开支50万元。

以三星投资公司为代表的被告方则表示，华为公司要求赔偿8000万元是没有任何依据的，拒绝赔偿要求。

最终法院裁定，涉案专利是智能移动终端用户图形操作界面的框架性核心专利，通过该专利的应用，解决了如何使用户简便地在多个分频范围内移动，摆放特定APP图标的问题；此外，该专利的应用大大提高了系统界面操作的成功率和准确性。

显然，惠州三星、天津三星、三星投资公司等三被告制造、销售的众多型号的智能手机和平板电脑中，均使用了涉案专利的技术方案。法院一审判决同意了华为公司提出的赔偿方案。

该案例中提及的专利评估的程序是什么?

# 第一节　无形资产评估概述

## 一、无形资产的概念与特征

### （一）无形资产的概念

迄今为止，尚无统一的无形资产概念或定义。人们通常站在不同的角度来定义无形资产。中国著名会计学家杨汝梅先生于 1926 年完成的《无形资产论》一书中对无形资产定义如下："吾"得一原则，谓无形资产价值乃属一特定企业所具超额收益能力之表示。"在《国际评估准则》中对无形资产定义为："无形资产是指为用于商品或劳务的生产或供应、出租给其他单位，或为管理目的而持有、没有实物形态的非货币性长期资产。"我国《企业会计准则第 6 号——无形资产》中对无形资产定义为无形资产，是指企业拥有或者控制的没有实物形态的可辨认非货币性资产。无形资产，是指特定主体所拥有或者控制的，不具有实物形态，能持续发挥作用且能带来经济利益的资源。评估人员应通过以下几个方面的内容正确理解无形资产的概念：

（1）非实体性。无形资产没有具体的物质实体形态，是隐形存在的资产。但是无形资产也有其一定的有形表现形式，如专利证书、商标标记、技术图纸、工艺文件、软盘等。无形资产与有形资产的根本区别在于有形资产的价值取决于有形要素的贡献，无形资产的价值则取决于无形要素的贡献。

（2）排他性。无形资产往往由特定主体排他占有，凡不能排他或者不需要任何代价即能获得的，都不是无形资产。无形资产的这种排他性有的是通过企业自身保护取得，有的则以适当公开其内容作为代价来取得广泛而普遍的法律保护，有的则借助法律保护并以长期生产经营服务中的信誉取得社会的公认。

（3）效益性。并非任何无形的事物都是无形资产，成为无形资产的前提是其必须能够以一定的方式直接或间接地为其控制主体（所有者、使用者或投资者）创造效益，而且必须能够在较长时期内持续产生经济效益。

### （二）无形资产的特征

无形资产是企业资产总体非常重要的组成部分，且无形资产发挥作用的方式明显区别于有形资产，因而在评估时需把握其固有的特性。

（1）依附性。无形资产区别于其他有形资产的标志性特征就是它没有具体的实物形态，值得注意的是无形资产是隐性存在的资产，它必须依附于一定的物质实体并以其为载体来发挥作用。例如，土地使用权必须依附于土地，专利权和专有技术要与一定的设备、生产线等相结合，商标权以注册登记的商品或服务标志形式存在，而商誉则

内含于企业整体资产组合之中，只有在某个特定企业范围内才存在。这里需要注意的是，企业的应收账款、应收票据等资产也没有物质实体，但它们不属于无形资产。因此，仅仅将无形资产的本质概括为没有实物形态的资产是不正确的。

(2)共益性。无形资产区别于有形资产的一个重要特点是，它可以作为共同财产，由不同的主体同时共享。通过合法的程序，一项无形资产可以为不同的权利主体共同享用，也可以在其所有者继续使用的前提下，多次转让其使用权。例如一项先进技术可以使一系列企业提高产品质量、降低产品成本；一项技术专利在一个企业使用的同时，并不影响转让给其他企业使用。但是，无形资产的共益性也受到市场有限性和竞争性的制约，例如由于追求自身利益的需要，各主体对无形资产的使用还必须受相关合约的限制。因而，评估无形资产必须考虑无形资产的保密程度和作用环境。在转让方继续使用该项无形资产的情形下，也要考虑由于无形资产的转让形成竞争对手，从而增加竞争压力的机会成本。

(3)积累性。无形资产的积累性体现在两个方面：一是无形资产的形成基于其他无形资产的发展。二是无形资产自身的发展也是一个不断积累和演进的过程。因此，一方面，无形资产总是在生产经营的一定范围内发挥特定的作用；另一方面，无形资产的成熟程度、影响范围和获利能力也处在变化之中。

(4)替代性。在承认无形资产具有积累性的同时，还要考虑到它的替代性。例如一种技术取代另一种技术，一种工艺替代另一种工艺等，其特性不是共存或积累，而是替代、更新。一种无形资产总会由更新的无形资产所取代，因而必须在无形资产评估中考虑它的作用期间，尤其是尚可使用年限。这要取决于该领域内技术进步的速度，取决于无形资产带来的竞争。

## 二、无形资产的分类

对无形资产进行必要的分类，不仅有利于把握和识别无形资产，还有利于了解无形资产的性质和作用范围，提高评估的科学性和准确性。无形资产可按以下标准进行分类。

### (一)按期限划分

按期限划分，可分为有限期的无形资产与无限期的无形资产。

有限期的无形资产是指资产的有效期为法律所规定，如专利权、特许权、商标等。它们的成本都要在其有效期内予以摊销。有时候，估计的有效年限比法律上规定的年限短，则以较短的估计有效年限摊销其成本。

无限期的无形资产是指资产的有效期限法律上并无规定，因而被视为无限期的无形资产，如商誉。它们的取得成本原则上必须进行摊销。

以上这种区别在西方国家已不适用。美国从 20 世纪 70 年代起就认为，无形资产的价值终将有一天会消失，因而它们的账面成本应有系统地摊销于各受益期，摊销期

间以不超过40年为限。

### (二)按可否确指(辨认)划分

按可否确指(辨认)划分，可分为可确指(可辨认)的无形资产和不可确指(不可辨认)的无形资产。

可确指的无形资产是指那些具有专门名称，可以个别，或作为组成资产的一部分，或作为整个企业的一部分取得、转让、出包的无形资产，如专利权、特许权和商标等。

不可确指的无形资产是指那些不可辨认、不能单独取得，离开企业就不复存在的无形资产，例如商誉。

### (三)按取得的方式划分

按取得的方式划分，可分为自创的无形资产和外购的无形资产。

例如，商誉属于自创的无形资产，专利、专有技术对于发明人来说是自创的，应用者通过有偿方式获得的他人专利、专有技术则属于外购的无形资产。

### (四)按技术含量划分

按技术含量划分，可分为技术型无形资产和非技术型无形资产。

技术型无形资产是指依赖于一定的技术载体展现的，直接反映科技成果的无形资产，如专利技术、专有技术、计算机软件等是技术型的无形资产。非技术型无形资产是指依靠特许或取得特定盈利条件而形成的，非直接反映科技成果的无形资产，如商标、商誉、特许权、土地使用权等是非技术型的无形资产。

### (五)按作用领域划分

按作用领域划分，可分为促销型无形资产、制造型无形资产和金融型无形资产。

### (六)按无形资产形成的来源划分

按无形资产形成的来源划分，可分为权利类、关系类、组合类无形资产和知识产权。权利类无形资产是由书面或非书面类契约的条款产生的，对于契约方具有经济利益，其构成主要是特许权和对物产权(如土地使用权、矿产开采权、租赁权等)。

关系类无形资产通常是非契约性的，但关系方通过此类关系可以获得盈利条件，包括雇员关系、顾客关系、代理销售关系、原材料和零部件供应关系等。

组合类无形资产是指从无形资产总体价值中减去可辨认的无形资产价值后所剩的价值，通常指商誉。

知识产权是指无形资产的一种专门类型，通常包括专利权、专有技术、商标权和版权。前三种无形资产又被称为工业产权。

无形资产国际评估指南所采用的就是此种分类方法。

一般地，无形资产的综合分类如图9-1所示。

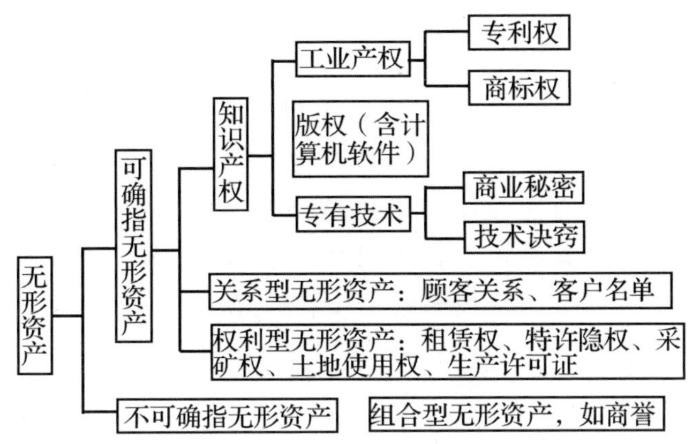


图 9-1 无形资产的综合分类

## 三、影响无形资产评估值的因素

根据上述无形资产的概念与功能特性，可以看出，与有形资产相比，无形资产评估的难度更大。要想使评估结果相对准确，就需要进一步了解影响无形资产评估值的各种因素，这些影响因素主要有以下几方面。

### （一）无形资产的取得成本

无形资产的取得成本首先取决于无形资产是如何取得的。对企业而言，外购无形资产的成本较易确定，自创无形资产的成本则较难准确计量。由于生产无形资产的劳动是创造性的复杂劳动，虽然对这种创造性的复杂劳动可以通过倍加系数进行换算，但是却难以制订客观的换算标准，再加上无形资产的创造过程往往较复杂，有时需经历几次失败，因此无形资产的成本计量相对于有形资产而言，精确性要差一些。无形资产的取得成本一般包括创造发明成本、法律保护成本、发行推广成本等。

### （二）机会成本

机会成本是指无形资产转让后可能给转让方造成的损失。如果某项无形资产是转让方正在使用的资产，转让该项无形资产就意味着转让方将失去部分市场并为自己制造了竞争对手，从而减少转让方的利润。

### （三）效益因素

一项无形资产的价值高低并不主要取决于创造成本，而是由应用后所创造的效益来确定。无形资产评估时要重点考虑无形资产应用后对提高劳动生产率、提高产品质量、降低产品成本、扩大产品的市场占有率以及企业经营条件的改善等方面的影响。一项无形资产，在环境、制度允许的条件下，获利能力越强，其评估值越高。

（四）寿命期限

一项无形资产的价值不仅取决于其获利能力，而且直接与获利能力的持续时间，即经济寿命有关。在经济寿命期间无形资产不仅具有使用价值，而且能为其控制主体带来超额收益。对于具有法律保护期的无形资产，如专利，其经济寿命期限除考虑法律保护期外，更重要的是技术更新周期的长短。对于技术更新周期短的无形资产而言，往往在法律保护期内就会因新技术的产生丧失经济寿命。

（五）技术成熟程度

一般科技成果都有一个发展—成熟—衰退的过程。科学技术的发展阶段和成熟程度会直接影响技术型无形资产的评估值。技术越成熟，开发程度越高，运用该技术的风险就越小，其评估值就应该高一些；如果某项技术处于发展阶段，评估时就需充分估计其在运用过程中的风险，相应对评估值作一些调整。

（六）转让因素

无形资产的转让可以分为所有权转让（完全产权转让）和使用权转让（许可他人使用）。在使用权转让中又可分为独占使用权和普通使用权等。这些在无形资产转让过程中的有关条款规定直接关系到转让方和受让方的权利和利益，从而影响无形资产的评估值。一般来说，受让方获得的权益越大，无形资产的评估值就越高。

（七）市场供求状况

无形资产的市场供求状况反映在两个层次上：无形资产市场供需情况和无形资产的适用程度，这两个层次关系密切。一般来说，一项无形资产的适用程度越高，其市场价值就越大，评估值也就越高；反之，如果某项无形资产的适用程度较低，其市场需求就小，评估值就较低。

（八）同行业同类无形资产的计价标准和依据

某些无形资产是依照其产品的信誉等级、企业知名度、销售范围、经营历史等，与国内外同行业进行比较分析，确定其价值的。因此需充分了解同行业同类无形资产的计价标准与依据。

（九）风险因素

无形资产从开发到受益会遇到多种类型的风险，包括开发风险、转让风险、应用风险、市场风险等。相对于有形资产而言，无形资产评估中更应重视各类风险对无形资产价值的影响。

## 四、无形资产评估的目的与前提

### （一）无形资产的评估目的

无形资产的评估目的是指与无形资产有关的资产业务。根据《资产评估准则无形资产》，无形资产评估目的主要是产权变动。该准则指出：当出现无形资产转让和投资、企业整体或部分资产收购和处置等经济活动时，资产评估师可以接受委托，执行无形资产评估业务。对于以无形资产的成本摊销为目的的评估则受到现行财务会计制度和税收制度的限制和约束，除非得到有关部门的批准，一般不能开展。此外，还有以纳税、保险等为目的的评估。

### （二）无形资产转让、投资评估的前提

无形资产之所以可以成为转让、投资的主体，是因为它可以为其控制主体带来额外收益，因此以无形资产产权变动为目的的评估必须具备以下前提：

(1)能够带来超额利润。只有当某些无形资产能够给买方带来追加的收益时，才会对购买方具有吸引力，也才有必要根据带来的追加收益确定无形资产的价格。这里不采用“超额利润”而是采用“追加收益”是因为在现实经济中，被评估的无形资产能够带来超额利润只是一种理论抽象，即假设无形资产的控制主体保持社会平均经营水平。一旦假设条件不存在，例如亏损或微利企业若拥有某项无形资产，该项无形资产只能使其控制主体不亏损或达到行业平均利润水平，即表现为特定条件下的追加利润，而难以表现为高于社会平均水平的收益。故应根据无形资产对利润增长的影响来评估无形资产的价格。

(2)能够带来垄断利润。这是指购买方由于购入和运用无形资产形成市场垄断，通过垄断价格实现垄断利润。评估时应根据市场垄断的不同条件，测算垄断利润，据此估测无形资产的价值。

## 五、无形资产评估的程序

无形资产评估程序是评估无形资产的操作规程。评估程序既是评估工作规律的体现，也是提高评估工作效率、确保评估结果科学有效的需要，无形资产评估一般按下列程序进行。

### （一）明确评估目的

无形资产因其评估目的不同，其评估的价值类型和选择的方法也不一样，评估结果也会不同。评估目的由发生的经济行为决定，一般来说，无形资产评估须以产权利益主体变动为前提。从目前所发生的情况看，无形资产评估业务以服务于下述情形的

居多：

(1)无形资产的转让。

(2)无形资产出资。

(3)股份制改造中无形资产的作价。

(4)合资、合作、重组及兼并中无形资产的作价。

(5)银行质押贷款。

(6)法律诉讼。

(7)其他目的。

### (二)确认无形资产

对无形资产进行评估时，评估人员首先应对被评估的无形资产进行确认。这是进行无形资产评估的基础工作，直接影响到评估范围和评估价值的科学性。通过无形资产的确认，可以解决以下问题：一是确认无形资产的存在；二是区别无形资产种类；三是确定其有效期限。

(1)确认无形资产存在。主要是验证无形资产来源是否合法，产权是否明确，经济行为是否合法、有效。可以从以下几方面进行：

第一，查询被估无形资产的内容、国家有关规定、专业人员评价情况、法律文书(如专利证书、技术鉴定书等)，核实有关资料的真实性、可靠性和权威性。

第二，分析无形资产使用所要求的与之相适应的特定技术条件和经济条件，鉴定其应用能力。

第三，核查无形资产的归属是否为委托者所拥有或为他人所有。要考虑其存在的条件和要求，对于剽窃、仿造的无形资产要加以鉴别，对于部分特殊的无形资产要分析其历史渊源，看其是否符合国家的有关规定。

第四，分析评估对象是否形成了无形资产。有的技术尽管已获得了专利证书，但并没有实际经济意义。有的商标还没有使用，在消费者中间没有影响力。这些专利、商标就没有形成无形资产。

(2)区别无形资产种类。主要是确定无形资产的种类、具体名称、存在形式。有些无形资产是由若干项无形资产综合构成，应加以确认和分离，避免重复评估和漏评估。

(3)确定无形资产有效期限。无形资产有效期限是其存在的前提。某项专利权，如超过法律保护期限，就不能作为专利权评估。有效期限对无形资产评估值具有很大影响，比如有的商标，历史越悠久，价值越高；有的商标历史并不悠久，也可能具有较高价值。

### (三)收集相关资料

收集无形资产的相关资料，一般来说这些资料的内容包括：

(1)无形资产的法律文件或其他证明材料。

(2)成本。这里是指无形资产的自创(制)成本或外购成本。

(3)效益。这里是指使用无形资产给受益主体带来的经济效益。

(4)期限。这里是指无形资产的存续期、法定期限、受益年限、技术寿命期等。

(5)技术成熟程度。这里是指技术性无形资产在所处技术领域中所处的发展阶段、开发程度、领先程度以及替代技术的现状等。

(6)权属转让内容与条件。无形资产的转让有完全产权转让与部分产权转让之别，在转让过程中往往有相应条款的规定，这些都是确定无形资产评估价值的重要因素，应详细了解。

(7)市场供需情况。这里是指同类无形资产在市场上的需求、范围、活跃程度、变动情况等。

(8)行业盈利水平及风险。根据无形资产评估的具体类型，还需有针对性地收集有关资料。

经典案例

**华为状告三星专利侵权胜诉，后者被判赔 8000 万元**

该案例涉及的专利权的评估程序为：

(1)证明和鉴定专利资产的存在。收集能够证明专利权存在的专利说明书、权利要求书、专利证书及有关法律性文件等资料，并请有关专家鉴定该专利的有效性和可用性。

(2)确定评估方法，收集相关资料。专利权评估应用收益法情形较多。收益法的运算过程在前面已经详述，重要的任务是收集相关资料，以确定方法运用中的各项技术参数和指标。收集的资料主要包括技术资料、经济及市场资料、法规资料和资产占有方、管理方方面的资料。

(3)评定估算并完成评估报告。上述收集的资料是知识产权评估的基础资料，评估人员应进行认真核实、分析，这些基础资料是资产清查工作的目的及成果，它将为下一步的评定估算工作做好充分的准备。资料分析主要包括技术状况分析、收益能力分析、市场分析和投资可行性分析。在信息资料核查分析的基础上运用所选择的评估方法评定估算。最后完成评估报告，评估报告是专利权评估结果的最终反映，但这种结果是建立在各种分析、假设基础之上的，为了说明评估结果的有效性和适用性，评估报告中应详尽说明评估中的各有关内容。

### (四)确定评估方法

应根据评估无形资产的具体类型、特点、评估目的及外部市场环境等具体情况，选用合适的评估方法。无形资产的评估方法主要包括市场法、收益法和成本法。

采用市场法评估无形资产，特别要注意被评估无形资产必须确实适合运用市场法的前提，确定具有合理比较基础的类似无形资产交易参照对象，收集类似无形资产交

易的市场信息和被评估无形资产以往的交易信息。当类似无形资产之间具有可比性时，根据宏观经济、行业和无形资产变化情况，考虑交易条件、时间因素和影响价值的各种因素的差异，调整确定评估值。

采用收益法时，要注意合理确定超额获利能力和预期收益，分析与之有关的预期变动，受益期限，与收益有关的资金规模、配套资产、现金流量、风险因素及货币时间价值。注意收益额的计算口径与被评估无形资产折现率口径保持一致，不要将其他资产带来的收益误算到被评估无形资产收益中；要充分考虑法律法规、宏观经济环境、技术进步、行业发展变化、企业经营管理、产品更新和替代等因素对无形资产收益期、收益额和折现率的影响，当与实际情况明显不符时，要分析产生差异的原因。

当被评估无形资产的确具有超额获利能力，但不宜采用市场法和收益法时，可采用成本法进行评估，但要注意根据现行条件下重新形成或取得该项无形资产所需的全部费用(含资金成本和合理利润)确定评估值，在评估中要注意扣除实际存在的功能性贬值和经济性贬值。

#### (五)作出评估结论，整理并撰写报告

无形资产评估报告书，是无形资产评估过程的总结，也是评估者承担法律责任的依据。

评估报告书要简洁、明确、避免误导。无形资产的评估报告基本要求应符合《资产评估准则——无形资产》的要求。应当强调的是，无形资产评估报告中要注重评估推理过程的陈述，明确阐释评估结论产生的前提、假设及限定条件，各种参数的选用依据，评估方法使用的理由及逻辑推理方式。

## 第二节　无形资产的评估方法

从理论上讲，无形资产的评估方法有收益法、成本法和市场法。在评估实践中运用最广泛的方法是收益法，其次是成本法或成本—收益法，市场法因条件限制，目前运用尚不普遍。

### 一、无形资产评估的收益法

#### (一)收益法在无形资产评估中的应用形式

因为无形资产转让或许可使用时选取参数的渠道不同，收益法在应用上可以表示为下列两种方式：

$$\text{无形资产评估值}=\sum_{i=1}^{n}\frac{K\times P_i}{(1+r)^i}$$

$$无形资产评估值=\sum_{i=1}^{n}\frac{R_i}{(1+r)^i}$$

式中：$K$——无形资产分成率；

$P_i$——第 $i$ 年使用无形资产带来的收益；

$R_i$——第 $i$ 年使用无形资产带来的超额收益；

$i$——收益期限序号；

$r$——折现率；

$n$——收益期限。

### （二）收益法应用中各项参数经济指标的确定

#### 1. 无形资产超额收益的确定

无形资产收益额的测算，是采用收益法评估无形资产的关键步骤。如前所述，无形资产收益额是由无形资产带来的超额收益。同时，无形资产附着于有形资产发挥作用并产生共同收益，因此，评估人员在估算无形资产的超额收益时，应当注意区分除无形资产以外的其他因素对超额收益的贡献。

(1)直接估算法。通过未使用无形资产与使用无形资产的前后收益情况对比分析，确定无形资产带来的收益额。在许多情况下，从无形资产为特定持有主体带来的经济利益上看，我们可以将无形资产划分为收入增长型和费用节约型。收入增长型无形资产是指无形资产应用于生产经营过程，能够使得产品的销售收入大幅度增大。增大的原因在于：生产的产品能够以高出同类产品的价格销售；生产的产品采用与同类产品相同价格的情况下，销售数量大幅度增加，市场占有率扩大，从而获得超额收益。

在销售量不变、单位成本不变的情况下，形成的超额收益可以用下式计算：

$$R=(P_2-P_1)Q(1-T)$$

式中：$R$——超额收益；

$P_2$——使用无形资产后单位产品的价格；

$P_1$——未使用无形资产前单位产品的价格；

$Q$——产品销售量；

$T$——所得税税率。

在单位价格和单位成本不变的情况下，形成的超额收益可以用下列公式计算：

$$R=(Q_2-Q_1)(P-C)(1-T)$$

式中：$K$——超额收益；

$Q_2$——使用无形资产后产品的销售量；

$Q_1$——未使用无形资产前产品的销售量；

$P$——产品价格；

$C$——产品的单位成本；

$T$——所得税税率。

同时应该注意的是，销售收入增加可以引起收益的增加，它们是同方向的，由于存在经营杠杆和财务杠杆效应，销售收入和收益一般不是同比例变动的，这在计算中应予以考虑。

费用节约型无形资产是指无形资产的应用，使得生产产品中的成本费用降低，从而形成超额收益。当假定销售量不变、价格不变时，可以参考下列公式计算为投资者带来的超额收益。

$$R=(C_1-C_2)Q(1-T)$$

式中：$R$——超额收益；

$C_2$——使用无形资产后产品的单位成本；

$C_1$——未使用无形资产前产品的单位成本；

$Q$——产品销售量(此处假定销售量不变)；

$T$——所得税税率。

拓展阅读

超额收益的形成全部是因为无形资产吗？

实际上，收入增长型和费用节约型无形资产的划分，是假定其他资产因素不变的情况下，为了明晰无形资产形成超额收益来源情况的人为划分方法。通常，在实际中，无形资产应用后，其他资产因素也会发生变化，超额收益是各资产因素共同作用的结果。评估人员应根据具体情况，加以综合性地运用和测算，科学地测算超额收益，而不能简单地把超额收益归为仅由无形资产形成的。

(2)差额法。当无法将使用了无形资产和没有使用无形资产的收益情况进行对比时，采用无形资产和其他类型资产在经济活动中的综合收益与行业平均水平进行比较，可得到无形资产获利能力，即“超额收益”。

第一，收集有关使用无形资产的产品生产经营活动财务资料，进行盈利分析，得到经营利润和销售利润率等基本数据。

第二，对上述生产经营活动中的资金占用情况(固定资产、流动资产和已有账面价值的其他无形资产)进行统计。

第三，收集行业平均资金利润率等指标。

第四，计算无形资产带来的超额收益，有：

无形资产带来超额收益＝净利润－净资产总额×行业平均净利润率

使用这种方法，应注意这样计算出来的超额收益，有时不完全由被评估无形资产所带来(除非能够认定只有这种无形资产存在)，往往是一种组合无形资产超额收益，还需进行分解处理。

(3)分成率法。无形资产收益通过分成率来获得，是目前国际和国内技术交易中常用的一种实用方法。即

无形资产收益额＝销售收入(利润)×销售收入(利润)分成率×(1－所得税税率)

对于销售收入(利润)的测算已不是难解决的问题，重要的是确定无形资产的分

成率。

既然分成对象是销售收入或销售利润，因而就有两个不同的分成率。实际上，由于销售收入与销售利润有内在的联系，可以根据销售利润分成率推算出销售收入分成率；反之亦然。

因为：

收益额＝销售收入×销售收入分成率×(1－所得税税率)

＝销售利润×销售利润分成率×(1－所得税税率)

所以：

销售收入分成率＝销售利润分成率×销售利润率

销售利润分成率＝销售收入分成率÷销售利润率

在资产转让实务上，一般是确定一定的销售收入分成率，俗称“抽头”。例如，在国际市场上一般技术转让费不超过销售收入的3%～5%，如果按社会平均销售利润率10%推算，则技术转让费为销售收入的3%时，利润分成率为30%。从销售收入分成率本身很难看出转让价格是否合理，但是，换算成利润分成率，则可以加以判断。在实际转让实务中，因利润额不够稳定、也不容易控制和核实，因而，按销售收入分成是可行的。而在评估中则应以评估利润分成率为基础，至于换算成销售收入分成率，只需要掌握销售利润率及各年度利润的变化情况即可。

利润分成率的确定，是以无形资产带来的追加利润在利润总额中的比重为基础的。有些情况下容易直接计算，而在不容易区别追加利润的情况下，往往要采取迂回的方法。因而，评估无形资产转让的利润分成率有多种方法，下面主要介绍边际分析法。

边际分析法是选择两种不同的生产经营方式进行比较：一种是运用普通生产技术或企业原有技术进行经营；一种是运用转让的无形资产进行经营。后者的利润大于前者利润的差额，就是投资于无形资产所带来的追加利润。测算各年度追加利润占总利润的比重，并按各年度利润现值的权重，求出无形资产经济寿命期间追加利润占总利润的比重，即所要评估的利润分成率。这种方法的关键是科学分析追加无形资产投入可以带来的净追加利润，这也是购买无形资产所必须进行决策分析的内容。

边际分析法的步骤是：

第一，对无形资产边际贡献因素进行分析：如新市场的开辟，垄断加价；消耗量的降低，成本费用降低；产品结构优化，质量改进，功能费用降低，成本销售收入率提高。

第二，测算无形资产寿命期间的利润总额及追加利润总额，并进行折现处理。

第三，按利润总额现值和追加利润总额现值计算利润分成率。即

利润分成率＝追加利润现值÷利润总额现值

【例9-1】　企业转让彩电显像管新技术，购买方用于改造10万只彩电显像管生产线。经对无形资产边际贡献因素的分析，测算在其寿命期间各年度分别可带来追加利润100万元、120万元、90万元和70万元，分别占当年利润总额的40%、30%、20%

和 15%，试评估无形资产利润分成率。

【解】 本例所给条件已经完成了边际分析法第一步的工作。只需计算出各年的利润总额，并与追加利润一同折现即可得出利润分成率。

各年度利润总额现值之和(折现率为 10%)为

$$\frac{100\div40\%}{1+10\%}+\frac{120\div30\%}{(1+10\%)^2}+\frac{90\div20\%}{(1+10\%)^3}+\frac{70\div15\%}{(1+10)^4}$$

$=250\times0.909\,1+400\times0.826\,4+450\times0.751\,3+467\times0.6\,830$

$=227.275+330.56+338.085+318.961$

=1214.881(万元)

追加利润现值之和为

$$\frac{100}{1+10\%}+\frac{120}{(1+10\%)^2}+\frac{90}{(1+10\%)^3}+\frac{70}{(1+10\%)^4}$$

$=100\times0.909\,1+120\times0.826\,4+90\times0.751\,3+70\times0.683\,0$

$=90.91+99.168+67.617+47.81$

=305.505(万元)

$$\text{无形资产利润分成率}=\frac{305.505}{1\,214.881}\times100\%=25\%$$

(4)要素贡献法。有些无形资产，已经成为生产经营的必要条件，由于某些原因不可能或很难确定其带来的超额收益，这时可以根据构成生产经营的要素在生产经营活动中的贡献，从正常利润中粗略估计出无形资产带来的收益。我国理论界通常采用“三分法”，即主要考虑生产经营活动中的三大要素：资金、技术和管理，这三种要素的贡献在不同行业是不一样的，一般认为，对资金密集型行业，三者的贡献依次是 50%、30%和 20%；技术密集型行业，依次是 40%、40%和 20%；一般行业，依次是 30%、40%和 30%；高科技行业，依次是 30%，50%和 20%。这些数据，也可供确定无形资产收益额时作为参考。

**2. 无形资产评估中折现率的确定**

折现率的内涵是指与投资于该无形资产相适应的投资报酬率。折现率包括无风险利率和风险报酬率。一般来说，无形资产投资收益率高，风险性强，因此，无形资产评估中折现率往往要高于有形资产评估的折现率。评估时，评估者应根据该项无形资产的功能、投资条件、收益获得的可能性条件和形成概率等因素，科学地测算其风险利率，以进一步测算出其适合的折现率。另外，折现率的口径应与无形资产评估中采用的收益额的口径保持一致。

**3. 无形资产收益期限的确定**

无形资产收益期限或称有效期限，是指无形资产发挥作用，并具有超额获利能力的时间。无形资产在发挥作用的过程中，其损耗是客观存在的。无形资产损耗的价值量，是确定无形资产有效期限的前提。无形资产因为没有物质实体，所以，它的价值不会由于它的使用期的延长发生实体上的变化，即它不像有形资产那样存在由于使用

或自然力作用形成的有形损耗。然而，无形资产价值降低是由于无形损耗形成的，即由于科学技术进步而引起价值减少。具体来说，主要由下列三种情况决定产生。

(1)更新、更先进、更经济的无形资产出现，这种新的无形资产可以替代旧的无形资产，当采用原无形资产无利可图时，原有无形资产价值就丧失了。

(2)因为无形资产传播面扩大，其他企业普遍掌握了这种无形资产，获得这项无形资产已不需要任何成本，使拥有这种无形资产的企业不再具有获取超收益的能力时，它的价值也就大幅度贬低或丧失。

(3)企业拥有的某项无形资产所决定的产品销售量骤减，需求大幅度下降时，这种无形资产价值就会减少，以致完全丧失。

以上说明的是确定无形资产的有效期限的理论依据。需要强调的是，无形资产具有获得超额收益能力的时间才是真正的无形资产有效期限。资产评估实践中，预计和确定无形资产的有效期限，可依照下列方法确定：

(1)法律或合同、企业申请书分别规定有法定有效期限和受益年限的，可按照法定有效期限与受益年限孰短的原则确定。

(2)法律未规定有效期，企业合同或企业申请书中规定有受益年限的，可按照规定的受益年限确定。

(3)法律和企业合同或申请书均未规定有效期限和受益年限的，按预计受益期限确定。预计受益期限可以采用统计分析或与同类资产比较得出。

**拓展阅读**

应该注意的是，无形资产的有效期限可能比其法定保护期限短.因为它们要受许多因素的影响.如废弃不用、人们爱好的转变以及经济形势变化等，特别是科学技术发达的今天，无形资产更新周期加快，使得其经济寿命缩短。评估时，对这种情况都应给予足够的重视。

## 二、无形资产评估的成本法

### (一)无形资产的成本特性

采用成本法评估无形资产价值，首要的问题是要了解无形资产在成本上所具有的特殊属性。由于我国现行会计制度的有关规定以及无形资产的形成特点，造成无形资产成本具有不同于有形资产成本的特性。

(1)不完整性。无形资产的成本理应包括无形资产研制或取得、持有期间的全部物化劳动和活劳动的费用支出。与购建无形资产相对应的各项费用是否计入无形资产的成本，是以费用支出资本化为条件的。由于在企业生产经营过程中，科研费用一般都是比较均衡地发生，并且比较稳定地为生产经营服务，所以现行财务制度规定中一般

把科研费用从当期生产经营费用中列支。而不是先对科研成果进行费用资本化处理，再按无形资产摊销的办法从生产经营费用中补偿。这就使企业账簿上反映的无形资产成本具有不完整性，大量的无形资产存在于账外。

另外，即使进行资本化处理的无形资产的成本核算一般也不完整。因为对知识资产创立过程中发生的前期费用，如培训、基础开发、相关试验费等往往不计入成本，即并不资本化，而是通过其他途径补偿。虽说无论是列作期间费用处理，还是进行资本化处理，都不影响无形资产的再生产，但这种无形资产账面成本与实际发生成本不符的现象是客观存在的、不容忽视的。

(2)弱对应性。知识资产的创建过程，历经基础研究、运用研究和工艺生产开发等许多阶段，无形资产成果的出现带有较大的随机性、偶然性和关联性。成功的背后有着无数次的失败，如果让某项成果负担以往无数次相关或不相关的失败所造成的损失，作为该项成果的成本，显然不够合理。所以无形资产的成本费用与相应的某项无形资产难以一一对应，这就形成了无形资产成本与相应的无形资产成果的弱对应性。

(3)虚拟性。由于无形资产的成本往往是相对的，特别是一些无形资产的内涵已远远超出了它的外在形式的含义，这种无形资产的成本只具有象征意义。如名牌商品的内涵是商品的质量信誉、获利能力等，其内在价值已远远超过商标成本中包括的设计费、注册费、广告费等所体现的价值。因此，无形资产的成本费用具有虚拟性的特点。

### (二)成本法评估无形资产的基本计算公式与操作方法

运用成本法评估无形资产一般存在于两种情况：一种情况是计算最低收费额；另一种情况是无形资产确实具有现实或潜在获利能力，但是不易量化，只能以无形资产的现行重置成本为基础来测算其价值。

运用成本法评估无形资产时，影响评估值的两大因素是：无形资产的重置成本和无形资产的价值损耗，后者主要是指功能性损耗和经济性损耗。

运用成本法评估无形资产价值的基本公式为

$$无形资产评估值=无形资产重置成本\times成新率$$

无形资产的重置成本是指在现行市场条件下重新创造或购置一项全新无形资产所耗费的全部货币总额。根据无形资产的取得方式，无形资产可以划分为自创无形资产和外购无形资产。不同渠道获得的无形资产，其重置成本构成与评估方法均有所区别。

#### 1. 自创无形资产重置成本的计算

自创无形资产的成本是由创制该项资产所耗费的物化劳动和活劳动费用所构成的。如果自创无形资产所发生的成本费用已作资本化处理，即有账面价格，则可运用物价指数对账面价格作相应调整．得到重置成本。在评估实务中，自创无形资产往往无账面价格，并且成本记录也不完整，通常根据具体情况采用成本核算法或市价调整法计算重置成本。

(1)成本核算法。成本核算法的基本计算公式为

$$无形资产重置成本=直接成本+间接成本+资金成本+合理利润$$

直接成本是按无形资产创制过程中实际发生的材料、工时耗费量，运用现行价格和费用标准进行估算的。无形资产的成本计算不按现行消耗量而按实际消耗量来计算，主要基于两点考虑：一是无形资产作为一种创造性的成果，一般不能原样复制，从而不能模拟在现有生产条件下再生产的消耗量；二是无形资产的生产过程是创造性劳动过程，技术进步速度较快，如果按模拟现有条件下的复制消耗量来估算重置成本.将影响到无形资产的价值形态补偿，从而影响到知识财产的创制。

从评估的操作实务分析，运用这种方法可直接查找创制该项无形资产的各项支出的原始会计记录，根据国家所规定的资本化的范围，按现行价格和现行费用标准，就可正确估算该项无形资产的直接成本。其计算公式为

无形资产直接成本＝∑(物质资料实际消耗量×现行价格)＋∑（实耗工时×现行费用标准）

在自创无形资产重置成本计算中一般需考虑合理利润。使用成本法时，必须运用评估基准日已掌握的理论和知识，估算包括资产开发应获利润在内的每一项成本。”同时，由于开发或持有无形资产的风险大于有形资产，因此无形资产的利润水平，或者说投资报酬率一般应高于有形资产。合理利润来源于自创无形资产的直接成本、间接成本和资金成本之和与同类无形资产平均市价之间的差额，或通过投资报酬率来计算。如果不是评估无形资产的公允市价，仅仅是为了估算其创制成本，则无需考虑合理利润。

对于投入智力较多的技术型无形资产，考虑到科研劳动的复杂性和风险，可以来用下述公式计算自创无形资产的重置成本。

$$\text{无形资产重置成本}=\frac{C+\beta_1 V}{1-\beta_2}\times(1+r)$$

式中：$C$——无形资产研制开发中的物化劳动消耗；

$V$——无形资产研制开发中的活劳动消耗；

$\beta_1$——科研人员创造性劳动倍加系数；

$\beta_2$——科研的平均风险系数；

$R$—无形资产投资报酬率。

(2)市价调整法。在评估实践中，较多企业对自创无形资产的成本数据记录不完整，给运用成本法评估造成了障碍。这种情况下，如果在市场上可以找到与被估无形资产相类似的交易案例，就可以通过一些因素的调整来估算被估无形资产的重置成本。

**2. 外购无形资产重置成本的估算**

外购无形资产一般有购置费用的原始记录，也有可能可以参照现行交易价格，故评估重置成本相对较容易。外购无形资产的重置成本包括购买价和购置费用两部分，其具体评估方法可选择市价类比法和物价指数调整法。

(1)市价类比法。市价类比法是指在无形资产交易市场选择类似的参照物，再根据功能和技术先进性、适用性对参照物价格作适当调整从而确定其现行购买价格，购置费用可根据现行标准和实际情况核定。这种方法的关键是进行功能价格的回归分析，

运用最小二乘法求价格 $Y$ 与功能 $X$ 的关系式：

$$Y=a+bX$$

为了求得 $a$ 和 $b$ 之值，可利用微积分中的极值原理或用代数方法得到以下两个标准方程式：

$$\sum Y=na+b\sum X$$

$$\sum XY=a\sum X+b\sum X^2$$

式中：$Y$——价格；

$X$——功能；

$n$——选定的数据个数。

解以上方程组即可求得 $a$、$b$ 之值，再将 $a$、$b$ 之值代入价格 $Y$ 与功能 $X$ 的关系式中，求得无形资产重置购价，重置购价加上支付的有关费用即为重置全价。

(2)物价指数调整法。物价指数调整法是指根据物价指数对无形资产原始成本进行调整，来评估无形资产价值的一种方法。其计算公式为

无形资产重置全价＝无形资产账面原值×价格变动指数

从无形资产价值构成看，主要有两类费用：物质消耗费用和人工消耗费用。前者与生产资料物价指数相关度高，后者与消费价格指数相关度高。在不同的无形资产中，两类费用的构成往往存在较大差异。因此，在评估中需根据具体评估对象中哪种费用占主导地位选择一种物价指数，或按两类费用的大致比例按结构分别采用生产资料物价指数与生活资料物价指数。

以上公式适用于采取一次性付款的外购无形资产的重置成本的估算。对于采用分期付款方式的外购无形资产的重置成本的估算，首先要估算该无形资产成交时点的价值，即将所有应支付的金额(包括已支付款额和未支付款额)按一定的折现率折算到成交时的价值，然后再按照物价指数调整法将无形资产成交时点的价值调整到评估基准日的价值。其计算公式为

$$C=\sum_{i=1}^{n}[R_i\times(1+r)^{-i}]\times w$$

式中：$C$——无形资产的重置成本；

$R_i$——每期付款额；

$r$——折现率；

$n$——付款期数；

$w$——价格变动指数。

**3. 无形资产成新率的估算**

如前所述，无形资产不存在有形损耗，只存在功能性损耗与经济性损耗。其成新率的确定可以采用类似于有形资产的使用年限法(又称剩余寿命预测法)。

其计算公式为

$$成新率=\frac{剩余使用年限}{已使用年限+剩余使用年限}\times 100\%$$

公式中，关键是确定无形资产的剩余使用年限，具体预测方法可以参照收益法中有关“无形资产收益期限的确定”。

在确定无形资产成新率时需要注意无形资产的使用效用与时间的关系，这种关系通常不是线性的，因此不能简单地采取直线折余法。如果无形资产的效应是非线性递减（如技术型无形资产），或者是在一定时间内呈非线性递增（如商标、商誉），在确定成新率时可以采用摊销折余法。该方法是在条件具备的情况下，按成本摊销比例来确定成新率的，其计算公式为

$$成新率=\frac{原应摊销总额-已计提摊销额}{原应摊销总额}\times 100\%$$

### （三）无形资产评估中成本法的运用

（1）运用成本法评估最低收费额。最低收费额是由重置成本和机会成本所组成，是转让方向受让方收取的仅仅补偿成本的最低转让费。决定无形资产转让的最低收费额的因素有：重置成本和机会成本。当购买方与转让方共同使用该项无形资产时，重置成本净值由双方根据运用规模、受益范围等分摊。机会成本是指由于无形资产转让，使转让方为自己制造了竞争对手而减少利润或增加支出。因此，这项机会成本应由购买者补偿。最低收费额的计算公式为

无形资产最低收费额＝重置成本净值×转让成本分摊率＋无形资产转让的机会成本

$$转让成本分摊率=\frac{购买方运用无形资产的设计能力}{运用无形资产的总设计能力}\times 100\%$$

无形资产转让的机会成本＝无形资产转让的净减收益＋无形资产再开发的净增费用

（2）成本-收益法。

在运用成本法评估无形资产的转让、投资价值时，如果无形资产的合理利润或投资报酬率无法直接确定，但无形资产的贡献率（分成率）和使用无形资产后每年的净收益是可以预测的，就可以将成本法和收益法结合使用，即成本—收益法。其计算公式为：

$$P=\frac{1}{(1-\beta_2)}(C+\beta_1 V)(1-\beta_3)+K\sum_{t=1}^{n}\frac{R_t}{(1+r)^t}$$

式中：$P$——无形资产评估值；

$C$——无形资产研制开发中的物化劳动消耗；

$V$——无形资产研制开发中的活劳动消耗；

$\beta_1$——科研人员创造性劳动倍加系数；

$\beta_2$——科研的平均风险系数；

$\beta_3$——无形资产的损耗率；

$K$——无形资产分成率：

$R_t$——第 $t$ 年分成基数(超额收益);

$n$——收益期限;

$r$——折现率。

上式也可以改写为

$$P=\text{重置成本净值}+K\sum_{t=1}^{n}\frac{R_t}{(1+r)^t}$$

公式中的重置成本净值应根据被估无形资产是外购还是自创、是属于技术型还是非技术型无形资产、是普通许可还是独占许可等具体情况，选择恰当的方式估算。

### 三、无形资产评估的市场法

虽然无形资产具有的非标准性和唯一性特征限制了市场法在无形资产评估中的使用，但这不排除在评估实践中仍有应用市场法的必要性和可能性。如果有充分的源于市场的交易案例，可以从中取得作为比较分析的参照物，并能对评估对象与可比参照物之间的差异作出合适的调整，就可应用市场法。

## 第三节　专利权和专有技术的评估

### 一、专利资产评估

#### (一)专利资产的概念、特点及转让方式

**1. 专利资产的概念**

专利权是指经国家专利机关依法认定、批准的，授予发明创造人或其权利受让人在一定期限内对某发明成果享有的独占权或专有权。专利权人依法对其发明创造享有制造、使用、销售的独占实施权或许可他人实施的权利。专利权包括发明、实用新型和外观设计三种。发明是指对产品、方法或者其改进提出新的技术方案，包括产品发明和制造产品的方法发明。实用新型是指对产品的形状、构造或者其结合所提出的适于实用的新技术方案，不包括制造产品的方法。外观设计是指对产品的形状、图案、色彩或者其结合所作出的富有美感并适于工业应用的新设计。

**2. 专利资产的特点**

(1)专利资产确认复杂。专利技术成为资产的前提是可以为特定权利人带来经济利益，同时还必须符合法律的相关规定。法律在对专利技术提供保护的同时，也对专利技术获得保护的条件作了明确的规定。也就是说，专利技术成为资产，必须符合法律

的相关规定。另外，法律同时还对专利技术获得保护的范围及时限等作了明确规定。这使专利资产与一般的有形资产相比，在资产确认方面更为复杂。

(2)收益的不确定性。专利资产的收益能力与有形资产相比，具有一定的不确定性。这种不确定性主要体现在专利资产在应用过程中存在的风险，包括技术风险、市场风险、资金风险及管理风险。另外，由于专利资产属于无形资产，在交易过程中，与有形资产相比，存在一定的困难，增加了专利技术价值实现的难度。这些困难包括：专利技术交易价格的不确定性、专利技术移植的难度及专利技术交易的多样性。评估人员在对专利资产进行评估过程中，必须充分考虑其收益能力不确定的特性，并且体现在参数的选取上。

(3)法律特征。专利资产在法律上有时间性、地域性和排他性的特征。

专利资产的时间性是指其权利的时限是由法律确定的。由于《专利法》对发明、实用新型和外观设计三种专利的保护期限作了明确规定，发明为 20 年，实用新型和外观设计为 15 年。专利期满后，《专利法》将不再提供保护，则该技术将成为公知技术，任何人都可以无偿地使用。在此需指出，资产评估中的价值不包括社会价值。

专利资产的地域性是指在其获得专利权的国家或地区，该项技术依当地专利法的规定获得保护，如超出这个范围，专利权就失效。专利资产的地域性特征对国外专利技术及国内专利技术在国际市场的价值有决定性的作用。

专利资产的排他性指在专利权有效期内法律赋予专利所有人排他性地运用专利的特权。任何单位和个人未经专利权人许可，都不得实施其专利。这是该专利获得超额利润的保证，也是确保《专利法》立法目的实现的基础。

**3. 专利资产的转让方式**

专利权的不同转让方式将直接影响具体评估方法和评估值。专利权转让一般有两种情形：一种情形是刚刚研究开发的新专利技术，专利权人尚未投入使用就直接转让给接受方；另一种情形是转让的专利已经过长期的或一段时间的生产，是行之有效的成熟技术，而且转让方仍在继续使用。

专利权转让形式很多，但总的来说，可以分为全权转让和使用权转让。使用权转让往往通过技术许可贸易形式进行，这种使用权的权限、时间期限、地域范围和处理纠纷的仲裁程序都是在许可证合同中加以确认的。

(1)使用权限。使用权限按技术使用权限的大小，可分为独家使用权、排他使用权、普通使用权和回馈使用权。独家使用权是指在许可证合同所规定的时间和地域范围内卖方只把技术转让给某一特定买主，买方不得卖给第二家买主，同时卖主自己也不得在合同规定范围内使用该技术和销售该技术生产的产品。显然，这种转让的卖方索价会比较高。排他使用权是指卖方在合同规定的时间和地域范围内只把技术授予买方使用，同时卖方自己保留使用权和产品销售权，但不再将该技术转让给第三者。普通使用权是指卖方在合同规定的时间和地域范围内可以向多家买主转让技术，同时卖方自己也保留技术使用权和产品销售权。回馈转让权是指卖方要求买方在使用过程中对转让技术的改进和发展反馈给卖方的权利。

(2)时间期限和地域范围。技术许可证合同一般都规定明确的地域范围和有效期限。买方的使用权不用超过规定的地域范围，专利技术的许可期限因技术不同，时间长短也不同。

(3)法律和仲裁。技术许可证合同是依照参与双方所在国的法律来制定的，具有法律效应，受法律保护。一方违约时另一方可以遵照法律程序追回损失。

### (二)专利资产评估程序

(1)证明和鉴定专利资产的存在。收集能够证明专利权存在的专利说明书、权利要求书、专利证书及有关法律性文件等资料，并请有关专家鉴定该专利的有效性和可用性。

(2)确定评估方法，收集相关资料。专利权评估应用收益法情形较多。收益法的运算过程在前面已经详述，重要的任务是收集相关资料，以确定方法运用中的各项技术参数和指标。收集的资料主要包括技术资料、经济及市场资料、法规资料和资产占有方、管理方方面的资料。

(3)评定估算并完成评估报告。上述收集的资料是知识产权评估的基础资料，评估人员应进行认真核实、分析，这些基础资料是资产清查工作的目的及成果，它将为下一步的评定估算工作做好充分的准备。资料分析主要包括技术状况分析、收益能力分析、市场分析和投资可行性分析。在信息资料核查分析的基础上运用所选择的评估方法评定估算。最后完成评估报告，评估报告是专利权评估结果的最终反映，但这种结果是建立在各种分析、假设基础之上的，为了说明评估结果的有效性和适用性，评估报告中应详尽说明评估中的各有关内容。

### (三)专利资产的评估方法

#### 1. 收益法

运用收益法评估，需要测算专利技术使用所产生的追加利润(或称收益额)、收益年限、折现率等指标。专利资产的收益额是指直接由专利资产带来的预期收益，对于收益额的测算，通常可以通过直接测算超额收益和通过利润分成率测算获得。由于专利资产收益的来源不同，可以将专利资产划分为收入增长型专利和费用节约型专利来测算，也可以通过分成率方法测算。在实际评估工作中，通常采用利润分成法或销售收入分成法来估算追加利润。利润分成率反映专利技术对整个利润额的贡献程度。利润分成率确定为多少合适，据联合国工业发展组织对印度等发展中国家引进技术价格的分析，认为利润分成率为16%～27%是合理的；美国一般认为10%～30%是合理的；我国理论工作者和评估人员通常认为利润分成率为25%～30%较合适。这些基本分析在实际评估业务过程中具有参考价值，但更重要的是对被评估专利技术进行切合实际的分析，确定合理的、准确的利润分成率。

#### 2. 成本法

成本法应用于专利技术的评估，主要用于分析计算其重置完全成本构成、数额以

及相应的贬值率。专利分为外购和自创两种。外购专利技术的重置成本确定比较容易，自创专利技术的成本一般由以下因素组成(注意与会计上自创无形资产成本构成内容不一致)。

(1)研制成本。研制成本包括直接成本和间接成本两大类。直接成本是指研制过程中直接投入发生的费用，间接成本是指与研制开发有关的费用。

拓展阅读

研制成本中直接成本和间接成本的分类

直接成本一般包括：材料费用，即为完成技术研制所耗费的各种材料费用；工资费用，即参与研制技术的科研人员和相关人员的费用；专用设备费，即为研制开发技术所购置或专用设备的摊销；资料费，即研制开发技术所需的图书、资料、文献、印刷等费用；咨询鉴定费，即为完成该项目发生的技术咨询、技术鉴定费用；协作费，即项目研制开发过程中某些零部件的外加工费以及使用外单位资源的费用；培养费，即为完成本项目，委派有关人员接受技术培训的各种费用；差旅费，即为完成本项目发生的差旅费用；其他费用。

间接成本主要包括：管理费，即为管理、组织本项目开发所负担的管理费用；非专用设备折旧费，即采用通用设备、其他设备所负担的折旧费；应分摊的公共费用及能源费用。

(2)交易成本。交易成本即发生在交易过程中的费用支出，主要包括：技术服务费，即卖方为买方提供专家指导、技术培训、设备仪器安装调试及市场开拓费；交易过程中的差旅费及管理费，即谈判人员和管理人员参加技术洽谈会及在交易过程中发生的食宿及交通费等；手续费，即指有关的公证费、审查注册费、法律咨询费；税金，即无形资产交易、转让过程中应缴纳的相关税费。

由于评估目的的不同，其成本构成内涵也不一样，在评估时应视不同情形考虑以上成本的全部或一部分。

## 二、专有技术评估

### (一)专有技术的概念及特点

#### 1. 专有技术的概念

专有技术又称非专利技术、技术秘密，是指为特定的人所知的未公开其完整形式、处于保密状态、并未申请专利的具有一定价值的知识或信息。主要包括设计资料、技术规范、工艺流程、材料配方、经营诀窍和图纸、数据等技术资料。专有技术与专利权不同，从法律角度讲，它不是一种法定的权利，而仅仅是一种自然的权利，是一项收益性无形资产。从这一角度来说，进行专有技术的评估，首先应该鉴定专有技术存

在的客观性。这一判断难度要大于专利权的判断。

**2. 专有技术的特点**

一般来说，企业中的某些设计资料、技术规范、工艺流程、配方等之所以能作为专有技术存在，是因为专有技术有以下特点：

(1)实用性。专有技术的价值取决于其是否能够在生产实践过程中操作，不能应用的技术不能称为专有技术。

(2)获利性。专有技术必须有价值，表现在它能为企业带来超额利润。价值是专有技术能够转让的基础。

(3)保密性。保密性是专有技术的最主要特性。如前所述，专有技术不是一种法定的权利，其自我保护是通过保密性进行的。

### (二)影响专有技术价值的因素分析

在专业技术评估中，应注意研究影响专有技术评估值的各项因素，这些因素主要有：

(1)专有技术的使用期限。专有技术由于依据保密手段进行垄断，不受法律保护，因而没有法定的有效期限。确定专有技术的有效使用年限或剩余寿命，主要是为了确定其能带来超额收益的期限长度。一旦专有技术成为公开技术，该专有技术就不存在无形资产价值了。因此评估时评估者应综合考虑本领域的技术发展情况、市场需求情况及技术保密情况进行估算专利技术的使用期限，或者根据双方合同、协议条款来分析。

(2)专有技术的预期获利能力。专有技术的价值在于其使用所带来的超额获利能力。评估时应充分分析专有技术的直接和间接获利能力。由于专有技术的保密特性，市场上没有可比资料，通过市场途径来评估不可行，较常用的方法是按该技术的制成品所带来的超额利润进行估算。

(3)专有技术的市场情况。专有技术的价值取决于其技术水平在同类技术中的领先程度。某项技术在国内发展和更新换代速度和市场可替代技术越多，专有技术价格越低；相反，如果专有技术开发难度大或可替代技术少，则专有技术价格更高。

(4)专有技术的开发成本。专有技术的开发成本高低，也会影响到专有技术的评估价值。评估时，应根据不同技术特点，研究开发成本及其获利能力的关系。

(5)保密措施。专有技术保密措施的核查，是核查专有技术是否处于保密状态及易于公开的环节。评估中，评估人员可从核心技术人员的流动情况、保密协议及保密制度以及其他相关的保密措施入手核查。

### (三)专有技术的评估程序和评估方法

(1)收益法。收益法可用以下例子解释。

【例 9-2】 某饮料生产企业将其饮料生产专有配方转让给另一家饮料生产厂。由于该配方具有一定的先进性，生产的饮料口感特别受消费者喜爱，预计使用该配方后

生产出的饮料会比较畅销。双方签订合同，约定受让方在未来 4 年内，每年从其销售毛收入中提取 10%给该配方持有企业. 作为该配方的转让费。折现率为 15%。试计算该配方的转让评估价值。

该配方的转让评估价值估算过程如下：

预测使用该配方后未来 4 年的销售收入分别为 80 万元、90 万元、95 万元和 95 万元。

该配方转让的评估价值为

$$10\%\times\left(\frac{80}{1.15}+\frac{90}{1.15^2}+\frac{95}{1.15^3}+\frac{95}{1.15^4}\right)\times(1-25\%)=19.08(\text{万元})$$

(2)成本法。成本法可用以下例子解释。

【例 9-3】 某企业有 200 张机械零部件工艺设计图纸. 已经使用 5 年。经专家从工艺设计图纸的设计先进性和保密性等方面鉴定认为，有 180 张图纸仍然可以作为有效的非专利技术资产，预计剩余经济使用年限为 6 年。根据该类图纸的设计、制作耗费估算，当前每张图纸的重量成本为 3000 元。试计算该批图纸的价值。

该批图纸的价值估算过程如下：

该批图纸的重置成本：

180×3 000＝540 000(元)

该批图纸的成新率为：

6÷(6＋5)＝54.54%

该批图纸的价值为：

540 000×54.54%＝294 516(元)

## 第四节　其他无形资产的评估

### 一、商标资产评估

#### (一)商标资产评估对象的确认

商标是商品的标记，是商品生产者或经营者为了把自己的商品区别于他人的同类商品，在商品上使用的一种特殊标记。这种标记一般是由文字、图形、字母、数字、三维标志和颜色组合而成。

商标的作用表现在：商标表明商品或劳务的来源，说明该商品或劳务来自何企业，商标能把一个企业提供的商品或劳务与其他企业的同一类商品或劳务相区别；商标标志一定的商品或劳务的质量；商标反映向市场提供某种商品或劳务的特定企业的声誉。消费者通过商标可以了解这个企业形象，企业也可以通过商标宣传自己的商品，

提高企业的知名度。

从经济学角度来说，商标的这些作用最终能为企业带来超额收益。从法律角度来说. 保护商标也就是保护企业获取超额收益的权利。

### （二）商标的分类

(1)按商标是否具有法律保护的专用权。按商标是否具有法律保护的专用权，可以分为注册商标和未注册商标。《中华人民共和国商标法》(以下简称《商标法》)规定经商标局核准注册的商标为注册商标，包括商品商标、服务商标和集体商标、证明商标，商标注册人享有商标专用权，受法律保护。我们所说的商标权的评估，指的是注册商标专用权的评估。

(2)按商标的构成。按商标的构成可以划分为文字商标、图形商标、符号商标、文字图形组合商标、色彩商标、三维标志商标等。

(3)按商标的不同作用。按商标的不同作用可以分为商品商标、服务商标、集体商标和证明商标等。在这里，集体商标是指以团体、协会或者其他组织名义注册，供该组织成员在商事活动中使用，以表明使用者在该组织中的成员资格的标志。证明商标是指由对某种商品或者服务具有监督能力的组织所控制，而由该组织以外的单位或者个人使用于其商品或者服务，用于证明该商品或者服务的原产地、原料、制造方法、质量或者其他特定品质的标志。

### （三）商标资产及其特点

商标权是商标在注册后，商标所有者依法享有的权益，它受到法律保护，未注册的商标不受法律保护。商标权是以申请注册的时间先后为审批依据，而不以使用时间先后为审批依据。商标权一般包括有排他专用权(或独占权)、转让权、许可使用权、继承权等。排他专用权是指注册商标的所有者享有禁止他人未经其许可而在同一种商品劳务或类似商品劳务上使用其商标的权利。转让权是商标所有者作为商标权人，享有将其拥有的商标转让给他人的权利。我国《商标法》规定：“转让注册商标的，转让人和受让人应当签订转让协议，并共同向商标局提出申请。受让人应当保证使用该注册商标的商品质量。”“转让注册商标经核准后，予以公告。”许可使用权是指商标权人依法通过商标使用许可合同，允许他人使用其注册商标。商标权人通过使用许可合同，转让的是注册商标的使用权。继承权是指商标权人将自己的注册商标交给指定的继承人继承的权利，但这种继承必须依法办理有关手续。

商标权和专利权都属于知识产权中的工业产权，它和专利权一样，需要经过申请、审批、核准、公告等法定程序才能获得。但取得商标权与专利权的实质性条件不同，其表现在：

(1)专利法规定取得专利权的技术要求是新颖性、创造性和实用性；而商标权取得的条件是具有显著性、不重复性和不违反禁用条款。

(2)专利权有法定的有效保护期限，一般不准续展；而商标权尽管在注册时需要规

定有效期。例如，我国商标法规定 10 年，但可以按照每一期 10 年无限续展。

### （四）影响商标资产价值的因素

商标权作为一种无形资产，其经济价值并非简单地由设计、制作、申请、保护等方面所耗费用而形成的，广告宣传有利于扩大商标的知名度，并需要花费高额费用，但这些费用对商标权价值只起影响作用，而不起决定作用。商标权的经济价值体现为它能获得超额收益，不能带来超额收益，商标权也就不具有经济价值。商标之所以能带来超额收益，是因为它是所代表的企业的商品质量、性能、服务等因素的综合性、重复性的显示，有时甚至是一定的效用价格比的标志。它实际上是对企业生产经营的素质，尤其是技术状况、管理状况、营销技能的综合反映。另外商标权的评估价值还与评估基准日的社会、经济状况以及评估目的等密切相关。因此，商标权价值的评估应重点考虑如下几个方面：

(1)商标的法律状态。商标注册情况、商标权的失效、商标权的续展、商标权的地域性和商标权在特定的商品范围内有效。我国实行的是“不注册使用与注册使用并行，仅注册才能产生专用权”的商标专用权制度。只有注册了的商标才具有经济价值，未注册的商标即使能带来经济效益，其经济价值也得不到确认。在我国，注册商标的有效期是 10 年，10 年届满如果没有申请续展，则商标的注册将注销，商标权失效。商标权一旦失效，原商标所有人不再享有商标专用权，也就失去了评估对象，也就不再具有经济价值。商标注册人按期提出续展申请，经商标局核准，商标权可以无限续展。在合法续展的情况下，商标权可成为永久性收益的无形资产。商标权的地域范围对商标权的价值有很大影响。商标所有者所享有的商标权，只能在授予该项权利的国家领域内受到保护，在其他国家则不发生法律效力。商标注册的商品种类及范围影响商标权的价值。

(2)商标的知名度。商标的知名度，即商标的驰名度。商标的知名度越大，其价值就越高。很多国家对驰名商标的保护力度远大于非驰名商标，对驰名商标的认定一般也有着苛刻的条件和复杂的手续。

(3)商标所依托的商品。商标权是商标所有者享有禁止他人未经许可在同一种商品劳务或类似商品劳务上使用其商标的权利。商标权本身不能直接产生收益，其价值大都是依托有形资产来实现的。主要与商品所处的行业及前景、商品的生命周期、商品的市场占有率、竞争状况、商品的利润情况、商品经营企业的素质、经营业绩等因素有关。

(4)宏观经济状况。商标资产的价值与宏观经济形势密切相关，在评估基准日宏观经济景气高涨时，评估值相对较高，低迷时评估值较低。另外，宏观经济政策对商标价值也有一定的影响，财政政策、货币政策是紧是松，尤其是与所评估商标的行业相关的政策走向，也是商标评估必须考虑的因素。

(5)评估目的。商标资产评估目的即商标资产发生的经济行为，评估目的会直接影响到评估方法的选择。同样的资产，因为评估目的不同，其评估方法的选择可能会不

同，同一评估方法中各项评估参数的选取也会不同，因而评估值也往往不同。一般来说，商标所有权转让的评估值高于商标权许可使用的评估值。

从股份制企业商标权评估情况来说，评估目的一般包括：以商标权投资入股、商标权许可使用、商标权转让等等。在股份制改造或股份公司上市时，出于股本结构、出资要求等原因，往往将商标权许可使用。这样做. 既可以保证股份制企业正常生产经营，又不影响其股权结构和出资规定。在这种情况下，不仅要对商标权进行评估，还应评估出年许可使用费标准，作为签订许可使用合同的依据。

(6)类似商标的交易情况。市场上类似商标的交易情况也会影响商标资产的价值。当使用市场法进行商标价值评估时，可比实例及其交易情况对商标价值评估起决定性的作用。这些因素包括可比实例的交易价格、交易情况、本身情况、交易日期等。

(7)商标设计、广告宣传。商标的优劣关系到企业的成败兴衰。一个好的商标设计要求美观、内涵丰富并能展示企业风格，而商标设计的基础在于商标名称的创意和设计。

(8)商标声誉的维护。商标资产的价值与商标声誉的维护有关。商标资产维护时间越长，价值越大。如不维护商标的声誉，商标就会贬值。商标的广告宣传是扩大商标知名度、影响力和维护商标的重要因素。通过广告宣传使大众熟悉该品种或服务，刺激和维持消费需求，从而扩大产品销量，为企业带来更多超额利润。另外，商标的广告宣传费用也是商标成本的重要组成部分。因而，商标的广告宣传对其价值产生重大影响。商标资产的价值与商标的广告宣传费多少有关，但商标资产的价值并不等于商标的广告宣传费用。

(9)其他因素。除上述影响商标价值评估的因素外，还有一些其他情况对商标价值评估构成影响，如商标的注册、使用、购买成本、商标注册时间、有无许可使用等，都是影响商标资产价值的重要因素。

### （五）商标权评估的程序

(1)接受委托，明确有关事项。商标评估的第一步是接受委托方的委托，明确评估中的有关事项。商标资产评估的目的即商标资产发生的经济行为。从商标资产发生的经济行为方式来说，可分为商标权转让和商标权许可使用。商标权转让是指转让方放弃商标权，转归受让方所有，实际上是商标所有权出售。商标权许可使用则是拥有商标权的商标权人在不放弃商标所有权的前提下，特许他人按照许可合同规定的条款使用商标。商标评估的范围包括待评商标的种类、数量及应用的商品种类和地域范围。确定评估基准日，明确待评商标的价值时点。

(2)向商标权人收集有关资料。商标权人概况和经营业绩，包括前 3～5 年财务报表；商标概况，包括商标注册有关的法律性证件、商标权人、注册时间、注册地点、注册证书号、有效期及续展条件、保护内容、商标的适用范围、商标的种类、许可使用和转让情况等；商标权的成本费用和历史收益情况，包括商标权申报或购买、持有等项支出成本，商标使用、许可使用及转让所带来的历史收益；商标的知名度，广告

宣传情况，同类产品的名牌商标；商标的预期寿命和收益情况，包括使用该商标产品的预期寿命、单位售价、销售量、市场占有率和利润情况，同种产品单位售价情况、主要竞争对象的市场占有率、盈利情况等；相关产业政策、财税政策等宏观经济政策对其的影响。

(3)市场调研和分析。主要内容包括产品市场需求量的调研和分析、商标现状和前景的分析、商标产品在客户中的信誉、竞争情况的分析、商标产品市场占有率的分析、财务状况分析、市场环境变化的风险分析以及其他相关信息资料的分析等。

(4)确定评估方法，收集确定有关参数。商标权评估较多的是采用收益法，但也不排斥采用市场法和成本法。由于商标的单一性，同类商标价格获取的难度，使市场法应用受到限制；商标权的投入与产出具有弱对应性，有时设计创造商标的成本费用较低，其带来收益却很大；相反，有时为设计、创造某种商标成本费用较高，比如为宣传商标投入了巨额的广告费，但带来的收益却不高。因此，采用成本法评估商标权时必须慎重。

(5)计算、分析、得出结论，完成评估报告。

#### (六)商标资产评估方法

商标权评估采用的方法一般为收益法。下面主要介绍说明收益法在商标资产评估中的应用。

### 二、商誉的评估

#### (一)商誉的定义

商誉通常指企业在一定条件下，能获取高于正常投资报酬率的收益所形成的价值。这是企业由于所处地理位置的优势，或由于经营效率高、管理基础好、生产历史悠久、人员素质高等多种原因与同行业企业相比较，可获得超额利润。

从历史渊源考察，20 世纪 60 年代以前所称的无形资产是一个综合体，商誉则是这个综合体的总称。20 世纪 70 年代以后，随着对无形资产确认、计量的需要，无形资产以不同的划分标准，形成各项独立的无形资产。现在所称的商誉，则是指企业所有无形资产扣除各单项可确指无形资产以后的剩余部分。因此，商誉是不可确指的无形资产。

#### (二)商誉的特点

(1)商誉不能离开企业而单独存在，不能与企业可确指的资产分开出售。

(2)商誉是多项因素作用形成的结果，但形成商誉的个别因素，不能以任何方法单独计价。

(3)商誉本身不是一项单独的、能产生收益的无形资产，而只是超过企业可确指的各单项资产价值之和的价值。

(4)商誉是企业长期积累起来的一项价值。

### (三)商誉的评估

(1)割差法评估。割差法是将企业整体评估价值与各单项资产评估值之和进行比较，从而确定商誉评估的方法。基本公式为

商誉的评估值＝企业整体资产评估值－企业可确指各单项资产价值之和

企业整体资产评估值可以通过预测企业未来预期收益并进行折现或资本化获取；对于上市公司，也可以按股票市值确定。采取上述评估方法的理论依据是，企业价值与企业可确指的各单项资产价值之和是两个不同的概念。如果有两个企业，企业可确指的各单项资产价值之和大体相当，但由于经营业绩悬殊，其企业价值自然相去甚远。企业中的各项资产，包括有形资产和可确指的无形资产，由于其可以独立存在和转让，评估价值在不同企业中趋同。但它们由于不同的组合，不同的使用情况和管理，使之运行效果不同，导致其组合的企业价值不同。使各类资产组合后产生的超过各项单项资产价值之和的价值，即为商誉。

(2)超额收益法评估商誉。商誉评估值指的是企业超额收益的本金化价格。把企业超额收益作为评估对象进行商誉评估的方法称为超额收益法。超额收益法可视被评估企业的不同，又可分为超额收益本金化价格法和超额收益折现法两种具体方法。

超额收益本金化价格法是把被评估企业的超额收益经本金化还原，来确定该企业商誉价值的一种方法。其计算公式为

$$\text{商誉价值}=\frac{\text{企业预期收益额}-\text{行业平气收益率}\times\text{企业单项资产评估价值之和}}{\text{适用折现率}}$$

超额收益本金化价格法主要适用于经营状况一直较好、超额收益比较稳定的企业。如果在预测企业预期收益时，发现企业的超额收益仅能维持有限期的若干年，这类企业的商誉评估不宜采用超额收益本金化价格法，而应改按超额收益折现法进行评估。

超额收益折现法是把企业可预测的若干年预期超额收益进行折现，把其折现值确定为企业商誉价值的一种方法。其计算公式为

$$\text{商誉的价值}=\sum_{t=1}^{T}\frac{R_t}{(1+r)^t}$$

式中：$R_t$——第 $t$ 年企业预期超额收益；

$r$——折现率；

$T$——收益期限。

【例 9-4】 某企业预计将在今后 5 年内保持其具有超额收益的经营态势，估计预期年超额收益额保持在 22 500 元的水平上，该企业所在行业的平均收益率为 12%。试评估该企业商誉价值。

商誉的价值＝22 500×0.89＋22 500×0.80＋22 500×0.71

＋22 500×0.64＋22 500×0.57
＝81 225(元)

## 三、专营权评估

专营权又称特许经营权，它是指获准在一定区域、一定时间内经营或销售某种特定商品的专有权利。专营权一般分为两种：一种是政府特许的专营权(许可证)，如生产许可证、进出口许可证；另一种是企业特许另一企业使用其商标权或在特定地区内经营销售某产品，如某电视机厂允许另一电视机厂使用其商标和厂名生产电视机等。专营权的实行一般能使专营权拥有者获得较高的经济收益。专营权的评估就是评估专营权带来的额外经济收益和付出的代价，其现值的差额就是专营权益。

【例 9-5】A 企业为了生产、销售方便，允许另一地区的一家 B 企业利用其专营商标，生产其专营的特种公安器材，时间 5 年。双方约定由 B 企业每年按其销售利润的 15％一次向 A 企业缴纳专营使用费。求该专营使用费的重估价值。

经预测，在使用专营权期间，B 企业在第 1 年可获取销售利润 100 万元，第 2 至第 5 年平均每年获取销售利润 150 万元，设折现率为 12％，则这项专营使用价值的现值为

(100×0.893＋150×2.712)×15％＝74.42(万元)

## 四、租赁权评估

### (一)租赁权评估

租赁权是在租赁合同规定的期限内将财产的使用权转让给承租方，承租方按照合同规定所获得的财产使用权。承租方必须向出租方支付一定的报酬，并在财产使用完毕之后将原物返还给出租方。

租赁权评估不是对租赁期间的租金的评估。租赁权体现在对租人资产的占有、使用和收益上，其收益一般说应该高于为占有、使用该资产所支付的成本，如租金、维修费等，这个额外的收益就构成了租赁权的价值。因此，租金不是租赁权的价格，租赁权的评估对象是租赁行为可能带来的超额经济收益，评估的依据也是租赁权产生的经济效益。其评估思路为用收益现值法计算出各期租赁资产预计的可实现收益，减去合同规定的租金，再折现汇总。

### (二)合同权益评估

合同权益是依照已签订的合同条件而存在的权利。合同本身规定了相应的权利和义务，规定了权利存在的条件和时限，规定了权利转移和补偿的条款等。如果合同包括了许多有利因素，出于产权交易、索赔等目的，则需要对合同权益进行评估。

拓展阅读

合同权益的分类

合同权益的典型例子是租赁权益。除此之外，还有许多有关商品和劳务的合同都是有价值的。这些合同主要可分为两类：收入合同与供给合同。

1. 收入合同

(1)有利的出租合同。前面从承租人角度分析了租赁权益，实际上出租人也可以享有租赁合同的额外收益，只要合同条款比市场条件更有利。

(2)有效进行销售、保管、运输的协作合同，对外提供劳务和服务的有利合同。特别是在市场萧条情况下，产品和劳务的销售合同是很有价值的。

(3)比市场条件较优惠的保险补偿合同等。

2. 供给合同

(1)优惠贷款和筹资协议。

(2)供应原材料和配套产品的协议。特别重要的是供应紧缺物资或服务的协议，包括某些紧俏物质的国家分配指标、用电指标等。

(3)提供有关社会服务的协议，如职工培训、子女入托、上学等协议。没有这些协议或者没有这方面的服务条件，企业就将在这方面付出更多，甚至影响到生产经营。

评估合同权益的通常办法是将合同条款决定的权益与现行市场合同权益进行比较，其差额就是合同权益。另一种办法是从企业全部收益中扣除其他生产要素的报酬，剩余额就是“一揽子”合同权益，具体方法与租赁权益的评估基本相同。

## 思　考　题

1. 无形资产转让、投资评估的前提是什么？
2. 影响无形资产价值评估的因素有哪些？

# 第十章 企业价值评估

1. 了解企业组织形式，熟悉企业价值的概念和构成；
2. 掌握企业价值影响因素，掌握运用收益法进行企业价值评估；
3. 理解企业价值评估的其他方法，从而具备初步的评估企业价值的能力。

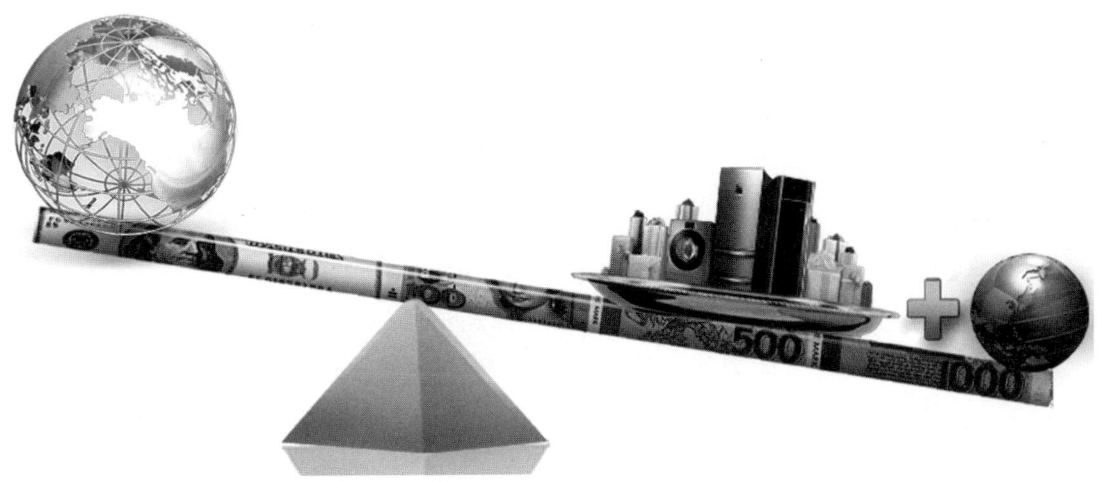

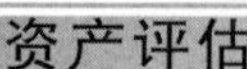



经典案例

A公司(非上市企业)是哈尔滨市一家水稻加工企业，主要产品为大米，市场销售一直比较稳定，多年来每年净收益为100万元左右。A公司为3个自然人于2002年投资500万元组建的有限责任公司，甲作为股东之一持有A公司50%的股权。2016年12月，甲决定出国定居，拟全部转让其持有的A公司股权。

B企业有意收购股东甲所持有的那部分股权，但双方协商交易价格时出现分歧。B企业首先派调查员进入A公司，开展调查摸底。在调查A企业财务数据后，B企业财务人员认为A企业全部实物资产不足700万元，只认可支付350万元(700×50%)交易对价。而甲认为其持有的股权每年为其产生50万元经济收益，且股权转让后B企业未来将无限期享受持续流入的经济收益，因此保守估计交易价格不能低于5 000万元(甲谦虚地给出100年收益期限，并认为这是下限，进而自认为50万元/年×100年=5 000万元属于比较保守价格)。

5000万元与350万元的巨大心理落差让甲无法接受，收购谈判进入僵局。最终，双方决定聘请资产评估机构，并认可，该部分股权交易价格将根据资产评估机构出具的企业价值参考意见协商确定。

你作为受委托评估机构的评估人员，如何执行该项评估业务？你通过本情境课程学习，将了解企业组织形式，熟悉企业价值评估基本原理及企业价值评估基本方法运用，从而具备分析和解决企业价值评估实际问题的能力。

# 第一节　认知企业价值评估

## 一、企业及其价值

### (一)企业的概念及其特点

#### 1. 企业的概念

企业是以盈利为目的，按照法律程序建立的经济实体，形式上体现为由各种要素资产组成并具有持续经营能力的自负盈亏的经济实体。现代企业不仅是一个经济组织，它的存在还必须接受一定的法律法规的约束。例如，我国《中华人民共和国公司法》《中华人民共和国合伙企业法》对企业的界定中，均强调企业是依法成立的社会经济组织，确定了企业的法律属性。

**2. 企业的特点**

(1)合法性。企业是依法建立起来的经济组织，它的存在必须接受法律、法规的约束。对企业的判断和界定必须首先从法律、法规的角度，从合法性、产权状况等方面进行。

(2)盈利性。企业作为一种特殊的资产，其经营目的就是盈利。为了达到盈利的目的，企业需要在既定的生产经营范围内，以其生产工艺为主线，将若干要素资产有机组合并形成具有盈利能力的整体。

(3)整体性。构成企业的各种要素资产虽然具有不同功能，但只要它们在服从特定的系统目标前提下构成企业整体，其各种要素资产的功能就会产生相互补充，因此，它们可以被整合为具有良好整体功能的资产综合体。但是，有时构成企业的各种要素资产的个体功能良好，如果它们不能服从特定系统目标拼凑成企业，它们之间的功能可能就会不匹配，由此组合而成的企业整体功能也未必良好。因此，整体性是企业区别于其他资产的一个重要特征。

(4)持续经营与环境适应性。企业要实现其盈利的目的，就必须进行持续经营，在持续经营中不断创造收入、降低费用和成本。而企业要在持续经营中保证实现盈利目的，企业要对各种生产经营要素进行有效组合并保持最佳使用状态，企业还必须能够适应不断变化的各种外部环境及市场结构，并适时做出调整，包括生产经营方向、生产经营规模，即保持企业生产结构、产品结构与市场结构的协调。

(5)权益可分性。从企业作为生产经营能力和获利能力载体的角度看，企业具有整体性的特点，企业的要素资产是不能随意拆分的。但是，企业权益却具有可分性的特点，企业的权益可分为股东全部权益和股东部分权益。

**3. 企业的组织形式**

企业组织形式是指企业财产及其社会化大生产的组织状态，它表明一个企业的财产构成、内部分工协作与外部社会经济联系的方式。企业的类型一般划分为公司制企业、合伙企业和个人独资企业。

(1)公司制企业。公司是企业的一种重要组织形式。公司是企业法人，有独立的法人财产，享有法人财产权。公司以其全部财产对公司的债务承担责任。其主要形式分为有限责任公司和股份有限公司两种。有限责任公司的股东以其认缴的出资额为限对公司承担责任；股份有限公司的股东以其认购的股份为限对公司承担责任。

《公司法》第 3 条规定公司是企业法人，有独立的法人财产，享有法人财产权。公司以其全部财产对公司的债务承担责任。”根据该条规定，股东出资后，其用作出资的财产所有权即与股东相分离，转为公司所有的财产，由公司享有法人财产所有权，并依法实施占有、使用、收益和处分权，股东不能再直接支配出资财产。

一人有限责任公司是有限责任公司的一种特殊形式，是指只有一个自然人股东或者一个法人股东的有限责任公司。一个自然人只能投资设立一个一人有限责任公司。该一人有限责任公司不能投资设立新的一人有限责任公司。一人有限责任公司应当在

公司登记中注明自然人独资或者法人独资，并在公司营业执照中载明。一人有限责任公司的股东不能证明公司财产独立于股东自己的财产的，应当对公司债务承担连带责任。

(2)合伙企业。合伙企业是由两个或两个以上的自然人通过订立合伙协议，共同出资经营、共负盈亏、共担风险的企业组织形式。合伙企业分为普通合伙企业(其中包括特殊的普通合伙企业)和有限合伙企业。

(3)个人独资企业。个人独资企业是指由一个自然人投资设立的营利性经济组织。企业财产为投资人个人所有，投资人以其个人财产对企业债务承担无限连带责任。个人独资企业不具有法人资格，也无独立承担民事责任的能力。但个人独资企业是独立的民事主体，可以以自己的名义从事民事活动。同时，个人独资企业的分支机构的民事责任由设立该分支机构的个人独资企业承担。个人独资企业的投资人只能是自然人，不包括法人。投资人只能是中国公民，不包括港、澳、台同胞。国家公务员、党政机关领导干部、法官、检察官、警官、商业银行工作人员等，不得投资设立个人独资企业。

个人独资企业的名称中不能出现“有限”“有限责任”或者“公司”字样。

《个人独资企业法》第17条规定：“个人独资企业投资人对本企业的财产依法享有所有权，其有关权利可以依法进行转让或者继承。”《个人独资企业法》第31条明确规定：“个人独资企业财产不足以清偿债务的，投资人应当以其个人的其他财产予以清偿。”《个人独资企业法》第18条规定：“个人独资企业投资人在申请企业设立登记时明确以其家庭共有财产作为个人出资的，应当依法以家庭共有财产对企业债务承担无限责任。”

一人有限责任公司与个人独资企业均是市场法律主体，都是由一个投资主体创立的。两者在形式上有相似之处，但两者在本质上却存在根本区别。一人有限责任公司属于法定民事主体，具有法人资格，个人独资企业不具有。一人有限责任公司是独立的企业法人，股东仅以其所认缴的出资额为限对公司债务承担有限责任，但一人有限责任公司的股东不能证明公司财产独立于股东自己财产的，应当对公司债务承担连带责任。个人独资企业不是独立的企业法人，不具备法人资格，投资人以个人财产对企业债务承担无限责任。

### (二)企业价值的概念

企业价值是企业获利能力的货币化体现。企业价值可定义为企业遵循价值规律，通过以价值为核心的管理，使所有与企业利益相关者(包括股东、债权人、管理者、普通员工、政府等)均能获得满意回报的能力。企业给予其利益相关者回报的能力越强，企业的价值就越高。而这个价值是可以通过其经济定义加以计量的。评估人员应从以下三个方面的特点理解企业价值：

(1)企业价值是一个整体概念。企业的价值通常不能通过对企业所拥有的各项资产进行简单相加而得到，而是将企业的人力、物力、财力等生产经营要素整合到一起所

体现出来的目前以及未来的获利能力。

(2)企业价值受企业可存续期限的影响。企业价值依附于企业这一实体而存在，企业这一实体本身又具有生命周期。在企业的生命周期中，其发展、成长、成熟、衰退等不同阶段的企业价值也会有所不同。与其他资产相比，企业未来的存续期限往往是不确定的，很多时候难以预计，这对企业价值评估产生影响。

(3)资产评估中的企业价值表现形式具有虚拟性。金融制度的变迁导致了企业的实体价值与虚拟价值并存，两者分别依托于实体经济和虚拟经济而存在。实体经济是指商品市场上进行的生产、流通、交换和消费活动以及自给自足等非商品的经济活动。企业的实体价值表现为企业在商品市场上的交易价格或资产价值(包括有形资产和无形资产)。虚拟经济是指金融市场上金融资产的形成和交易活动。企业的虚拟价值是指在金融市场上(特别是指股票市场)形成的企业虚拟资产(股票)的市场价格。在实体价值与虚拟价值并存的情况下，对企业价值的判断应综合考虑企业实体价值和虚拟价值带来的影响。

### (三)企业价值与业务价值

业务是指企业内部某些生产经营活动或资产负债的组合，该组合具有投入、加工处理和产出能力，能够独立计算其成本费用或所产生的收入。比如企业的分公司、不具备独立法人资格的分部等。企业持有业务的目的，主要是为了向投资者提供回报，能够为企业的生产经营带来经济利益。业务与企业具有很多相同之处，都以获利为出发点，都考虑利益相关者的期望并承担社会责任，都能够独立计算经营收益。业务与企业的主要差异体现在主体资格方面。业务存在于企业内部，不是依法设立的实体组织。业务不具备独立法人资格，当然合伙企业和个人独资企业与业务一样不具备独立法人资格，从这个角度讲，业务与合伙企业和个人独资企业具有相似性。

对于存在多种业务类型、经营活动涉及多种行业的企业，可以将其不同的业务或业务单元进行拆分，拆分后的各项业务之间不再有相互依赖关系，各自独立为实体组织。因此，在资产评估实践活动中，可以将业务价值理解为企业价值的一种特殊形式。

在企业并购业务实践中，涉及业务并购的案例层出不穷。例如，联想于 2004 年与 IBM 签订资产购买协议，以 12.5 亿美元收购 IBM 的 PC 事业部(全球台式电脑和笔记本业务)。

### (四)企业价值影响因素

影响和决定企业价值的因素很多，不同因素之间还可能相互作用。在企业价值评估实务中，通常是把企业置于发展的环境中，依次从宏观环境因素、行业发展状况和企业自身状况三个方面对影响企业价值的因素进行梳理，分别涉及宏观、中观和微观三个层次。

## 二、企业价值评估的概念和特点

企业价值评估是指评估人员依据相关法律、法规和资产评估准则，对评估基准日特定目的下企业整体价值、股东全部权益价值或者股东部分权益价值等进行分析、估算并发表专业意见的行为和过程。

企业价值是企业在特定时期、地点和条件约束下所具有的持续获利能力的市场表现。企业价值评估具有以下特点：

(1)从评估对象来看，企业价值评估的对象包括企业整体价值、股东全部权益价值和股东部分权益价值。而从企业价值评估的范围和资产构成看，企业价值评估的范围包括构成企业的全部要素资产，企业价值评估的范围涵盖了构成企业的所有单项资产及资产组合体。

(2)从决定企业价值的因素来看，决定企业价值的因素是企业的整体获利能力。企业价值评估是对企业具有的潜在获利能力所能实现部分的估计。

(3)企业价值评估是一种整体性评估，它充分考虑了企业各构成要素资产之间的匹配与协调，以及企业资产结构、产品结构与市场结构之间的协调，而并非企业各单项资产评估值的简单相加。

## 三、企业价值评估结果的价值类型

与其他资产评估结果的价值类型分类一样，企业价值评估结果的价值类型也包括市场价值和市场价值以外的价值两类。

企业价值评估中的市场价值，是指企业在评估基准日公开市场上正常使用状态下最有可能实现的交换价值的估计值。评估企业的市场价值要求评估人员在评估时所使用的信息资料都来源于市场，即使是企业提供的并且是真实的数据资料，评估人员也需要进行认真分析，判断这些信息资料是否属于公开市场信息，用于企业市场价值评估的信息资料必须是公开市场信息。由于评估企业价值的市场价值所依据的信息资料都来源于公开市场，因此，企业价值评估中的市场价值的公允合理性是面向整个市场的，而不是针对某个特殊投资者的。

企业价值评估中的市场价值以外的价值并不是一种具体的企业价值存在形式，它是一系列不符合企业价值评估中的市场价值定义条件的价值形式的总称或组合。企业价值评估中的市场价值以外的价值也是企业公允价值的具体表现形式，企业价值评估中的市场价值以外的价值主要包括投资价值、持续经营价值、保险价值、清算价值等。

投资价值是指企业对于具有明确投资目标的特定投资者或某一类投资者所具有的价值。如企业并购中的被评估企业对于特定收购方的收购价值；关联交易中的企业交易价值；企业改制中的管理层收购价值等。企业的投资价值可能正好等于企业的市场价值，也可能高于或低于企业的市场价值。

持续经营价值是指被评估企业按照评估基准日时的用途、经营方式、管理模式等继续经营下去所能实现的预期收益(现金流量)的折现值。企业的持续经营价值是一个整体的价值概念，是相对于被评估企业自身既定的经营方向、经营方式、管理模式等所能产生的现金流量和获利能力的整体价值。由于企业的各个组成部分对企业的整体价值都有相应的贡献，企业持续经营价值可以按企业各个组成部分资产的相应贡献被分配给企业的各个组成部分资产，即构成企业各局部资产的在用价值。

保险价值是指根据企业的保险合同或协议中规定的价值定义所确定的价值。

清算价值从性质上讲，是指企业处于清算、迫售、快速变现等非正常市场条件下所具有的价值。从数量上看，企业的清算价值是指企业停止经营，变卖所有的企业资产所得现金减去所有负债后的余额。破产清算企业的价值评估，不是对企业持续经营前提下的价值揭示，该类企业作为生产要素整体继续经营已经不经济了，或者说企业作为生产要素整体已经丧失了盈利能力，因而也就不具有通常意义上的持续经营企业所具有的价值，对破产清算企业进行价值评估，实际上是对该企业的单项资产的变现价值之和进行判断和估计。在企业作为生产要素整体继续经营已经不经济或者已经丧失了盈利能力的情况下，企业在清算前提下的清算价值并不必然小于企业在持续经营前提下的价值。如果出现了企业生产要素整体继续经营已经不经济或者已经丧失了盈利能力这种情况，评估人员可以向委托方提出咨询建议，建议相关权益人启动被评估企业的清算程序。如果相关权益人有权启动被评估企业的清算程序，评估人员应当根据委托，分析被评估企业在清算前提下价值大于在持续经营前提下价值的可能性。

以上是按正常情况下企业价值评估中价值类型的基本分类，由于我国市场发育程度较低，经济处于转型时期，许多企业产权变动与经济体制改革相关联，在企业产权变动中经常要体现政府的政策因素，产权变动中的企业价值也经常有别于规范市场经济条件下企业价值类型。企业价值评估通常涉及企业兼并重组，但由于产权模糊，导致兼并主体不明确，企业作为受托人无权决定是否兼并而由政府决定兼并。许多国有企业的产权主体由国家代为行使，致使它们之间的并购事实上是在同一产权主体下的交易行为，对企业交易的评估通常选择市场价值以外的价值类型。

## 四、企业价值评估的目的

在企业价值评估中，由于不同的评估目的及评估对象不同，所以对评估方法的选择也会不同。一般来说企业价值评估目的有以下几种。

### (一)企业的买卖出售

企业出售是指对独立核算的子公司或企业内设的分厂、车间及其他整体性资产的出售。在出售方做出出售决策之前，会考虑出售的价值问题，设定出售的底价，对于有意购买的买方来讲，也要估计将要购买的资产的价值。

### （二）企业清算

企业清算是指依据《中华人民共和国企业破产法》的规定，在企业破产时进行清算；或依照国家有关规定对企业改组、合并、撤销法人资格等进行清算；或企业按照合同、契约、协议规定终止经营活动的清算。当企业发生上述清算业务时，都需要对企业的价值有一个合理的估计。

### （三）企业合并

企业之间进行合并，合并过程中的各方都需要对各自的企业价值进行必要的合理估计，以合理协调合并各方的利益。

### （四）税收

在西方国家，如果进行企业或单独某个部门的交易，都必须依照法律缴税，因而，必须首先确定企业交易的课税价值，对企业价值进行评估。

### （五）财务管理

由于财务管理目的是企业价值最大化，也就是在权衡企业相关者利益的约束下实现所有者或股东权益的最大化。对于企业的管理者来讲，在其任期内是否增加了企业价值，企业价值增加了多少，就可能需要对企业价值进行评估。

## 五、企业价值评估范围的界定

### （一）企业价值评估对象和范围

根据评估目的、评估结果的不同用途，以及企业价值评估时的条件等，企业价值评估对象通常分为整体企业权益、股东全部权益和股东部分权益三种。

（1）整体企业权益是指企业总资产价值减去企业负债中的非付息债务价值后的余值，或用企业所有者权益价值加上企业的全部付息债务价值表示。企业整体价值反映了投资资本价值（或投资总额）。评估实践中，评估得出的整体企业权益价值通常并非最终要达到的目的，而是为评估股东全部权益价值而采用的中间过程。

（2）股东全部权益价值是指企业的所有者权益价值或净资产价值。

（3）股东部分权益价值是指企业一部分股权的价值，或股东全部权益价值的一部分。

股东部分权益价值概念并不难理解，但由于存在着控股权溢价和少数股权折价因素，评估人员应当知晓股东部分权益价值并不必然等于股东全部权益价值与股权比例的乘积。在评估实务中，股东部分权益价值的评估通常是在得到股东全部权益价值后再来评定，评估人员应当在适当及切实可行的情况下考虑由于控股权和少数股权等因

素产生的溢价或折价，应当在评估报告中披露是否考虑了控股权和少数股权等因素产生的溢价或折价。

企业价值评估的一般范围，就是为进行企业价值评估所应进行的具体工作范围，通常是指企业产权涉及的具体资产范围。不论是进行整体企业权益价值评估、股东全部权益价值评估，还是进行股东部分权益价值的评估，都要求对企业进行整体性评估。因而，企业价值评估的工作范围必然要涉及企业产权内的所有资产。从产权的角度看，企业价值评估的一般范围应该是企业产权涉及的全部资产，包括以下几个方面：

(1)企业产权主体自身拥有并投入经营的资产。

(2)企业产权主体自身拥有但未投入经营的资产。

(3)不为企业产权主体自身占有及经营，但可以由企业产权主体控制的资产，如企业在全资子公司、控股子公司以及非控股公司中投资的资产。

(4)企业拥有的非法人资格的派出机构、分部及第三产业。

(5)企业实际拥有但尚未办理产权的资产等。

由于界定企业价值评估的一般范围存在复杂性，因而评估人员在企业价值评估业务中，在界定企业价值评估的一般范围时，一般应根据以下有关数据资料进行：

(1)企业价值评估申请报告及上级主管部门批复文件所规定的评估范围。

(2)企业有关产权转让或产权变动的协议、合同、章程中规定的企业资产变动的范围。

(3)企业有关资产产权证明、投资协议、财务报表。

(4)其他相关资料等。

### (二)企业价值评估中的有效资产和无效资产

企业价值的形成基于企业整体盈利能力，评估人员判断估计企业价值，就是要正确分析和判断企业的盈利能力。企业是由各类单项资产组合而成的资产综合体，这些单项资产对企业盈利能力的形成具有不同的作用和贡献。评估人员需要将企业价值评估一般范围内的具体资产按照其在企业中发挥的功效，划分为有效资产和无效资产。

有效资产是指企业中正在运营或虽未正在运营但具有潜在运营能力，并能对企业盈利能力做出贡献、发挥作用的资产。

无效资产是指企业中不能参与生产经营，不能对企业盈利能力做出贡献的非经营性资产、闲置资产，以及虽然是经营性的资产，但在被评估企业已失去经营能力和获利能力的资产的总称。

将企业价值评估一般范围内的具体资产按其在企业盈利能力的形成过程中是否做出贡献划分为有效资产和无效资产，目的在于要正确揭示企业价值。企业的盈利能力是企业中有效资产共同作用的结果，有效资产是企业价值评估的基础，无效资产虽然也可能有交换价值，但无效资产的交换价值与有效资产价值的决定因素、形成路径是有差别的。要正确揭示和评价企业价值，就需要将企业价值评估一般范围内的有效资产和无效资产进行正确界定与区分，将企业的有效资产作为企业价值评估的基本范围

或具体操作范围，对无效资产单独进行评估或其他技术处理。

有效资产和无效资产划分得是否合理将直接影响运用不同评估方法评估企业价值结果的合理性和可信程度，有效资产和无效资产的正确划分也是运用多种评估方法进行企业价值评估的重要前提。

在界定企业价值评估一般范围及有效资产与无效资产时，应注意以下几个方面：

(1)对于在评估基准日产权不清晰的资产，应划为“待定产权资产”，可以列入企业价值评估的一般范围，但应做特殊处理和说明，并需要在评估报告中恰当披露。

(2)在产权清晰的基础上，对企业的有效资产和无效资产进行区分。

(3)在企业价值评估中，对无效资产有以下两种处理方式。

第一，进行“资产剥离”，将企业的无效资产在进行企业价值评估前单独剥离出去，无效资产的价值作为独立的部分进行单独处理，不作为企业价值的组成部分，并在企业价值评估报告中予以披露。

第二，将企业的无效资产在进行企业价值评估前单独剥离出去，用适合无效资产的评估方法对其进行单独评估，将其评估值加总到企业价值评估的最终结果之中，并在评估报告中予以披露。

(4)如果企业拟通过“填平补齐”的方法对影响企业盈利能力的薄弱环节进行改进时，评估人员应着重判断该改进对正确揭示企业盈利能力的影响。一般来讲，该改进应主要针对由工艺“瓶颈”和资金“瓶颈”等因素所导致的企业盈利能力的薄弱环节进行。

## 第二节　企业价值评估的基本程序

### 一、企业价值评估中需要明确的基本事项

根据企业价值评估的特点，评估人员在进行企业价值评估时，应当明确下列基本事项：

(1)委托方的基本情况。

(2)委托方以外的其他评估报告使用者。

(3)被评估企业的基本情况。

(4)评估目的。

(5)评估对象及其相关权益状况。

(6)价值类型及其定义。

(7)评估基准日。

(8)评估假设及限定条件。

(9)评估人员认为需要明确的其他事项。

## 二、评估工作方案的制定

一般来说，企业价值评估涉及面大、内容复杂、工作任务繁重，工作中首先要做好总体工作规划，合理安排工作进度，优化配置工作资源，及时沟通信息，保证各环节有序进行。

## 三、信息资料收集与现场勘查相结合

评估人员在进行企业价值评估时，应当收集与被评估企业相关的信息资料。这些资料通常包括：

(1)被评估企业类型、评估对象相关权益状况及有关法律文件。

(2)被评估企业的历史沿革、现状和前景。

(3)被评估企业内部管理制度、核心技术、研发状况、销售网络、特许经营权、管理层构成等经营管理状况。

(4)被评估企业历史财务资料和财务预测信息资料。

(5)被评估企业资产、负债、权益、盈利、利润分配、现金流量等财务状况。

(6)评估对象以往的评估及交易情况。

(7)可能影响被评估企业生产经营状况的宏观、区域经济因素。

(8)被评估企业所在行业的发展状况及前景。

(9)参考企业的财务信息、股票价格或股权交易价格等市场信息，以及以往的评估情况等。

(10)资本市场、产权交易市场的有关信息。

(11)评估人员认为需要收集分析的其他相关信息资料。

评估结论的形成是评估专业人员根据收集的相关信息，遵循评估准则的要求，按照一定的技术路径进行的专业判断过程。评估结论需要相应的评估信息资料支持，信息资料质量的高低直接影响评估人员专业判断所形成的评估结论的可靠性。因此，评估人员应当高度重视评估对象相关信息资料的收集、整理和分析。

信息资料的获得过程与评估人员对被评估企业的现场勘查工作紧密联系，通过现场勘查了解企业历史沿革、企业现状、管理层收入状况、企业市场状况、企业财务状况，并针对勘查范围内的实物资产展开调查。

## 四、评估方法的选择运用

评估人员执行企业价值评估业务，应当根据评估对象、价值类型、资料收集情况等相关条件，分析收益法、市场法和成本法三种资产评估基本方法的适用性，恰当选择一种或多种资产评估基本方法。

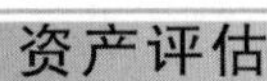


由于企业价值评估的特殊性和复杂性，一般情况下不宜单独使用成本法评估企业价值。因此在评估方法选择过程中，应尽可能选择多种评估方法。如果确实受到条件限制，只能选择成本法时，应在评估报告中做出说明。

根据评估目的和被评估企业在评估基准日的经营状况以及面临的市场条件的影响，利用所选择的评估方法和所收集的信息资料，对影响企业价值的各种因素进行系统、全面地分析，在充分分析的基础上，综合判断企业价值。

### 五、撰写企业价值评估报告

评估人员在完成上述企业价值评估程序后，根据评估项目的性质和委托方以及相关当事方的要求，选择恰当的报告形式出具企业价值评估报告。

## 第三节　收益法在企业价值评估中的应用

### 一、企业价值评估时采用收益法的思路

企业价值评估中的收益法，是指通过将被评估企业预期收益资本化或折现以确定评估对象价值的评估思路。运用收益法评估企业价值，就是要根据企业未来预期收益的具体形式和持续时间，按照适当的方式和折现率或资本化率将其折现，并以收益现值作为企业评估价值的方法。收益法只适用于持续经营假设前提下的企业价值评估。运用收益法时先要判断企业是否处于持续经营状态。

持续经营假设是指在企业价值评估时，假定企业将按原来的经营目的、经营方式持续经营下去。在判断企业是否能够持续经营时应考虑以下方面的问题：

(1)评估目的。引起本次企业价值评估的经济活动或资产业务是否要求企业持续经营，或评估结果的具体用途是否要求企业以持续经营为前提。

(2)企业提供的产品或服务是否满足市场需要。若企业提供的产品或服务不能满足市场需要，企业无预期收益，则不能采用持续经营假设。

(3)企业要素资产的功能和状态。若企业各项要素资产破损严重，工艺落后或各项资产比例严重失调，不能满足企业持续经营的需要，也不能采用持续经营假设。

### 二、企业价值评估时采用收益法的计算公式

在企业价值评估中，收益法常用的两种具体方法是未来收益资本化法和未来收益折现法。具体包括以下两个方面。

### (一)未来收益资本化法

企业在永续持续经营假设下，采用收益法评估企业价值的计算公式如下：

(1)年金法。在收益额永续，各因素不变的条件下，其计算公式为

$$P=\frac{R}{r} \tag{10-1}$$

式中：$P$——企业评估价值；

$R$——未来每年的预期收益额；

$r$——资本化率。

(2)分段法。分段法将持续经营的企业的收益期分成两段，对于前段企业的预期收益采取逐年预测、折现累加的方法，对于后段企业的预期收益则假定为某一固定值永续，对其折现或资本化，将企业前后两段收益的现值相加，即可得出企业评估价值。其计算公式为

$$P=\sum_{i=1}^{n}\frac{R_i}{(1+r)^i}+\frac{R_n}{r(1+r)^n}$$

或

$$P=\sum_{i=1}^{n}R_i(P/F，r，i)+\frac{R_n}{r}(P/F，r，n) \tag{10-2}$$

式中：$P$——企业评估价值；

$i$——年序号；

$R_i$——未来第 i 年的预期收益额；

$r$——折现率或资本化率；

$n$——收益年期。

假设从第 $n+1$ 年起，企业每年收益按固定比率 $g$ 递增，则分段法计算公式为

$$P=\sum_{i=1}^{n}\frac{R_i}{(1+r)^i}+\frac{R_n(1+g)}{(r-g)(1+r)^n} \tag{10-3}$$

### (二)未来收益折现法

企业在非永续持续经营假设下，采用收益法评估企业价值的计算公式为：

$$P=\sum_{i=1}^{n}\frac{R_i}{(1+r)^i} \tag{10-4}$$

式中：$P$——企业评估价值；

$i$——年序号；

$R_i$——未来第 i 年的预期收益额；

$r$——折现率或资本化率；

$n$——收益年期。

## 三、企业价值评估时采用的收益法中相关因素的估算

### （一）企业收益的确定及其估算

**1. 企业收益的概念**

企业收益是指企业在未来正常的生产经营条件下，可以获取的货币净收入。企业收益包括以下三个方面的含义。

(1)企业收益是未来收益。企业收益必须是未来年可以获取的收益，而不是以前和现在的收益。所以评估人员应对企业未来收益进行合理的预测。企业过去和现在的收益仅是预测未来收益的基础和依据。

(2)企业收益是正常收益。企业收益应该是未来正常年份，在经营的内外部环境没有发生明显变化的情况下，可持续不断获取的收益。

(3)企业收益是权益收益。在企业中，凡是不归投资者所有的收入不能作为企业收益的组成部分，凡是归投资者所有的企业净收支，如营业外净收支、投资收益等均为企业收益。

企业价值评估中企业收益的特点是从企业产权发生变动、为确定企业交易价格这一特定目的出发，从潜在投资人的角度来看，其所分享的收益只能是未来正常情况下该企业所获得的净收入。

**2. 企业收益口径的选择**

在企业价值评估中，常用的企业收益形式有净利润、息前税后利润、现金净流量等。

(1)净利润。净利润是指企业在未来经营期内所获得的归企业所有者支配的净收益。在我国企业价值评估实务中，常常采用净利润作为企业收益，这与净利润易于取得和易于估算有关。但是净利润容易受到企业采取的不同会计政策的影响，具有较大的调节空间。同时净利润也未考虑资本性支出、营运资本支出等因素对企业价值的影响。

(2)息前税后利润。其计算公式为

息前税后利润＝净利润＋长期负债利息×（1－所得税税率）　(10-5)

(3)现金净流量。现金净流量是指企业在未来生产经营过程中现金流入量与流出量的差额，它包括企业在未来的一切收支净额，无论是营业收支、投资收益等，只要形成现金净流量都要看作收益。现金流量包括企业所产生的全部现金流量(企业自由现金流量)和属于股东权益的现金流量(权益自由现金流量)两种口径。

第一，企业自由现金流量是指归属于包括股东和付息债权人在内的所有投资者的现金流量，其计算公式为

企业自由现金流量＝净利润＋折旧和摊销－资本性支出－净营运资金增加　(10-6)

第二，权益自由现金流量是指归属于股东的现金流量，是扣除还本付息以及用于

维持现有生产和建立将来增长所需的新资产的资本性资产和营运资金变动后剩余的现金流量，其计算公式为

权益自由现金流量＝净利润＋折旧和摊销－资本性支出－净营运资金增加－付息债务增加　（10-7）

【例 10-1】　企业自由现金流量和权益自由现金流量的计算举例，如表 10-1 所示。

由于现金流量更能真实、准确地反映企业运营的收益，因此，在国际上较为通行采用现金流量作为收益指标来估算企业的价值。

在企业价值评估业务中，息前税后利润和企业自由现金流量用于评估企业整体价值，净利润和权益自由现金流量用于评估股东全部权益价值。

**表 10-1　现金流量计算表**　　单位：万元

| 收益口径<br>项目 | 企业自由现金流量 | 权益自由现金流量 |
| --- | --- | --- |
| 净利润 | 2 000 | 2 000 |
| 加：折旧摊销 | 200 | 200 |
| 加：利息费用(扣除税务影响) | 225 | 不适用 |
| 减：营运资金的增加 | 800 | 800 |
| 减：资本性支出 | 1 200 | 1 200 |
| 减(加)：付息债务的减少(增加) | 不适用 | (50) |
| 自由现金流量 | 425 | 250 |

**注**：假设利息费用为 300 万元，所得税税率为 25%，则税后利息费用＝300×(1－25%)＝225(万元)

**3. 影响企业收益的因素**

影响企业收益的因素有多种，一般来讲，分为外部宏观因素和内部微观因素。

(1)外部宏观因素。外部宏观因素包括国民经济地区及行业因素和市场供求因素等。

①国民经济地区及行业因素。任何企业的运营都处于一个国家的一个地区、行业之中，其收益必然要受到国民经济的总体运行状况、经济周期以及行业和地区发展情况的影响，国家的产业政策、行业规划、地区发展政策、价格政策、税收政策等国内宏观经济政策对企业的影响是显而易见的。这一类因素主要有：产业政策、行业规划，基建投资和技术改造政策，财政政策、税收政策，金融和货币政策、利率、金融市场的开放程度，就业政策和收入分配政策，社会保障政策，外贸政策、对外开放政策、外汇政策，国家经济政策的重大调整等。评估人员应该注意到，企业的收益往往与所处行业的发展密切相关，因此，在这一类因素中，评估人员尤其应关注相关行业的收益水平及其未来变化趋势，国家对该行业甚至该企业的现行政策及其变化的可能性。

②市场的供求因素。首先是需求因素，在市场经济条件下，市场需求制约着企业的生存和发展，对企业的收益状况有着重要影响。而需求又受到多种因素影响，如消

费者偏好的变化，人们可支配收入的变化，产品市场价格及其变动情况，产品的技术含量与技术更新速度等；其次是供给因素，即企业生产要素的供给保障及价格变化，包括原材料、能源、资金、技术、劳动力、运输等多个方面。他们的供给能否得到保障，直接关系到企业能否开工和开工率的高低，而他们的价格变化又造成了企业产品生产成本的变化，因而对企业收益有至关重要的影响。

(2)内部微观因素。内部微观因素包括财务因素和企业经营与技术开发因素。

①财务因素。财务因素是运用收益法评估企业价值的基础性因素。在收益预测中，其基本的依据是对企业财务状况的分析，尤其是财务比率的分析，如反映偿债能力的流动比率、反映获利能力的各种利润率等，在众多的比率中，评估人员应关注的是资产收益率、投资资本收益率和销售利润率。

②企业经营管理与开发因素。企业的经营管理水平对企业的收益水平和获利能力有着重要的影响，其中，营销策略、公共关系、企业形象、职工凝聚力、企业管理人员的素质、企业文化、企业内部经营管理机制等都是影响收益的经营管理因素。开发因素包括产品开发、技术开发、市场开发等，开发因素不仅影响企业的收益状况，同时也对企业未来的获利能力产生深远的影响。

对影响企业收益的因素进行分析，其目的在于找到影响收益的主要因素，以及这些主要因素在未来年度内的变动趋势，从而为预测企业未来收益提供线索。

**4. 企业收益预测的方法**

企业预期收益的预测是评估人员运用具体的技术方法和手段对企业预期收益进行测算，在一般情况下，企业的收益预测分两个时间段，对于已步入稳定期的企业而言，收益预测的分段较为简单：一是对企业评估基准日后前若干年的收益进行预测；二是对企业评估基准日后若干年后的各年收益进行预测。

对企业评估基准日后前若干年的收益进行预测，若干年一般取 5 年。对评估基准日后前若干年的收益预测是在评估基准日调整的企业历史收益的基础上，结合影响企业收益实现的主要因素在未来预期变化的情况，采用适当的方法进行的。目前，较为常用的方法有综合调整法、产品周期法、时间趋势法等。企业收益的预测，一般经过以下步骤。

首先，进行预测的前提条件的设定。预测的前提条件包括：国家的政治、经济等政策变化对企业预期收益的影响，一般情况下假定其将不会对企业预期收益构成重大影响；不可抗拒的自然灾害或其他无法预期的突发事件，不作为预测企业收益的相关因素考虑；企业经营管理者的某些个人行为也未在预测企业收益时考虑等。

其次，对企业评估基准日后若干年的预期收益进行预测。预测的主要内容有：对影响被评估企业及所属行业的特定经济及竞争因素的估计；未来若干年市场的产品或服务的需求量或被评估企业市场占有份额的估计；未来若干年销售收入的估计；未来若干年成本费用及税金的估计；完成上述生产经营目标需追加投资及技术、设备更新改造因素的估计；未来若干年预期收益的估计等。进行企业收益的预测时，评估人员不能不加分析地直接引用企业或其他机构提供的数据，应把企业或其他机构提供的有关资料作为参考，在经过充分分析论证的基础上做出独立的预测判断。

最后，运用利润表或现金流量表的形式表现预测企业收益的结果。企业收益预测表，如表10-2所示。采用利润表或现金流量表的形式表现预测企业收益的结果通俗易懂，便于理解和掌握。用利润表或现金流量表来表现企业预期收益的结果，并不是说企业预期收益的预测就相当于企业利润表或现金流量表的编制。企业收益预测的过程是一个比较具体、需要大量数据并运用科学方法的分析计算过程。用利润表或现金流量表表现的仅仅是该过程的结果，所以企业的收益预测不能简单地等同于企业利润表或现金流量表的编制，而是利用利润表或现金流量表的已有栏目或项目，通过对影响企业收益的各种因素变动情况的分析，在评估基准日企业收益水平的基础上，对表内各项目(栏目)进行合理的测算、汇总分析得到所测年份的各年企业收益。

**表10-2　收益预测表**　　单位：万元

| 年份<br>项目 | 20××年 | 20××年 | 20××年 | 20××年 | 20××年 |
|---|---|---|---|---|---|
| 一、营业收入 | | | | | |
| 减：营业成本 | | | | | |
| 其中：折旧 | | | | | |
| 销售费用 | | | | | |
| 管理费用 | | | | | |
| 财务费用 | | | | | |
| 加：投资收益 | | | | | |
| 二、营业利润 | | | | | |
| 加：营业外收入 | | | | | |
| 减：营业外支出 | | | | | |
| 三、利润总额 | | | | | |
| 减：所得税费用 | | | | | |
| 四、净利润 | | | | | |
| 加：折旧和无形资产摊销 | | | | | |
| 减：追加资本性投资 | | | | | |
| 五、净现金流量 | | | | | |

企业未来前若干年的预期收益的测算可以通过一些具体的方法进行，而对于企业未来更久远的年份的预期收益，则难以具体地进行测算。可行的方法是在企业未来前若干年收益测算的基础上，从中找出企业收益变化的趋势，并借助某些手段，诸如采用假设的方式把握企业未来长期收益的变化区间和趋势。一个假设是保持假设，即假设企业未来若干年以后各年的收益水平维持在一个相对稳定的水平上不变；另一个假

设是递增假设，假设企业收益在未来若干年以后将在某个收益水平上，每年保持一个递增比率等。但是评估人员应该注意，不论采用何种假设，都必须建立在合乎逻辑、符合企业实际的基础上，以保证企业预期收益预测的相对合理性和准确性。

### （二）折现率和资本化率及其估算

折现率是将未来有限期收益还原或转换为现值的比率；资本化率是指将未来非有限期收益转换成现值的比率，资本化率在资产评估业务中有着不同的称谓：资本化率、本金化率、还原利率等，折现率和资本化率在本质上是相同的，都属于投资报酬率。作为投资报酬率通常由两部分组成：一是无风险报酬率；二是风险投资报酬率。无风险报酬率取决于资金的机会成本，即正常的投资报酬率不能低于该投资的机会成本，这个机会成本通常以政府发行的国库券利率和银行储蓄利率作为参照依据；风险报酬率的高低主要取决于投资风险的大小，风险大的投资，要求的风险报酬率就高。从理论上说，折现率与资本化率并不一定完全相等，它们既可以相等也可以不相等，这主要取决于评估人员对企业未来有限经营期与永续经营期的风险的判断。

#### 1. 折现率选择的原则

（1）不低于无风险报酬率的原则。在存在正常资本市场和产权市场的条件下，政府债券利率和银行存款利率是投资者进行投资并考虑和权衡投资报酬率时必须考虑的基本因素。如果折现率小于无风险报酬率，就会导致投资者将资金转存银行或购买无风险国债，而不愿去冒险进行得不偿失的投资。

（2）以行业平均报酬率为基准的原则。一般来说，投资者由于各自的偏好不同，投资的领域也不同。因此，在评价各种投资方案的优劣时，需要以市场平均报酬率作为统一尺度来进行衡量。但是，市场平均报酬率一般很难求得，而行业平均报酬率可以根据国家公布的有关统计数据计算出来，因此，行业平均报酬率可以取代市场平均报酬率作为确定折现率的基准。

（3）折现率与收益额相匹配的原则。折现率的选取要与企业的预期收益相匹配。通常情况下，如果预期收益中考虑了通货膨胀因素和其他因素的影响，在折现率中也应该有所体现；反之，如果预期收益中没有考虑通货膨胀因素和其他因素，那么，在折现率中也不应包含通货膨胀率。

（4）根据实际情况确定的原则。在企业价值评估中，不存在适用于所有企业的统一的折现率，适用的折现率要根据被评估企业的实际情况确定。

#### 2. 风险报酬率的确定

企业在未来的经营中要面临多种风险，从投资者角度看，承担了风险，就要得到相应的补偿。承担的风险越高，要求补偿的数额就越大。风险补偿额相对于风险投资额的比例称为风险报酬率。评估人员在估测风险报酬率之前，应先进行风险分析，分析企业生产经营活动可能面临的各种风险。

（1）风险分析。企业面临的风险主要有行业风险、经营风险、财务风险、其他风险等。

行业风险是指企业所在行业的市场特点、投资开发特点以及国家产业政策调整等因素造成的行业发展给企业未来预期收益带来的不确定性影响。

经营风险是指企业在经营过程中，由于市场需求变化、生产要素供给条件变化以及同类企业间的竞争给企业的未来预期收益带来的不确定性影响。经营风险主要来自市场销售、生产成本、生产技术等方面。

财务风险是指企业在经营过程中的资金融通、资金调度、资金周转等给企业未来预期收益带来的不确定性影响。

其他风险主要是外部环境变化给企业的未来预期收益带来的不确定性影响，如天灾、经济景气程度、通货膨胀、有协作关系的企业违约等。

(2)风险报酬率的确定方法。在测算风险报酬率时，评估人员应注意以下几个方面的因素：①国民经济增长率及被评估企业所在行业在国民经济中的地位；②被评估企业所在行业的发展状况及被评估企业在行业中的地位；③被评估企业所在行业的投资风险；④企业在未来的经营中可能承担的风险等。在企业价值评估中，风险报酬率的确定有以下几种方法：

第一种，风险累加法。企业在其持续经营过程中可能要面临多种风险，像前面已经提到的行业风险、经营风险、财务风险、其他风险等，风险累加法是将企业可能面临的风险对回报率的要求予以量化并累加，便可得到企业的风险报酬率。其计算公式为

风险报酬率＝行业风险报酬率＋经营风险报酬率＋财务风险报酬率＋其他风险报酬率 (10-8)

量化上述各种风险所要求的回报率，可以采取参照物类比加经验判断的方式测算。它要求评估人员充分了解国民经济的运行态势、行业发展方向、市场状况、同类企业竞争情况等。只有在充分了解和掌握上述数据资料的基础上，对于风险报酬率的判断才能较为客观合理。当然，在条件许可的情况下，评估人员应尽量采取统计和数理分析方法对风险回报率进行量化。

第二种，$\beta$系数法。$\beta$系数法主要用于估算被评估企业(或被评估企业所在行业)的风险报酬率。其基本思路是，被评估企业(或行业)风险报酬率是社会平均风险报酬率与被评估企业(或被评估企业所在行业)风险和社会平均风险的相关系数($\beta$系数)的乘积。

$\beta$系数是指某个上市公司的风险水平相对于风险充分分散的市场投资组合的风险水平的比值，在企业价值评估实践中，有时也将$\beta$系数作为代表相对于风险充分分散的市场投资组合而言的某个行业的系统风险，在市场经济成熟的国家和地区，系数可以采用参照行业比较法、参照企业比较法以及相关的数学模型测算。在我国可通过有关证券公司网站查阅上市公司的$\beta$系数。

$\beta$系数法估算风险报酬率的步骤如下：

第一步，将市场期望报酬率扣除无风险报酬率，求出市场期望平均风险报酬率。

第二步，将企业(或企业所在行业)的风险与风险充分分散的市场投资组合的风险水平进行比较，求出企业(企业所在行业)的$\beta$系数。

第三步，用市场平均风险报酬率乘以企业(或企业所在行业)的系数，便可得到被

评估企业(或企业所在行业)的风险报酬率。

其计算公式为

$$R_r=(R_m-R_g)\times\beta \tag{10-9}$$

式中：$R_r$——被评估企业的风险报酬率(或被评估企业所在行业的风险报酬率)；

$R_m$——市场期望报酬率；

$R_g$——无风险报酬率；

$\beta$——被评估企业(或企业所在行业)的 $\beta$ 系数。

上式中，如果β系数是被评估企业所在行业的β系数，而不是被评估企业的β系数，则需要再考虑企业的规模、经营状况及财务状况，确定企业在其所在的行业中的地位系数，即企业特定风险调整系数(α)，然后与企业所在行业的风险报酬率相乘，求得该企业的风险报酬率($R_q$)。其计算公式为

$$R_r=(R_m-R_g)\times\beta\times\alpha \tag{10-10}$$

式中：$R_r$——被评估企业的风险报酬率(或被评估企业所在行业的风险报酬率)；

$R_m$——市场期望报酬率；

$R_g$——无风险报酬率；

$\beta$——被评估企业(或企业所在行业)的 $\beta$ 系数；

$\alpha$——企业风险调整系数。

**3. 折现率的测算方法**

折现率的测算通常采用三种方法，即累加法、资本资产定价模型和加权平均资本模型。

(1)累加法。也称为直接计算法，是采用无风险报酬率加风险报酬率的方式确定折现率(资本化率)。如果风险报酬率是通过 $\beta$ 系数法或资本资产定价模型估测出来的，则累加法测算的折现率(资本化率)适用于股权收益的折现或资本化。其计算公式为

$$折现率=无风险报酬率+风险报酬率 \tag{10-11}$$

(2)资本资产定价模型(CAPM)。资本资产定价模型是用来测算权益资本折现率的一种工具，其计算公式为

$$R=R_{f1}+(R_m-R_{f2})\times\beta\times\alpha \tag{10-12}$$

式中：$R$——企业价值评估中的折现率(资本化率)；

$R_{f1}$——现行无风险报酬率；

$R_m$——历史平均市场期望报酬率；

$R_{f2}$——历史平均无风险报酬率；

$\beta$——被评估企业所在行业权益系统风险系数；

$\alpha$——企业特定风险调整系数。

(3)加权平均资本成本模型(WACC)。加权平均资本成本模型是以企业的所有者权益和企业负债所构成的全部资本，以及全部资本所要求的回报率，经加权平均计算来获得企业价值评估所需折现率(资本化率)的一种数学模型。其计算公式为

$$R=\frac{E}{D+E}\times K_e+\frac{D}{D+E}\times(1-T)\times K_d \tag{10-13}$$

式中：$\frac{E}{D+E}$——权益资本占全部资本比重；

$\frac{D}{D+E}$——债务资本占全部资本比重；

$K_e$——权益资本要求的回报率；

$K_d$——债务资本要求的回报率；

$T$——被评估企业适用的所得税税率。

上述公式也可表达为

$$折现率=\frac{长期负债占}{投资资本的比重}\times\frac{长期负}{债成本}+\frac{所有者权益占}{投资资本的比重}\times\frac{净资产要求的}{投资回报率} \quad (10\text{-}14)$$

式中长期负债成本是扣除所得税后的负债成本。该折现率用于估算企业投资资本的价值(即企业整体价值)。

式(10-13)和式(10-14)中，权益资本要求的回报率=无风险报酬率+风险报酬率。

**4. 收益额与折现率口径一致的问题**

根据不同的评估目的和评估价值目标，用于企业价值评估的收益额可以有不同的口径，如净利润、净现金流量(股权自由现金流量)、息前净利润、息前净现金流量(企业自由现金流量)等。而折现率作为一种价值比率，就要注意折现率的计算口径。有些折现率是从股权投资回报率的角度考虑，有些折现率既考虑了股权投资的回报率同时又考虑了债权投资的回报率，净利润、净现金流量(股权自由现金流量)是股权收益形式，因此只能用股权投资回报率作为折现率。而息前净利润、息前净现金流量(企业自由现金流量)等是股权与债权收益的综合形式，因此，只能运用股权与债权综合投资回报率，即只能运用通过加权平均资本成本模型获得的折现率。如果运用行业平均资金收益率作为折现率，就要注意计算折现率时的分子与分母的口径与收益额的口径的一致问题。折现率既有按不同口径收益额为分子计算的折现率，也有按同一口径收益额为分子，而以不同口径资金占用额或投资额为分母计算的折现率，如企业资产总额收益率、企业投资资本收益率、企业净资产收益率等。所以，在运用收益法评估企业价值时，必须注意收益额与计算折现率所使用的收益额之间结构与口径上的匹配和协调，以保证评估结果合理且有意义。收益额与折现率(资本化率)、企业价值口径的对应关系，如表10-3所示。

**表10-3　收益额、折现率、企业价值对应表**

| 收益额 | 收益率口径 | 折现率 | 评估值内涵 |
| --- | --- | --- | --- |
| 净利润 | 股权投资回报率 | 权益资本成本 | 股东全部权益价值 |
| 息前净利润 | 加权平均综合投资回报率 | 加权平均资本成本 | 企业整体权益价值 |
| 股权自由现金流量(净现金流量) | 股权投资回报率 | 权益资本成本 | 股东全部权益价值 |

续表

| 收益额 | 收益率口径 | 折现率 | 评估值内涵 |
|---|---|---|---|
| 企业自由现金流量（息前现金流量） | 加权平均投资回报率 | 加权平均资本成本 | 企业整体权益价值 |

收益期的确定按下述方法：

(1)合同年限法。在企业整体资产发生产权变动时，如果合同约定了企业的经营期限，应该以合同年限作为企业整体资产的收益期。例如，中外合资企业应以双方的合同中规定的期限作为收益期。另外，也可按照土地使用权的有效年限作为收益期。

(2)永续法。如无特殊情况，企业经营比较正常且没有对足以影响企业持续经营的某项资产的使用年限进行规定，在测算收益时，收益期可采用无限年期。

(3)企业整体资产经济寿命法。在企业整体资产发生产权变动时，如果没有规定经营期限，按其正常的经济寿命测算。经济寿命是指从获利的角度看，持有某项资产有利的时间范围。对企业整体资产而言，就是企业各项资产以集合体的形式进行经营能带来收益的时间范围，而超过这个时间范围企业产权主体就可能将企业整体资产分割变卖。所以企业整体资产经济寿命是指产权主体将企业作为整体资产持有至在经济上不再有利为止的时间范围。

收益法应用见下例：

【例 10-2】 某待估企业预计未来 5 年的净利润分别为 100 万元、120 万元、130 万元、130 万元和 120 万元，假定企业从第 6 年开始收益趋于稳定，年净利润为 120 万元，如果企业永续经营，不改变经营方向、经营模式和管理模式，折现率及资本化率均为 12%，计算该企业的股东全部权益评估价值。

$$P=\sum_{i=1}^{n}\frac{R_i}{(1+r)^i}+\frac{R_n}{r(1+r)^n}$$

$$=\frac{100}{1+12\%}+\frac{120}{(1+12\%)^2}+\frac{130}{(1+12\%)^3}+\frac{130}{(1+12\%)^4}+\frac{120}{(1+12\%)^5}+\frac{120}{12\%\times(1+12\%)^5}=89.286+96.663+92.531+82.617+68.091+567.427$$

$$=995.62(\text{万元})$$

## 第四节 市场法在企业价值评估中的应用

### 一、企业价值评估中市场法的思路

企业价值评估中的市场法，是指将评估对象与上市公司或市场上已有交易案例的企业进行比较，以确定评估对象价值的评估思路。该方法是通过在市场上找出若干个

与被评估企业相同或相似的参照企业，以参照企业的市场交易价格及其财务数据为基础测算出价值比率，通过分析、比较、修正被评估企业的相关财务数据，并通过这些价值比率得到被评估企业的初步评估价值，最后通过恰当的评估方法确定被评估企业的评估价值。评估人员在运用市场法评估企业价值时应注意下列问题。

(1)企业价值评估的市场法是基于相同及类似企业应该具有相同或类似交易价格的理论推断。因此，企业价值评估市场法的思路是首先在市场上寻找与被评估企业类似的可比企业的交易案例作为参照物，通过对参照物交易价格及其价值比率的分析，从而确定适用于被评估企业的价值比率和评估价值。

(2)运用市场法评估企业价值存在两个障碍：其一是被评估企业与参照企业之间的“可比性”问题。每一个企业都有各自的特性，除企业所处行业、规模大小等可确认的因素存在不同外，影响企业盈利能力的因素更多，因此，很难找到能与被评估企业直接进行比较的类似企业。其二是企业交易案例的差异。评估人员要找到能与被评估企业的产权交易类似的交易案例比较困难，因为我国目前市场上不存在一个可以共享的企业交易案例资料库，评估人员很难以较低的成本获得可以应用的交易案例。即使有渠道获得一定的案例，但这些交易的发生时间、市场条件和宏观环境又各不相同。根据上述情况分析，评估人员应通过类比调整法，对企业价值进行评估。

## 二、运用市场法评估企业价值的基本步骤

(1)明确被评估企业的基本情况，包括评估对象范围及其相关权益情况。

(2)恰当选择与被评估企业进行比较分析的参照企业。参照企业应与被评估企业在同一行业，它们已经交易或具有交易价格，参照企业与被评估企业之间具有可比性。

(3)将参照企业与被评估企业的财务数据和经济指标进行必要的分析、对比和调整，保证它们之间在财务报告的编制基础、评估对象范围、重要数据的计算、反映方式等方面具有可比性。例如，调整非正常收入和支出、调整非经营性资产和无效资产等。

(4)选择并计算恰当的价值比率，在选择并计算价值比率的过程中，评估人员应当注意以下事项：

第一，选择的价值比率应当有利于评估对象价值的判断。

第二，用于计算价值比率的参照企业的相关数据应当真实可靠。

第三，用于计算价值比率的相关数据的口径和计算方式应当一致。

第四，被评估企业与参照企业相关数据的计算方法应当一致。

第五，合理地将参照企业的价值比率应用于被评估企业。

(5)将价值比率应用于被评估企业所对应的财务数据，并考虑经过适当的调整得出初步评估结论。

(6)根据被评估企业的特点，在考虑了对于缺乏控制权、流动性以及拥有控制权和流动性等因素可能对评估对象的评估价值产生影响的基础上，评估人员进行必要的分

析基础上，以恰当的方式进行调整，形成最终评估结论，并在评估报告中予以披露。

## 三、企业价值评估中市场法的具体方法

在采用市场法评估企业价值时，常用的方法是上市公司比较法和交易案例比较法。

### (一)上市公司比较法

(1)上市公司比较法的概念。上市公司比较法是指通过对资本市场上与被评估企业处于同一行业或类似行业的上市公司的经营数据和财务数据进行分析，计算适当的价值比率或经济指标，在与被评估企业比较分析的基础上，得出评估对象价值的方法。

(2)上市公司比较法的计算公式。

$$V_1 = X_1 \times \frac{V_2}{X_2} \tag{10-15}$$

式中：$V_1$——被评估企业的价值；

$V_2$——上市公司的价值；

$X_1$——被评估企业的与企业价值相关的可比指标；

$X_2$——上市公司的与企业价值相关的可比指标。

$V/X$ 通常又称为可比价值倍数。式中 X 通常选用以下财务指标：①利息、折旧和税收前利润，即 EBIDT；②无负债净现金流量，即企业自由现金流量；③净现金流量，即股权自由现金流量；④净利润；⑤销售收入；⑥净资产；⑦账面价值等。

(3)应用上市公司比较法时应注意的问题。评估人员在应用上市公司比较法估算被评估企业价值时应注意以下问题：

第一，对可比企业的选择。判断企业的可比性存在两个标准，首先，是行业标准，处于同一行业的企业可能存在着某种可比性，评估人员应尽量选择与被评估企业处于同一行业的地位相类似的企业。其次，是财务标准，如注册资本金额、资本结构等。

第二，对可比指标的选择。可比指标应与企业的价值直接相关，在企业价值评估中，净现金流量和净利润是最主要的候选指标，因为企业的净现金流量和净利润直接反映了企业的盈利能力，也就与企业的价值直接相关。

第三，上市公司比较法具有一定的局限性。在运用该方法时，评估人员需要注意作为上市公司的财务数据可能出现偏差。例如，上市公司和被评估企业的财务报表的会计政策不尽相同，评估人员需要对参考企业的财务报告进行必要的分析和调整，以使上市公司的财务信息尽可能准确和客观，并与被评估企业的会计政策相同。

第四，在利用上市公司的股票价格计算相关价值比率时，评估人员应注意到上市公司的股票价格往往反映的是少数股权价值，因此在分析被评估企业全部权益价值时需要考虑少数股权折价和控股权溢价对评估结论的影响并做出适当的披露。

在运用上市公司比较法过程中，通常使用市盈率乘数($P/E$)法对企业价值进行评估。市盈率乘数法的思路是将上市公司的股票年收益和被评估企业的利润作为可比指

标，在此基础上评估企业价值的方法。其基本思路如下：

首先，从证券市场上寻找与被评估企业相似的可比企业，按企业的不同收益口径，净利润、息前净利润、息前净现金流量、净现金流量等，计算出与之相应的市盈率。

其次，确定被评估企业不同口径的收益额。

再次，以可比企业相应口径的市盈率乘以被评估企业相应口径的收益额，初步评定被评估企业的价值。

最后，采用加权平均法或算术平均法计算企业价值。在运用该方法时，有时还需要对评估结果进行适当调整，以充分考虑流动性、控制权等差异对企业价值的影响。

【例 10-3】　某国有企业拟整体改制为股份制企业，欲对该企业的股东全部权益价值进行评估，评估人员拟采用参考企业比较法估算该企业的股东全部权益价值。经测算，该企业在正常情况下，每年能实现 2000 万元的净利润。评估人员在证券市场上找到同行业 3 家可比的上市公司 A 公司、B 公司和 C 公司。在评估基准日，A 公司每股市价为 11 元，每股净收益 0.18 元；B 公司每股市价为 9 元，每股净收益 0.14 元；C 公司每股市价为 13 元，每股净收益 0.20 元。确定被评估企业的股东全部权益评估价值。

A 公司市盈率＝11÷0.18＝61

B 公司市盈率＝9÷ 0.14＝64

C 公司市盈率＝13÷0.20＝65

由于 A 公司、B 公司和 C 公司的市盈率比较接近，这 3 家企业可以作为参照物计算被评估企业价值。

根据 A 公司市盈率计算的被评估企业价值＝2 000×61＝122 000(万元)

根据 B 公司市盈率计算的被评估企业价值＝2 000×64＝128 000(万元)

根据 C 公司市盈率计算的被评估企业价值＝2 000×65＝130 000(万元)

企业股东全部权益评估价值＝(122 000＋128 000＋130 000)÷3＝126 666.67(万元)

### (二)交易案例比较法

交易案例比较法是指通过分析与被评估企业处于同一行业或类似行业的公司的买卖、收购及合并案例，获取并分析这些交易案例的数据资料，计算适当的价值比率或经济指标，在与被评估企业比较分析的基础上，得出评估对象价值的方法。

交易案例比较法与参考企业比较法的基本思路是一致的。其区别在于上市公司比较法是通过对上市公司的经营数据和财务数据进行分析，计算出适当的价值比率；而交易案例比较法则是通过分析与被评估企业处于同一类型行业的企业的买卖、收购及合并案例计算适当的价值比率。

评估人员在选择交易案例时，应考虑下列因素：

(1)行业种类。被评估企业应该与交易案例中的企业处于同一类型行业。

(2)交易案例的发生时间，一般要求距离评估基准日不超过 3 年。

(3)交易案例已经完成。在选取交易案例后，评估人员需要对交易案例的具体情况进行了解和分析，包括交易日期、交易价格、收购的股权比例、影响交易价格的其他重要条款(如付款条件等)。在对交易案例的具体情况进行深入了解和分析后，才能针对具体情况选取合适的价值比率，然后经过适当的计算调整，获得评估结果。对价值比率的选取、计算和调整，以及运用价值比率估算评估结果的程序与上市公司比较法基本一致。

# 第五节　资产基础法在企业价值评估中的应用

## 一、企业价值评估中资产基础法的思路

企业价值评估中的资产基础法是指在合理评估企业各项资产价值和负债的基础上确定评估对象价值的评估思路。其基本计算公式为

被评估企业价值＝各单项资产的评估价值－审核后负债的金额　　(10-16)

资产基础法实际上是通过对企业账面价值的调整得到企业价值。资产基础法以企业单项资产的再建成本为出发点，有忽视企业获利能力的可能性，而且在评估中很难考虑那些未在财务报表上出现的项目，如企业的管理效率、自创商誉、自创商标权、销售网络等。因此，以持续经营为前提对企业进行评估时，资产基础法一般不应当作为唯一使用的评估方法。

## 二、运用资产基础法评估企业价值应注意的问题

在具体运用资产基础法评估企业价值时，评估人员是将构成企业的各种要素资产的评估值加总减去审核后负债金额求得企业价值。

在进行资产基础法评估企业价值之前，应对企业的盈利能力以及相匹配的单项资产进行认定，以便在委托方委托的评估范围基础上，进一步界定纳入企业盈利能力范围内的资产和闲置资产的界限，明确评估对象的作用空间和评估前提。

明确各项资产的评估前提，即持续经营假设前提和非持续经营假设前提。在不同的假设前提下，运用资产基础法评估出的企业价值是有区别的。对于持续经营假设前提下的各个单项资产的评估，应按贡献原则评估其价值。而对于非持续经营假设前提下的单项资产的评估，则按变现原则进行。

评估人员在运用资产基础法进行企业价值评估时，应当考虑被评估企业所拥有的所有有形资产、无形资产以及应当承担的负债。各项资产的价值应当根据其具体情况选用适当的具体评估方法得出。负债金额按照核实后的账面金额确定。针对长期股权投资项目，评估人员应当对长期股权投资项目进行分析，根据相关项目的具体资产、

盈利状况及其对评估对象价值的影响程度等因素，合理确定是否将其单独评估。

在持续经营假设前提下，一般不宜单独运用资产基础法对企业价值进行评估。因为运用资产基础法评估企业价值，是通过分别估测构成企业的所有可辨认资产价值后加和而成的。这种方法很难把握持续经营企业价值的整体性，也很难把握各单项资产对企业的贡献。对企业各单项资产间的工艺匹配和有机组合因素产生的整合效应，即不可辨认的无形资产，也很难进行有效衡量。因而，在一般情况下，评估人员不宜单独运用资产基础法评估一个在持续经营假设前提下的企业价值。在特殊情况下，评估人员采用资产基础法对持续经营企业价值进行评估，应在评估报告中将采用资产基础法的理由进行充分披露。

## 三、企业价值评估中资产基础法的具体方法

### （一）各种资产价值的评估

在采用资产基础法评估企业价值时，评估人员可以采用市场法、收益法、成本法等方法评估各单项资产的价值，在确定各单项资产的价值时，评估人员一定要分析该项资产最适用的评估方法，不一定都要采用成本法。

### （二）负债的审核

在采用资产基础法评估企业价值时，涉及评估基准日负债的审核。如果评估基准日的会计报表已经过注册会计师审计，则可根据审计后的负债金额计算企业评估价值。如果评估基准日的会计报表未经过注册会计师审计，则评估人员应采用审计的方法审核负债的金额，将负债审核后的金额作为计算企业价值的依据。

【例 10-4】　评估人员采用资产基础法评估某企业价值，各单项资产的评估价值分别为：流动资产 260 万元、固定资产 1200 万元、土地使用权 300 万元、其他无形资产 230 万元，审核后负债的金额为 650 万元，计算该企业的股东全部权益价值。

企业股东全部权益评估价值＝(260＋1200＋300＋230)－650＝1340(万元)

【例 10-5】　企业价值评估(收益法)

(1)评估目的。A 化工集团公司拟与外商合资组建合资企业，需要对 A 化工集团公司在评估基准日的股东全部权益价值进行评估。

(2)评估基准日。2019 年 1 月 1 日。

(3)评估方法的选择。本次评估采用收益法。

(4)评估依据。(略)

(5)评估对象说明。A 化工集团公司是大型国有化工企业，主要生产某化工中间产品，2013—2018 年销售收入年平均增长 15%，净利润年平均增长 9%，销售成本占销售收入的比例基本上维持在 40%左右，经评估人员判断该企业有稳定和持久的发展能力。

(6)评估过程。A 化工集团公司股东全部权益价值评估过程如下：

①分析、预测企业未来收益。根据本次评估目的及价值类型对评估信息资料预测的要求，对被评估企业评估基准日以后年度的相关资料进行了分析预测，分析预测都是基于被评估企业现有经营方向、经营能力、管理能力及合理改进的前提下进行的，具体情况如下：

第一，根据被评估企业目前设备使用状况及其他生产条件分析，被评估企业每年只要有 400 万元左右的技术改造资金投入，企业的生产经营就能长期进行下去，并能保持略有增长势头。

第二，对被评估企业未来市场进行预测。被评估企业生产的主要产品具有较高的声誉，产品行销全国 30 多个省市，现有用户 20 000 多个，企业所在地区有 30 条送货上门的供应渠道，其他地区有 50 个代销售网点，该企业产品的主要用户均为重点骨干企业，从经济发展的趋势来看，市场对该企业产品的需求还会进一步增加，因此，被评估企业拥有一个比较稳定且能发展的销售市场。

第三，对被评估企业未来产品成本进行预测。该企业产品的主要原料来源并不稀缺，也不受季节影响，故未来市场物价变动对其产品的影响不大。占成本比重较大的电费，在今后一段时间里不会有太大的升幅，如果以后电价提高，产品价格也会相应调整，从而电价因素不会对企业未来收益造成太大的影响。

第四，从目前情况分析，在今后一段时间里，国家针对该化工行业主要经济政策不会有太大变化，化工行业将继续保持平稳增长。

第五，A 化工集团公司未来 5 年收益情况预测，如表 10-4 所示。

**表 10-4　A 化工集团公司收益情况预测表**　　单位：万元

| 项目＼年份 | 2016 | 2017 | 2018 | 2019 | 2020 |
|---|---|---|---|---|---|
| 一、营业收入 | 4 700 | 5 200 | 5 500 | 5 700 | 5 700 |
| 减：营业成本 | 1 880 | 2 080 | 2 200 | 2 280 | 2 280 |
| 其中：折旧 | 620 | 650 | 660 | 700 | 700 |
| 销售费用 | 700 | 780 | 830 | 860 | 860 |
| 管理费用 | 300 | 300 | 300 | 300 | 300 |
| 财务费用 | 200 | 200 | 200 | 200 | 200 |
| 加：投资收益 | | | | | |
| 二、营业利润 | 1 620 | 1 840 | 1 970 | 2 060 | 2 060 |
| 加：营业外收入 | | | | | |
| 减：营业外支出 | | | | | |
| 三、利润总额 | 1 620 | 1 840 | 1 970 | 2 060 | 2 060 |
| 减：所得税费用 | 405 | 460 | 492.5 | 515 | 515 |
| 四、净利润 | 1 215 | 1 380 | 1 477.5 | 1 545 | 1 545 |

续表

| 项目＼年份 | 2016 | 2017 | 2018 | 2019 | 2020 |
|---|---|---|---|---|---|
| 加：折旧和无形资产摊销 | 620 | 650 | 660 | 700 | 700 |
| 减：追加资本性投资 | 400 | 400 | 400 | 400 | 400 |
| 五、净现金流量 | 1 435 | 1 630 | 1 737.5 | 1 845 | 1 845 |

②确定折现率(资本化率)。因为本次评估目的是确定企业股东全部权益价值，采用了资本资产定价模型测算适用的折现率及资本化率。根据评估人员对资本市场的深入调查分析，确定无风险报酬率为3%，证券市场平均期望报酬率为10%，被评估企业所在行业的$\beta$系数为0.8，由于被评估企业是一个非上市公司，股权的流动性不强，且企业规模不大，在行业中的地位并不突出。但由于被评估企业产品信誉较高，生产经营稳步增长，而且未来市场潜力很大，企业的投资风险并不很大。因而，企业特定风险调整系数$\alpha$为1.07。依据资本资产定价模型测算被评估企业的折现率为9%，计算过程为

折现率(资本化率)＝3%＋(10%－3%)×0.8×1.07＝9%

③确定收益期限。由于该企业所在行业符合国家的产业发展政策，企业管理状况良好，发展趋势正常，因此，本次评估假设A化工集团公司能够持续经营，未来5年收益情况预测，如表10-4所示。从第6年起以后每年的收益为1 845万元。

④确定A化工集团公司在评估基准日的股东全部权益评估价值。

$$\text{评估价值}=\frac{1\ 435}{1+9\%}+\frac{1\ 630}{(1+9\%)^2}+\frac{1\ 737.5}{(1+9\%)^3}+\frac{1\ 845}{(1+9\%)^4}+\frac{1\ 845}{(1+9\%)^5}+\frac{1\ 845}{9\%\times(1+9\%)^5}$$

$$=1\ 316.51+1\ 371.94+1\ 341.67+1\ 307.04+1\ 199.12+13\ 323.59$$

$$=19\ 859.87(\text{万元})$$

(7)评估结果。A化工集团公司在评估基准日2019年1月1日的股东全部权益价值为19859.87万元。

【例10-6】　企业价值评估(资产基础法)

(1)评估目的。龙江电子集团公司拟进行股份制改制，需要对龙江电子集团公司的全资子公司龙江华锋电子有限公司的股东全部权益价值进行评估。

(2)评估基准日。2019年12月31日。

(3)评估方法的选择。资产基础法。

(4)评估依据。

①有关资产的产权证明文件。

②审计后2019年度会计报表。

③审计报告。

④企业价值评估指导意见(试行)。

(5)评估对象说明。龙江华锋电子有限公司系龙江电子集团公司的独资子公司，主要生产彩色电视机用偏转线圈，该公司于1999年成立，由于龙江电子集团公司拟改制为股份公司，需要对龙江华锋电子有限公司的股东全部权益价值进行评估。

(6)评估过程。按照规定，龙江华锋电子有限公司对其在2019年12月31日评估基准日的资产与负债进行了核实，有关资料为：流动资产7 868 083.66元，其中货币资金3 247 980.66元、预付账款457 298.75元、应收账款2 176 603.48元、存货1 768 432.12元、其他应收款217 768.65元；长期股权投资626 517.92元；固定资产65 895 247.58元，其中建筑物41 658 254.25元，设备24 236 993.33元；流动负债7 800 000.00元，长期负债20000 000.00元。

①货币资金评估。企业提供的货币资金账面金额为831560.00元。评估人员对现金进行了现场盘点，并以盘点日实盘数加盘点日至评估基准日的支出数减盘点日至评估基准日的收入数，倒推评估基准日的实盘数，与评估基准日账面数核对相符后，确认账面值为评估值；对银行存款，通过将银行存款日记账与总账核对相符，并取得银行对账单和银行存款余额调节表，经调节后相符，未发现金额大、时间长的未达账项，以银行存款的账面值确认评估值。故货币资金的评估值为831 560.00元。

②预付账款评估。预付账款账面金额250000.00元，是预付的材料款。评估时，首先，将预付账款评估明细表与其明细账、总账及报表中的相应数进行核对，其金额相符；其次，对预付账款中金额大、账龄长的进行了函证；经调查了解，被评估单位与其客户往来较多，经估计坏账的可能性较小，故按账面值确认评估值，预付账款的评估值为250 000.00元。

③应收账款评估。应收账款账面金额为1762 937.00元，系企业应收的销货款，评估时，先将应收账款评估明细表与其明细账、总账及报表中的相应数进行核对，其金额相符；然后对应收账款中账龄长、金额大的进行函证；对应收账款的发生时间、原因进行分析，对其可收回程度进行判断，经对龙江华锋电子有限公司提供的债务人情况资料进行审核，从而确定有5笔共计415 000.00元为坏账。对无法取得证据证明是否发生坏账的应收账款，根据账龄长短估计坏账率，计算坏账损失，账龄在1年内坏账率为零，账龄在1～2年坏账率为30%，账龄在2～3年坏账率为50%，账龄在3～5年坏账率为70%，账龄在5年以上坏账率为100%。经计算应收账款的评估值为1 035 698.00元，评估减值727 239.00元。

④存货的评估。存货的账面成本为2597 251.60元，其中原材料1 246 594.02元，库存商品1 350 657.58元。根据龙江华锋电子有限公司提供的原材料评估明细表，将其与被评估单位的原材料明细账和总账进行了核对，金额相符。对金额较大收发频繁的原材料进行实地盘点，未发现盘盈、盘亏和待报废情况，故按账面值确认评估值，原材料的评估值为1 246 594.02元。根据龙江华锋电子有限公司提供的库存商品评估明细表，将其与被评估单位的库存商品明细账和总账进行核对，金额相符，对库存商品进行实地盘点，发现有212 967.85元的偏转线圈属于用户退回的不合格产品，存放

时间较长，将其作为评估减值处理，故库存商品的评估值为 921 512.98 元。

⑤机器设备的评估。此次接受委托评估的机器设备有 16 台(套)，主要有生产设备、办公设备、车辆，账面原值为 38 564 856.50 元，账面净值为 24 236 993.33 元。其中主要生产设备为绕线机。依据龙江华锋电子有限公司提供的机器设备评估明细表、固定资产台账，在抽查核实台账的基础上，深入现场对申评的机器设备进行逐台盘点，对价值较高的重点机器设备详细了解其使用负荷、维修保养情况和实际使用状态，根据现场技术鉴定情况进行打分。机器设备采用成本法进行评估，其计算公式为

机器设备评估价值＝重置成本×成新率

其中，对于不需要安装的机器设备，按评估基准日的市场购置价作为其重置成本；对于需要安装调试的机器设备，以购置价或建造成本加上安装调试费确定重置成本。机器设备采用年限法计算其成新率，其计算公式为

成新率＝尚可使用年限÷(尚可使用年限＋已使用年限)×100％

经计算，龙江华锋电子有限公司机器设备的评估价值为 22 647 358.00 元，评估减值 1589 635.33 元。

⑥房屋建筑物的评估。此次接受委托评估的房屋建筑物有 7 项，其中厂房为框架结构，其余主要为砖混结构，房屋建筑物账面原值为 52 854 236.80 元，账面净值为 41 658 254.25 元。房屋建筑物的评估采用重置成本法，其计算公式为

重置成本＝建安重置造价＋工程建设其他费用＋资金成本

成新率的计算以使用年限和现场勘察打分法综合评定。

经计算，龙江华锋电子有限公司房屋建筑物评估价值为 49 658 362.00 元，评估增值 8 000 107.75 元。

⑦长期股权投资的评估。龙江华锋电子有限公司长期投资账面金额 626517.92 元，系龙江华锋电子有限公司拥有龙江环宇电子技术开发有限公司的股权金额。龙江环宇电子技术开发有限公司是由龙江华锋电子有限公司和龙江发展投资有限公司合资成立的有限责任公司，龙江华锋电子有限公司拥有 60％的股权，龙江发展投资有限公司拥有 40％的股权。该公司于 2002 年 3 月 31 日成立，于 2002 年 4 月正式投产，其主要经营范围包括：开发、设计、制造维修 CPT、CDT 用 DY 的软件技术和所需的各种模具、专用设备及其他新技术产品。龙江环宇电子技术开发有限公司在 2019 年 12 月 31 日的股东全部权益价值为 2604 145.00 元。龙江华锋电子有限公司对龙江环宇电子技术发展公司长期股权投资的评估值计算为

2 604 145.00×60％＝1 562 487.00(元)

⑧应付账款的评估。应付账款账面金额为 4 600 000.00 元，经核对应付账款评估明细表与应付账款明细账和总账金额一致，经了解应付账款系所欠销货方的货款，没有因债权单位不详无法支付的情况，故按账面值确认评估值，应付账款的评估值为 4 600 000.00 元。

⑨应付职工薪酬。应付职工薪酬账面金额 1418 000 元，其中工资 950 000.00 元，职工福利 468 000.00 元。将应付职工薪酬评估明细表与其明细账和总账进行核对，金

额一致，故按账面值确认评估值。应付职工薪酬的评估值为 1 418 000 元。

⑩应交税费的评估。应交税费账面金额为 1782 000.00 元，系企业应交纳的增值税，将应交税费评估明细表与应交税费明细账和总账金额核对，金额一致，故按账面值确认评估值。应交税费的评估值为 1 782 000.00 元。

⑪长期借款的评估。长期借款账面金额为 20000000.00 元，将长期借款评估明细表与长期借款明细账和总账金额核对，金额一致，故按账面值确认评估值。长期借款的评估值为 20 000 000.00 元。

通过以上评估工作，得出以下评估结论，委托评估的资产账面价值为 71 963 514.10 元，评估值为 78 153 572.00 元，增加值为 6 190 057.90 元，增加率为 8.60%；负债的账面价值 27 800 000.00 元，评估值为 27 800 000.00 元；净资产的账面价值为 44 163 514.10 元，评估值为 50 353 572.00 元，增加值为 6 190 057.90 元，增加率为 14.02%。

**表 10-5　龙江华锋电子有限公司资产评估结果汇总表　金额单位：人民币元**

| 资产项目 | 账面净值元 | 评估价值元 | 增减值元 | 增减值率 |
| --- | --- | --- | --- | --- |
| ①流动资产 | 7 868 083.66 | 6 529 127.45 | −1338956.21 | −17.02% |
| ②长期资产 | 4 537 200.00 | 4 686 347.85 | 149 147.85 | 3.29　% |
| ③固定资产 | 95 197 889.98 | 101 749 183.7 | 6 551 293.70 | 6.88　% |
| 其中：建构筑物 | 56 525 768.83 | 66 484 320.36 | 9 958 551.53 | 17.62　% |
| 设备类资产 | 38 672 121.15 | 35 264 863.32 | −3407257.83 | −8.81% |
| 一、资产总计 | 107 603 173.60 | 112 964 658.98 | 5 361 485.34 | 4.98　% |
| ④流动负债 | 6 830 000.00 | 6 830 000.00 | 0.00 | 0 |
| ⑤非流动负债 | 16 800 000.00 | 16 800 000.00 | 0.00 | 0 |
| 二、负债合计 | 23 630 000.00 | 23 630 000 | 0.00 | 0 |
| 三、净资产 | 83 973 173.64 | 89 334 658.98 | 5 361 485.34 | 6.38　% |

7. 评估结果。经计算，龙江华锋电子有限公司 2019 年 12 月 31 日股东全部权益价值为 89 334 658.98 元。

## 思　考　题

1. 简述企业价值评估的概念和特点；
2. 简述企业价值评估的基本程序；
3. 简述收益法在企业价值评估中的应用。

# 第十一章　资产评估报告

1. 了解资产评估报告的类别及作用；
2. 掌握资产评估报告的编制、审核与制作技术。

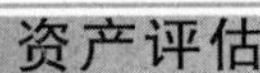

## 第一节 资产评估报告的类别及作用

### 一、资产评估报告的概念

资产评估报告是指评估机构按照评估工作制度有关规定，在完成评估工作后向委托方提交的说明评估过程及结果的书面报告。它是按照一定格式和内容来反映评估目的、假设、程序、标准、依据、方法、结果及适用条件等基本情况的报告书。广义的资产评估报告还是一种工作制度，它规定评估机构在完成评估工作之后必须按照一定程序的要求，用书面形式向委托方及相关主管部门报告评估过程和结果。

狭义的资产评估报告也叫资产评估报告书，既是资产评估机构与注册资产评估师完成对资产作价，就被评估资产在特定条件下价值所发表的专家意见，也是评估机构履行评估合同情况的总结，还是评估机构与注册资产评估师为资产评估项目承担相应法律责任的证明文件。

《国际资产评估准则(IVS)》和《美国专业评估执业统一准则(USPAP)》对资产评估报告的规定都是从报告类型与报告要素来进行规范的，而目前我国对资产评估报告的要求则是从基本内容与格式来进行规范的。按现行有关规定，资产评估报告应该包括资产评估报告书正文、资产评估说明、资产评估明细表及相关附件。

我国资产评估报告的编制与国际资产评估报告的编制存在较大的差别，主要是由于在转型经济条件下我国特定的资产评估管理体制所导致，即评估报告主要是为了使国有资产管理部门能够较好地了解资产评估情况，便于其管理工作，因此报告也主要围绕管理部门的要求而完成。正是这种体制使资产评估报告不能适应市场经济发展的要求，出现了以忽视评估假设、价值类型说明和评估责任界定为代表的一系列问题。而这些问题可能给评估机构和注册资产评估师带来潜在的法律责任，同时，也不利于报告使用者对评估结果的使用。在这方面，国际上流行的资产评估报告模式值得我国资产评估业借鉴。

### 二、资产评估报告的种类

国际上对资产评估报告有不同的分类，如《美国专业评估执业统一准则》将评估报告分为完整型评估报告、简明型评估报告、限制型评估报告、评估复核。我国尚未建立健全资产评估准则体系，目前关于资产评估报告种类的划分主要有以下 3 种。

(1)按资产评估的范围划分，资产评估报告可分为整体资产评估报告和单项资产评估报告。凡是对整体资产进行评估所出具的资产评估报告称为整体资产评估报告；凡

是仅对某一部分、某一项资产进行评估所出具的资产评估报告称为单项资产评估报告。尽管资产评估报告的基本格式是一样的，但因整体资产评估与单项资产的评估在具体业务上存在一些差别，两者在报告的内容上也必然会存在一些差别。一般情况下，整体资产评估报告的报告内容不仅包括资产，也包括负债和所有者权益方面；而单项资产评估报告除在建工程外，一般不考虑负债和以整体资产为依托的无形资产等。

(2)按评估对象不同划分，资产评估报告可划分为单项资产评估报告、房地产估价报告、土地估价报告等。资产评估报告是以资产为评估对象所出具的评估报告，这里的资产可能包括负债和所有者权益，也可能包括房屋建筑物和土地；房地产估价报告则只是以房地产为评估对象所出具的估价报告；土地估价报告是以土地为评估对象所出具的估价报告。鉴于以上评估标的物之间存在差别，加上资产评估、房地产估价和土地估价的管理尚未统一，这三种报告不仅具体格式不同，而且在内容上也存在较大的差别。

(3)按用途不同划分，资产评估报告可划分为两大类：一类是以产权变动为内容的资产评估报告，它们是为资产出售、转让、拍卖、重组等产权变动服务所出具的报告书。这类评估用途涉及产权的变动，因此相对较为复杂，该类评估报告在资产的权属、时间界限(包括基准日、报告有效期)等必须清楚、明了；另一类是产权不发生变动的资产评估报告，包括抵押、保险、征纳税等产权不发生变动所出具的报告书。这类评估用途不涉及产权变动，在评估报告的内容上可以相对简单。

## 三、资产评估报告的作用

资产评估报告有以下几个方面的作用。

### (一)为被委托评估的资产提供作价意见

资产评估报告是经具有资产评估资格的机构根据委托评估资产的特点和要求组织评估师及相应的专业人员组成的评估队伍，遵循评估原则和标准，按照法定的程序，运用科学的方法对被评估资产价值进行评定和估算后，通过报告的形式提出作价的意见。该作价意见不代表任何当事人一方的利益，是一种独立的专家估价意见，具有较强的公正性与客观性，因而成为被委托评估资产作价的重要参考依据。

### (二)是反映和体现资产评估工作情况，明确委托方、受托方及有关方面责任的依据

资产评估报告用文字的形式，对受托资产评估业务的目的、背景、范围、依据、程序、方法等过程和评定的结果进行说明和总结，体现了评估机构的工作成果。同时，资产评估报告也反映和体现了受托的资产评估机构与执业人员的权利与义务，并以此来明确委托方、受托方有关方面的法律责任。在资产评估现场工作完成后，评估机构和评估人员就要根据现场工作取得的有关资料和估算数据，撰写评估结果报告书，向委托方报告。负责评估项目的评估师也同时在报告书上行使签字的权利，并提出报告

使用的范围和评估结果实现的前提等具体条款。当然，资产评估报告也是评估机构履行评估协议和向委托方或有关方面收取评估费用的依据。

### （三）对资产评估报告进行审核，是管理部门完善资产评估管理的重要手段

资产评估报告是反映评估机构和评估人员职业道德、执业能力水平，以及评估质量高低和机构内部管理机制完善程度的重要依据。有关管理部门通过审核资产评估报告，可以有效地对评估机构的业务开展情况进行监管。

### （四）是建立评估档案、归集评估档案资料的重要信息来源

评估机构和评估人员在完成资产评估任务之后，都必须按照档案管理的有关规定，将评估过程收集的资料、工作记录及资产评估过程的有关工作底稿进行归档，以便进行评估档案的管理和使用。资产评估报告是对整个评估过程的工作总结，其内容包括评估过程的各个具体环节和各有关资料的收集和记录。因此，不仅评估报告的底稿是评估档案归集的主要内容，而且撰写资产评估报告过程采用的各种数据、各个依据、工作底稿和资产评估报告制度中形成有关的文字记录等都是资产评估档案的重要信息来源。

## 四、资产评估报告的使用

### （一）委托方对资产评估报告的应用

#### 1. 作为资产重组和交易业务作价的重要参考

根据评估目的，委托方对企业整体资产转让、并购、改制上市、企业联营、中外合资合作等经济活动，可以将资产评估结果作为资产交易价格、投资比例等的重要参考价值，以此为基础结合具体情况进行谈判和协商。而且涉及国有资产的，必须履行评估结果的备案或者核准手续。

#### 2. 作为企业进行会计记录的依据

委托方可依照有关规定，根据资产评估报告资料进行会计记录或调整有关财务账项。

#### 3. 作为履行委托协议和支付评估费用的主要依据

正常情况下，当委托方收到评估机构的正式评估报告有关资料后，应根据委托协议，将评估结果作为计算支付评估费用的主要依据，履行支付评估费用的承诺及其他有关承诺。

#### 4. 作为法庭裁决和申请调解处理纠纷的重要材料

当发生经济纠纷及当事人因资产评估纠纷申请调解处理时，可以把资产评估报告作为重要的材料提供。

### （二）资产评估管理机构对资产评估报告的应用

资产评估管理机构主要是指资产评估行政管理的主管机关和资产评估行业自律管理的行业协会。对资产评估报告的运用是资产评估管理机构实现对评估机构的行政管理和行业自律管理的重要过程。资产评估管理机构通过对评估机构出具的资产评估报审有关资料的运用，一方面能大体了解评估机构从事评估工作的业务能力和组织管理水平。由于资产评估报告是反映资产评估工作过程的工作报告，通过对资产评估报告资料的检查与分析，评估管理机构能大致判断该机构的业务能力和组织管理水平。另一方面，也是对资产评估结果质量进行评价的依据。资产评估管理机构通过对资产评估报告进行核准或备案，能够对评估机构的评估结果质量的好坏做出客观的评价，从而能够有效地实现对评估机构和评估人员的管理。此外，它能为国有资产管理提供重要的数据资料。通过对资产评估报告的统计与分析，可以及时了解国有资产占有和使用状况以及增减值变动情况，进一步为加强国有资产管理服务。

### （三）其他有关部门对资产评估报告的应用

除了资产评估管理机构可运用资产评估报告资料外，还有些政府管理部门也需要运用资产评估报告，主要包括证券监督管理部门、保险监督管理部门、工商行政管理、税务、金融和法院等有关部门。

证券监督管理部门对资产评估报告的运用，主要表现在对申请上市的公司有关申报材料招股说明书的审核过程，以及对上市公司的股东配售发行股票时申报材料配股说明书的审核过程。根据有关规定，公开发行股票公司信息披露至少要列示以下各项资产评估情况：

①按资产负债表大类划分的公司各类资产评估前账面价值及固定资产净值；

②公司各类资产评估净值；

③各类资产增减值幅度；

④各类资产增减值的主要原因。

此外，还应简单介绍资产评估时采用的主要评估方法。

公开发行股票的公司采用非现金方式配股，其配股说明书的备查文件必须附上资产评估报告。

当然，证券监督管理部门还可运用资产评估报告和有关资料加强对取得证券业务评估资格的评估机构及有关人员的业务管理。

保险监督管理部门、工商行政管理部门、税务、金融和法院等部门也都能通过对资产评估报告的运用来达到实现其管理职能的目的。

# 第二节　资产评估报告的基本内容

## 一、资产评估报告的基本要素

资产评估报告一般应包括以下基本要素：

①首部；

②绪言；

③委托方与资产占有方简介；

④评估目的；

⑤评估范围与对象；

⑥评估基准日；

⑦评估原则；

⑧评估依据；

⑨评估方法；

⑩评估过程；

⑪评估结论；

⑫特别事项说明；

⑬评估基准日期后重大事项；

⑭评估报告法律效力、使用范围和有效期；

⑮评估报告提出日期；

⑯尾部。

## 二、资产评估报告的基本内容

资产评估报告基本制度是规定资产评估机构完成国有资产评估工作后，由相关国有资产管理部门或代表单位对评估报告进行核准、备案的制度。依照管理规定，下面分别按资产评估报告正文及相关附件、资产评估说明及资产评估明细表的顺序来介绍各自的基本内容。

### (一)资产评估报告正文及相关附件的基本内容

#### 1. 资产评估报告封面的基本内容

资产评估报告封面须载明下列内容：资产评估项目名称、资产评估机构出具评估报告的编号、资产评估机构全称和评估报告提交日期等。有服务商标的，评估机构可以在报告封面载明其图形标志。

**2. 资产评估报告摘要的基本内容**

每份资产评估报告的正文之前应有表达该报告书关键内容的摘要，用来让各有关方面了解该评估报告的主要信息。摘要与资产评估报告正文一样具有同等法律效力，由注册资产评估师、评估机构法定代表人及评估机构等签字盖章和署名提交日期。摘要还必须与评估报告揭示的结果一致，不得有误导性内容，并应当采用提醒性文字提醒使用者阅读全文。

**3. 资产评估报告正文的基本内容**

(1)首部。评估报告正文的首部应包括标题和报告书序号，标题应含有×××(评估)项目资产评估报告字样。

(2)绪言。报告正文的序言应写明该评估报告委托方全称、受托评估事项及评估工作整体情况。

(3)委托方与资产占有方简介。报告正文的委托方与资产占有方简介应较为详细地分别介绍委托方、资产占有方的情况，当委托方和占有方相同时，可作为资产占有方介绍，也要写明委托方和资产占有方之间的隶属关系或经济关系。无隶属关系或经济关系的，应写明发生评估的原因，当资产占有方为多家企业时，还须逐一介绍。

(4)评估目的。报告正文的评估目的应写明本次资产评估是为了满足委托方的何种需要及其所对应的经济行为类型，并简要准确说明该经济行为是否经过批准，若已获批准，应写出批准文件的名称、批准单位、批准日期及文号。

(5)评估范围与对象。这部分应写明纳入评估范围的资产及其类型，并列出评估前的账面金额。若评估资产为多家占有，应说明各自的份额及对应资产类型。

(6)评估基准日。这部分应写明评估基准日的具体日期，确定评估基准日的理由或成立条件，揭示确定基准日对评估结果的影响程度。另外，还应对采用非基准日价格标准做出说明。评估基准日应根据经济行为的性质由委托方确定，并尽可能与评估目的实现日接近。

(7)评估原则。应在这部分写明评估工作过程中遵循的各类原则和本次评估遵循国家及行业规定的公认原则，对所遵循的特殊原则也应做适当阐述。

(8)评估依据。应在这部分中列示评估依据，包括行为依据、法律法规依据、产权依据和取价依据等。对评估中采用的特殊依据应做相应的披露。

(9)评估方法。应在这部分说明评估过程中所选择、使用的评估方法和选择评估方法的依据或原因。对某项资产评估采用一种以上评估方法的还应说明原因并说明该资产价值的确定方法。对选择特殊评估方法的，也应介绍其原理与适用范围。

(10)评估过程。这部分应反映评估机构自接受评估项目委托起至提交评估报告的全过程，包括接受委托过程中确定评估目的、对象及范围、基准日和拟定评估方案的过程；资产清查中的指导资产占有方清查、收集准备资料、检查与验证过程；评估估算中的现场检测与鉴定、评估方法选择、市场调查与分析过程；评估汇总中的结果汇总、评估结论分析、撰写报告与说明、内部复核过程，以及提交评估报告等过程。

(11)评估结论。这部分是报告正文的重要部分。应使用表述性文字完整地叙述评估机构对评估结果发表的结论，对资产、负债、净资产的账面价值、调整后账面价值、评估价值及其增减幅度进行表述。还应单独列示不纳入评估汇总表的评估结果。

评估结论是资产评估报告的最终要求，评估结论应清晰、明确地列示，必要时应有一定的说明。实际工作中，根据有关规定，一般要提供资产评估结果汇总表(见表11-1)。

**表 11-1 资产评估结果汇总表**

资产占有单位：　　　　　基准日：

| 资产项目 | 账面原值(万元) | 账面净值(万元) | 调整后净值(万元) | 重置价值(万元) | 评估值(万元) | 增加值(万元) | 增加率(%) |
|---|---|---|---|---|---|---|---|
| 流动资产 | | | | | | | |
| 长期投资 | | | | | | | |
| 在建工程 | | | | | | | |
| 建筑物 | | | | | | | |
| 机器设备 | | | | | | | |
| 土地使用权 | | | | | | | |
| 无形资产 | | | | | | | |
| 资产总计 | | | | | | | |
| 流动负债 | | | | | | | |
| 长期负债 | | | | | | | |
| 负债总计 | | | | | | | |
| 净资产 | | | | | | | |

(12)特别事项说明。在这部分应说明在评估过程中已发现可能影响评估结论，但非评估人员执业水平和能力所能评定估算的有关事项，也应提示评估报告使用者注意特别事项对评估结论的影响，还应揭示评估人员认为需要说明的其他事项。

(13)评估基准日期后重大事项。在这部分应揭示评估基准日后至评估报告提出日期间发生的重要事项，以及评估基准日的期后事项对评估结论的影响，还应说明发生在评估基准日期后不能直接使用评估结论的事项。

(14)评估报告法律效力、使用范围和有效期。这部分应具体写明评估报告成立的前提条件和假设条件，并写明评估报告依照法律法规的有关规定发生法律效力和评估结果的有效使用期限。还应写明评估结论仅供委托方依评估目的使用和送交主管部门审查使用，并申明评估报告的使用权归委托方所有，未经许可不得随意向他人提供或公开。

(15)评估报告提出日期。在这部分应写明评估报告提交委托方的具体日期。评估报告原则上应在确定的评估基准日后3个月内提出。

(16)尾部。这部分应写明出具评估报告的机构名称并加盖公章，还要由评估机构法定代表人和至少两名负责评估的注册资产评估师签名盖章。

**4. 备查文件的基本内容**

资产评估报告的附报文件至少要包括以下基本内容：

(1)有关经济行为文件；

(2)被评估企业前3年包括资产负债表和损益表在内的会计报表(非企业或经济组织除外)；

(3)委托方与资产占有方营业执照复印件；

(4)委托方、资产占有方的承诺函；

(5)产权证明文件复印件；

(6)资产评估人员和评估机构的承诺函；

(7)资产评估机构资格证复印件；

(8)评估机构营业执照复印件；

(9)参加本项评估项目的人员名单；

(10)资产评估业务约定合同；

(11)重要合同和其他文件。

这部分的格式没有具体要求，但必须按统一规格装订。

**(二)资产评估说明的基本内容**

资产评估说明描述评估师和评估机构对其评估项目的评估程序、方法、依据、参数的选取和计算过程，通过委托方、资产占有方充分揭示对资产评估行为和结果构成重大影响的事项，说明评估操作符合相关法律、行政法规和行业规范要求。资产评估说明也是资产评估报告书的组成部分，在一定程度上决定评估结果的公允性，保护评估行为相关各方的合法利益。

按有关规定，评估说明中所揭示的内容应同评估报告书正文所阐述的内容一致。评估机构、注册资产评估师及委托方、资产占有方应保证其撰写或提供的构成评估说明各组成部分的内容真实完整，未做虚假陈述，也未遗漏重大事项。资产评估说明应按以下顺序进行撰写和制作。

**1."评估说明封面及目录"的基本内容**

评估说明封面应载明该评估项目名称，该评估报告书的编号、评估机构名称、评估报告提出日期，若需分册装订的评估说明，应在封面上注明共几册及该册的序号。

**2."关于评估说明使用范围的声明"的基本内容**

这部分应声明评估报告仅供资产管理部门、企业主管部门、资产评估行业协会在审查资产评估报告书和检查评估机构工作之用，除法律、行政法规规定外，材料的全部或部分内容不得提供给其他任何单位和个人，不得见之于公开媒体。

**3.“关于进行资产评估有关事项的说明”的基本内容**

这部分是由委托方与资产占有方共同撰写并由负责人签字，加盖公章，签署日期。这部分应包括以下内容：

(1)委托方与资产占有方概况；

(2)关于评估目的的说明；

(3)关于评估范围的说明；

(4)关于评估基准日的说明；

(5)可能影响评估工作的重大事项说明；

(6)资产及负债清查情况的说明；

(7)列示资产委托方、资产占有方提供的资产评估资料清单。

**4.“资产清查核实情况说明”的基本内容**

这部分主要用来说明评估方对委托评估的企业所占有的资产和与评估相关的负债进行清查核实的有关情况及清查结论。这部分的基本内容应包括以下内容：

(1)资产清查核实的内容；

(2)实物资产的分布情况及特点；

(3)影响资产清查的事项；

(4)资产清查核实的过程与方法；

(5)资产清查结论；

(6)资产清查调整说明。

**5.“评估依据说明”的基本内容**

评估依据说明主要用来说明进行评估工作中所遵循的具体行为依据、法规依据、产权依据和取价依据。评估依据说明包括以下内容：

(1)主要法律法规；

(2)经济行为文件；

(3)重大合同协议及产权证明文件；

(4)采用的取价标准；

(5)参考资料及其他。

**6.“各项资产及负债的评估技术说明”的基本内容**

这部分主要用来说明对资产进行评定估算过程的解释，反映评估中选定的评估方法和采用的技术思路及实施的评估工作。主要包括以下内容：

(1)流动资产评估说明；

(2)长期投资评估说明；

(3)机器设备评估说明；

(4)房屋建筑物评估说明；

(5)在建工程评估说明；

(6)土地使用权评估说明；

(7)无形资产及其他资产评估说明；

(8)负债评估说明。

**7.“整体资产评估收益现值法评估验证说明”的基本内容**

这部分主要说明运用收益法对企业整体资产进行评估来验证资产评估结果的有关情况。其基本内容应包括以下内容：

(1)收益法的应用简介；

(2)企业的生产经营业绩；

(3)企业的经营优势；

(4)企业的经营计划；

(5)企业的各项财务指标；

(6)评估依据；

(7)企业营业收入、成本费用和长期投资收益预测；

(8)折现率的选取和评估值的计算过程；

(9)评估结论。

**8.“评估结论及其分析”的基本内容**

这部分主要概括说明评估结论，应包括以下内容：

(1)评估结论；

(2)评估结果与调整后账面价值比较变动情况及原因；

(3)评估结论成立的条件；

(4)评估结论的瑕疵事项；

(5)评估基准日的期后事项说明及对评估结论的影响；

(6)评估结论的效力、使用范围与有效期。

### (三)资产评估明细表的基本内容

**1. 资产评估明细表的基本内容**

资产评估明细表是反映被评估资产评估前后的资产负债明细情况的表格。它是资产评估报告书的组成部分，也是资产评估结果得到认可、评估目的的经济行为实现后作为调整账目的主要依据之一。其基本内容应包括以下内容：

(1)资产及其负债的名称、发生日期、账面价值、评估价值等；

(2)反映资产及其负债特征的项目；

(3)反映评估增减值情况的栏目和备注栏目；

(4)反映被评估资产会计科目名称、资产占有单位、评估基准日、表号、金额单位、页码内容的资产评估明细表表头；

(5)写明清查人员、评估人员的表尾；

(6)评估明细表设立逐级汇总；

(7)资产评估明细表一般应按会计科目顺序排列装订。

**2. 资产评估明细表样表**

样表包括以下几个层次：资产评估结果汇总表、资产评估结果分类汇总表、各项资产清查评估汇总表及各项资产清查评估明细表。

## 第三节　资产评估报告的编制、审核与制作技术

### 一、资产评估报告的编制与审核

#### （一）资产评估报告的编制

编制评估报告书是完成评估工作的最后一道工序，也是评估工作中的一个很重要的环节。评估人员通过评估报告不仅要真实、准确地反映评估工作情况，而且表明评估者在今后一段时期里对评估的结果和有关的全部附件资料承担相应的法律责任。这就要求评估人员编制的报告要思路清晰，文字简练准确，有关取证材料和数据真实可靠。为了达到这些要求，评估人员应按下列步骤进行评估报告的编制。

(1)评估资料的分类整理。占有大量真实的评估工作记录，是编制评估报告的基础，包括被评估资产的有关背景资料、技术鉴定情况资料及其他可供参考的数据记录等。

一般来说，一个较复杂的评估项目是由一组评估人员合作完成的，为了正确地反映评估的全过程，首先要求评估小组按工作的分工情况，将全部评估资料进行分类整理，包括评估作业分析表的审核、评估依据的说明、分类明细表的编制，最后要求形成分类评估的文字资料。

(2)评估资料的分析讨论。在整理分类资料工作完成后，应召集参与评估工作过程的有关人员，对评估的情况和初步结论进行分析讨论，如果发现其中提法不妥、计算错误、作价不合理等方面的问题，要进行必要的调整。尤其是采用两种不同方法评估并得出两个结论的，需要在充分讨论的基础上，得出一个正确的结论。

(3)评估资料的汇总和评估报告的编排。评估报告的总纂人应根据分类评估资料讨论后的修正意见，进行全部资料的汇总编排和评估结果报告书的编写工作，审查复核无误后打印正式报告，并将正式报告及附件交付客户，如果客户另有要求的，评估人员还应向客户进行特别说明。

(4)评估报告先由项目经理(或负责人)审核，再报评估机构经理(或负责人)审核签发，必要时组织有关专家会审。

#### （二）资产评估报告责任制度

资产评估报告作为法律文书，出具资产评估报告应承担法律责任。资产评估报告

中的责任人分别承担自身的责任。根据《资产评估报告签字制度(试行)》的要求，注册资产评估师、项目负责人、项目复核人、法定代表人应分别在资产评估报告书上签字，承担相应的责任。

按照《资产评估报告签字制度(试行)》的规定，凡在中国境内执业的资产评估机构，接受客户委托、完成评估项目后所出具的资产评估报告，应有资产评估机构法定代表人(或合伙人)和至少两名注册资产评估师签字。未经资产评估机构法定代表人(或合伙人)和注册资产评估师签字的资产评估报告为无效报告。同时还规定，注册资产评估师只能在一个资产评估机构执行并独立行使签字权利。注册资产评估师只能在本人参与评估的综合性资产评估项目和单项资产评估项目的资产评估报告上签字。注册资产评估师在有正当理由并能提供必要依据的情况下，可以拒绝在资产评估报告上签字。

《资产评估操作规范意见(试行)》中规定有项目负责人、项目复核人的签字，但《资产评估报告签字制度(试行)》中未规定项目负责人、项目复核人签字。我们认为，注册资产评估师、项目负责人、项目复核人均应在资产评估报告上签字，注册资产评估师应对所评估的单项或部分评估结果负责，项目负责人、项目复核人应对整个评估结果负责。法定代表人签字说明的是评估机构对资产评估报告承担责任。

评估中的风险和责任是客观存在的，明确负责人是为了确定责任范围。但负责人并不是被动地承担风险，而应该采取各项措施，规避风险。注册资产评估师在不断提高自身业务水平的基础上，在业务操作中严格按照评估操作程序，客观、公正、科学地确定评估结果，并有充分的依据说明。项目负责人着重从自身基本职责和操作实务的角度审核评估报告，具体要求如下：

1. 根据上级关于资产评估报告结构的规定，从总体机构上审核评估报告正文的编制是否达到以下要求：内容是否完整，应列入报告的各项内容是否都已分别叙述清楚，有无错漏；附件有无短缺；并改正报告中文字上的差错；等等。

2. 通过审核评估报告，回顾本项目开展评估的全过程，审视整体评估工作是否客观、公正、科学，是否全部符合关于资产评估操作程序的规定，如发现有疏忽不妥之处，要及时弥补。

3. 重点审核评估结果，对报告所列各类资产和负债以及总资产、净资产的评估依据、评估价值认真进行审核，保证评估结果的科学性、准确性、客观性、公正性、有效性。

项目复核人对评估报告的审核尤为重要。有关国家评估准则中规定：项目复核人应承担与项目负责人相同的责任。项目复核人审核评估报告的具体要求如下：

(1)项目复核人要在项目负责人初步审核的基础上，对已初步修正的评估报告再次就以上审核内容进行审核。

(2)对评估报告的审核，要结合审核评估说明，保持二者的一致性，防止初审后再出现错漏之处。

(3)项目复核人审核的关键之点也是评估结果。要从保证评估结果的可靠性、准确性出发，着重审核报告所列各项数据，特别是评估结果，即报告最后向委托方报告的本项目的评估价值。在审核中，必要时应对报告所列各项数据着重重新审核、计算，以求万无一失。

(4)对评估报告的文字等进一步审核、改正。

法定代表人要对评估报告进行最后的把关，应在项目负责人、项目复核人审核的基础上，着重从政策上、原则上、业务规程执行和评估结果的科学性上把关。主要要求如下：

(1)审核报告是否符合合法性原则。委托方的委托依据、所提供的文件和材料是否充分、可靠；本所开展评估的全过程是否符合上级规定的资产评估操作规范要求；评估结果的获得是否符合国家和政府主管部门的法律、法令和法规精神；本评估报告是否体现了本所在该项目评估中恪守职业道德、坚持原则、秉公执业的形象。

(2)狠抓涉及本项目评估的实质性内容的审核。包括进一步审核报告所表述的评估目的是否明晰，评估范围和对象是否确切，评估过程和步骤是否合乎要求，评估原则和评估依据是否正确，评估基准日的选定是否可行，评估结果是否切合实际、有无不妥当或考虑不周之处，对报告所列各类资产和负债以及总资产、净资产的评估价值是否科学、正确，委托方是否接受，资产的增值或减值是否合理，等等。

(3)对评估报告从总体结构等方面做最后的审核。

## 二、资产评估报告制作的技术要点

资产评估报告制作的技术要点是指在资产评估报告制作过程中的主要技能要求，它具体包括了文字表达、格式与内容方面的技能要求，以及复核与反馈方面的技能要求等。

### (一)文字表达方面的技能要求

资产评估报告既是一份对被评估资产价值有咨询性和公证性作用的文书，又是一份用来明确资产评估机构和评估人员工作责任的文字依据，所以它的文字表达技能要求既要清楚、准确，又要提供充分的依据说明，还要全面地叙述整个评估的具体过程。其文字的表达必须准确，不得使用模棱两可的措辞。其陈述既要简明扼要，又要把有关问题说明清楚，不得带有任何诱导、恭维和推荐性的陈述。当然，在文字表达上也不能带着大包大揽的语句，尤其是涉及承担责任条款的部分。

### (二)格式和内容方面的技能要求

对资产评估报告格式和内容方面的技能要求，必须严格遵循财政部颁发的《资产评估报告基本内容与格式的暂行规定》行事。

### (三)评估报告的复核及反馈方面的技能要求

资产评估报告的复核与反馈也是资产评估报告制作的具体技能要求。通过对工作

底稿、评估说明、评估明细表和报告正文的文字、格式及内容的复核和反馈，可以使有关错误、遗漏等问题在出具正式报告之前得到修正。对评估人员来说，资产评估工作是一项必须由多个评估人员同时作业的中介业务，每个评估人员都有可能因能力、水平、经验、阅历及理论方法的限制而产生工作盲点和工作疏忽，所以，对资产评估报告初稿进行复核就成为必要。对评估资产的情况熟悉程度来说，大多数资产委托方和占有方对委托评估资产的分布、结构、成新等具体情况总是会比评估机构和评估人员更熟悉，所以在出具正式报告之前征求委托方意见，收集反馈意见也很有必要。

对资产评估报告必须建立起多级复核和交叉复核的制度，明确复核人的职责，防止流于形式的复核。收集反馈意见主要是通过委托方或占有方熟悉资产具体情况的人员。对委托方或占有方意见的反馈信息，应谨慎对待，应本着独立、客观、公正的态度去接受其反馈意见。

#### （四）撰写报告应注意的事项

资产评估报告的制作技能除了需要掌握上述三个方面的技术要点外，还应注意以下几个事项。

(1)实事求是，切忌出具虚假报告。报告必须建立在真实、客观的基础上，不能脱离实际情况，更不能无中生有。报告拟定人应是参与该项目并较全面了解该项目情况的主要评估人员。

(2)坚持一致性做法，切忌出现表里不一。报告书文字、内容前后要一致，摘要、正文、评估说明、评估明细表内容与格式、数据要一致。

(3)提交报告要及时、齐全和保密。在正式完成资产评估工作后，应按业务约定书的约定时间及时将报告送交委托方。送交报告时，报告及有关文件要送交齐全。涉及外商投资项目的对中方资产评估的评估报告，必须严格按照有关规定办理。此外，要做好保密工作，尤其是对评估涉及的商业秘密和技术秘密，更要加强保密工作。

## 思　考　题

1. 编制资产评估报告书应按照哪些工作步骤进行？
2. 资产评估报告对资产评估的委托者有什么用途？
3. 资产评估报告的作用主要体现在哪些方面？
4. 简要叙述我国现行法律、法规对资产评估报告的有关制度规定。

# 参考文献


［1］ 刘春慧. 资产评估学［M］. 北京：中国财政经济出版社，2020.

［2］ 史福厚，唐龙海. 资产评估案例精选［M］. 北京：中国经济出版社，2020.

［3］ 姜楠. 资产评估学［M］. 大连：东北财经大学出版社，2018.

［4］ 徐茜，黄辉，刘俊萍. 资产评估学［M］. 北京：科学出版社，2020.

［5］ 魏永宏. 资产评估学［M］. 北京：电子工业出版社，2020.

［6］ 中国资产评估协会. 资产评估相关知识［M］. 北京：中国财政经济出版社，2020.

［7］ 刘玉平，马海涛，李小荣. 资产评估原理［M］. 北京：中国人民大学出版社，2020.

［8］ 中国资产评估协会. 资产评估基础［M］. 北京：中国财政经济出版社，2020.

［9］ 喻建红，温蓓. 资产评估案例集［M］. 北京：经济科学出版社，2020.

［10］ 刘桂良，夏传文. 资产评估教学案例精选［M］. 长沙：湖南大学出版社，2020.

［11］ 何雨谦，韦芳. 资产评估学［M］. 大连：东北财经大学出版社，2019.

［12］ 刘淑琴. 资产评估实务［M］. 大连：东北财经大学出版社，2019.

［13］ 姜楠，王景升. 资产评估［M］. 大连：东北财经大学出版社，2019.

［14］ 孟永峰，肖瑶. 资产评估理论与实践［M］. 保定：河北大学出版社，2019.

［15］ 张晗，张小芳. 资产评估理论与实务［M］. 北京：清华大学出版社，2019.

［16］ 刘臻. 资产评估学理论与实务［M］. 北京：中国国际广播出版社，2019.

［17］ 中国资产评估协会. 资产评估实务［M］. 北京：中国财政经济出版社，2019.

［18］ 中国资产评估协会. 资产评估基础［M］. 北京：中国财政经济出版社，2019.

［19］ 何琳，肖翔. 资产评估理论与实务［M］. 北京：人民邮电出版社，2018.

［20］ 刘玉平. 资产评估学［M］. 北京：中国人民大学出版社，2018.